江戸お留守居役の日記

寛永期の萩藩邸

山本博文

はしがき

江戸藩邸は、一年おきに江戸に参勤した大名の第二の居城であるとともに、大名の御供《おとも》をしてきた単身赴任の藩士たちの暮らす宿舎でもあった。この江戸藩邸に詰めて、幕府や他藩などと折衝にあたる藩の外交官が、留守居役である。

江戸時代の随筆などを見ると、留守居役といえばいいかげんな情報を流すとか、主君の金で贅沢《ぜいたく》な寄合《よりあい》を行うとか、なんとも評判がわるい。しかし、そのような留守居役がなぜ廃止されなかったかというと、この役が藩にとって必要不可欠のものであったからである。そして、

「出家はよく経を覚へ、医師はよく脈を取るをもつて、僧・医と分《わか》る。留守居もよき公辺勤《こうへんつとめ》方《かた》を覚《おぼえ》るをもつて留守居といふ。覚えざる時は素人なり」(『新役竜の包丁』)

といわれているように、単にいればいいというような役職ではない。「公辺勤方」、すなわち江戸城の繁雑な儀式・典礼を習得し、幕府との折衝などが勤められるようにならないと、一人前とは認められなかった。

忠臣蔵で有名な浅野家の断絶も、留守居役の失態である。季節ごとの付届け、江戸城での

作法の問い合わせなどは、留守居役の重要な仕事であった。すぐれた留守居役がいれば、吉良上野介の機嫌をそこなうことなどなかったはずである。主人が重大な過失をおかしながら、あやうく家を存続させた留守居役もいたのである。

本書で取り上げるのは、留守居役という職掌が、諸藩に設けられるようになった寛永から承応《じょうおう》ころ（一六二四〜五四）の萩《はぎ》藩（長州藩、毛利家）留守居役の活動である。

寛永期ということばで代表される三代将軍徳川家光の時代は、大名の改易数が家康の時代に匹敵するほど多かったことでもわかるように、幕府と藩はいまだ緊張関係がつづいていた。

また、拙著『寛永時代』（吉川弘文館）で論証したように、ポルトガル＝スペイン連合国の日本にたいする脅威がピークに達していた危機の時代である。国内では、島原の乱のような大規模なキリシタンの民衆一揆もおこり、加えて、全国をおおう大飢饉もあった。

このような江戸時代初期の環境の中で、幕藩間をむすぶ留守居役の活動は、藩にとって死活をとわれる緊張した重要任務であった。のちの留守居役のように、糸目をつけない交際費を使って、吉原でどんちゃん騒ぎをしていられる時代ではなかったのである。

本書では、山口県文書館の「毛利家文庫」に残されていた貴重な江戸時代初期の留守居役の日記によって、幕府老中や町奉行、他藩の留守居役、町人などとの幅ひろい交渉を再現することができた。読者には意外に思われるかもしれないが、書き下し文はもとより、現代語訳してしめした会話にいたるまで、すべて史料的な根拠がある。当時の社会の雰囲気と江戸藩邸の実態を、留守居役とかれをとりまく人々をとおして感じとっていただきたい。

目次

江戸お留守居役の日記

寛永期の萩藩邸

プロローグ――福間彦右衛門の登場――

子供じみたいたずら

寛永九年（一六三二）四月十四日、幕府代官井上新左衛門の屋敷へ、差出人の名前も書いていない文箱《ふばこ》を持ってきた者があった。

門番が不審に思って受け取らなかったところ、門外の馬寄せの柱に結びつけて帰った。その後、新左衛門がこれを見つけ、中をあけてみたら次のように書いてあった。

「老中の土井利勝と加賀百万石の当主前田利常とが謀反《むほん》をたくらんでいることが、将軍家光の耳に達したので、先手をとって謀反をおこす。これに協力するように」

おどろいた新左衛門は、老中に報告した。老中の命で、ただちに探索してその者を捕らえてみると、加藤光広の家来だという。

加藤光広は、肥後熊本藩主加藤忠広（清正の子）の嫡子である。かれがこの文箱を、かねてからの碁友だちである新左衛門にとどけさせたのであった。

五月二十二日、江戸に参府してきた加藤忠広の行列は、江戸に入ることを許されず、品川にとめられた。すでに加藤家の江戸屋敷は、幕府の目付の監視下におかれており、江戸市中には、夜となく昼となく目付が徘徊している。

品川で、幕府からの検使をむかえた加藤忠広は、縁から下におり、

「せがれが不調法なことをしでかしました……」

と頭をたれた（五月二十八日細川忠興書状）。

二十三日、忠広は池上の本門寺に、光広は泉岡寺に引きこもった。友人にたいする光広の子供じみたいたずらであったため、事件もこれで解決かと思われた。

震天動地の処分

しかし、この年正月二十四日に父の秀忠を亡くしたばかりの徳川家光には、このいたずらは、ただで済ますわけにはいかない悪質なものに思えた。そのうえ、加藤家は豊臣恩顧の大名である。

家光は、元和《げんな》九年（一六二三）にはすでに秀忠から将軍職を譲られていた。秀忠が生きているうちは、後ろだてがあるという安心感があったが、この年、はじめて家光は、自分ひとりで諸大名を相手にするという大きな節目をむかえていたのである。

翌寛永十年家光が重病におちいったとき、弟の忠長や紀伊徳川家の謀反の噂がとびかった。そのことに示されるように、かれ自身の地位は安定したものではなかったのである（拙著『寛永時代』）。

そのうえ、問題の加藤家は、秀忠の喪もあけぬうちに、江戸で生まれた子どその母親を、無断で国元に帰したり、国元から江戸へ鉄砲をひそかに輸送したりと、とかくわるい噂の多い大名であった。幕府のきびしい態度を示すには、みせしめが必要であった。

家光は、登城した島津家久・前田利常・伊達政宗ら歴々の大大名を前にして、

「このようなたわいない手紙ではあるが、代替わりでもあることだし、きびしく穿鑿《せんさく》するつもりである」

と、きっぱりつたえている。

光広のいたずらは、五十二万石を棒にふる、改易《かいえき》という最悪の結末となったのである。

六月一日、老中が加藤忠広の改易をつたえた席上、越後村上藩主の堀直寄は、声をあげて泣き出した。申し渡しの場にいた大老井伊直孝は、おどろいて親藩の重鎮松平忠明《ただあきら》と目を見合わせた。また、そのわきにいた信濃《しなの》飯田藩主脇坂安元は、声こそ出さなかったけれども、落涙したという。

江戸では、これら両人に目付が張り付けられたと噂しあっている（六月二十四日細川忠興書状）。

情報通の細川家

このような混乱の中で、事件の経過につれて比較的正確な情報をつかんでいたのが、当時

豊前《ぶぜん》小倉藩主だった細川忠利である。

忠利は、父親の三斎（忠興）と交互に江戸と国元を往復し、ふだんでも諸大名、幕府の役人や知り合いの旗本、江戸の留守居役、忍びの者など、さまざまな手段を駆使して、情報を集めていた。堀直寄らのことも、その席にいた浅野長重からの情報である。

細川家は、加藤家改易後、だれが熊本に転封《てんぽう》されるかについても、いち早く情報を入手している。ただ、それがほかならぬ自分であったのは皮肉であるが。

薩摩の島津家

薩摩藩島津家は、江戸の中央政治とは距離をおいていた大名である。そのため、譜代《ふだい》大名や旗本との知り合いが少なく、情報はあまり入ってこない。ただ、江戸留守居家老の伊勢貞昌はすぐれ者で、かれがいれば幕府との折衝や情報収集にこと欠くことはなかった。ところが当時、貞昌は重病にかかり、ほとんどはたらけなかった。そのため、だれかが代わって隣国肥後の加藤家についての情報を知ろうにも、にわかに知り合いをつくることもできず、情報通の細川忠利に問い合わせたが、警戒して答えてくれなかった。

薩摩藩は、この苦い経験を生かし、その後回復した伊勢貞昌に見習いとして新納《にいろ》久詮《ひさあき》をつけ、万事、貞昌の行動を学ばせることによって、後継者とした。

長州の毛利家

事件から二ヵ月後の六月五日、老中から萩藩に、いよいよ肥後へ城受け取りの上使（将軍の使者）をつかわすための人二千五百人、馬百疋《ぴき》を載せられる船を、領地から大坂に差し回すようにと命令があった。十五日にこれを受け取った藩主秀就《ひでなり》は、老中に御請《おう》け（承諾）の返事をするいっぽう、伏見屋敷の留守居役高須豊後守に、

「大坂で上使に進物を贈ることになるであろうが、浅野光晟《みつあきら》や細川忠利などの家臣にやりかたをよく聞き合わせて行え」

と、指令を与えている（『毛利氏四代実録考証論断』）。隣国安芸広島の浅野家や情報に精通した細川家が、なによりの手本であったのである。

七月中旬になると、事件の後始末として、仙台の伊達政宗か尾張か紀伊の徳川家を中国地方に移し、中国地方の大名を熊本へ転封する、という噂もとんでいた。熊本へ派遣された上使は、九州の押さえには、豊前《ぶぜん》・周防《すおう》・長門《ながと》がよい、というようなことを漏らしている（八月六日細川忠利追而書）。

つまり、初期の段階では、萩藩も熊本転封の候補だったのである。藩主秀就の父輝元は、豊臣政権の五大老の一人で、関ケ原の合戦では西軍の大将を務め、大坂城を守って家康ひきいる東軍と対峙した経歴がある。加藤家以上に警戒が必要なはずであった。しかし、当時、萩藩は、有効な情報をつかみえていなかった。

福間彦右衛門登場

江戸にとどまり、さまざまな人脈をつくって情報を収集する家臣が必要であった。輪番《りんばん》で江戸と国元を往復する家老ではだめなのである。

萩藩では、当初、永代家老の福原広俊が江戸の留守居家老を務め、ついで支藩の毛利秀元がそれにあたっていた。その後、家老が交代で江戸に詰めるようになったが、常駐していないので、いざというときの動きがにぶい。

薩摩藩と同様の悩みをもった藩主秀就は、翌寛永十年二月、福間彦《ひこ》右衛《え》門尉就辰《もんのじようなりたつ》を江戸留守居役(1)に抜擢することにした。この福間就辰が、本書の主人公である。

忠義の家、福間家

福間就辰は、家伝によると、もと中国地方の守護を独占した山名氏の一族であるという。しかし、萩藩の史学者永田政純によって編集された『萩藩閥閲録《ばつえつろく》』（享保《きようほう》十一年〈一七二六〉）や家臣団の由緒の書上《かきあげ》を編集した『譜録《ふろく》』に所収された福間家の系譜ではっきりとたどれるのは、その曽祖父信治からである。

信治の長男尭明《たかあき》は十八歳で安芸の黒瀬衆攻撃のときに戦死、後を継いだ次男元明は天正《てんしよう》十四年（一五八六）、豊前大里にて戦死した。このとき、元明は四十八歳、かれが就辰の祖父にあたる。福間家は、代々毛利家に命を捧げた忠義の家であった。

就辰の父となる元道は、祖父元明の死後天正十九年（一五九一）より彦右衛門尉を名乗り、毛利秀元に属して豊臣秀吉の朝鮮侵略にも従軍した。慶長《けいちょう》九年（一六〇四）には当時三歳だった輝元の次男就隆に付属され、御《お》傅役《もりやく》となった。

彦右衛門の生いたち

就辰は、この元道の嫡子として、天正二十年（一五九二）に生まれた。はじめ勝次郎を名乗り、慶長八年（一六〇三）五月十九日、毛利秀就より「就」の字を拝領して、実名を就辰とした。

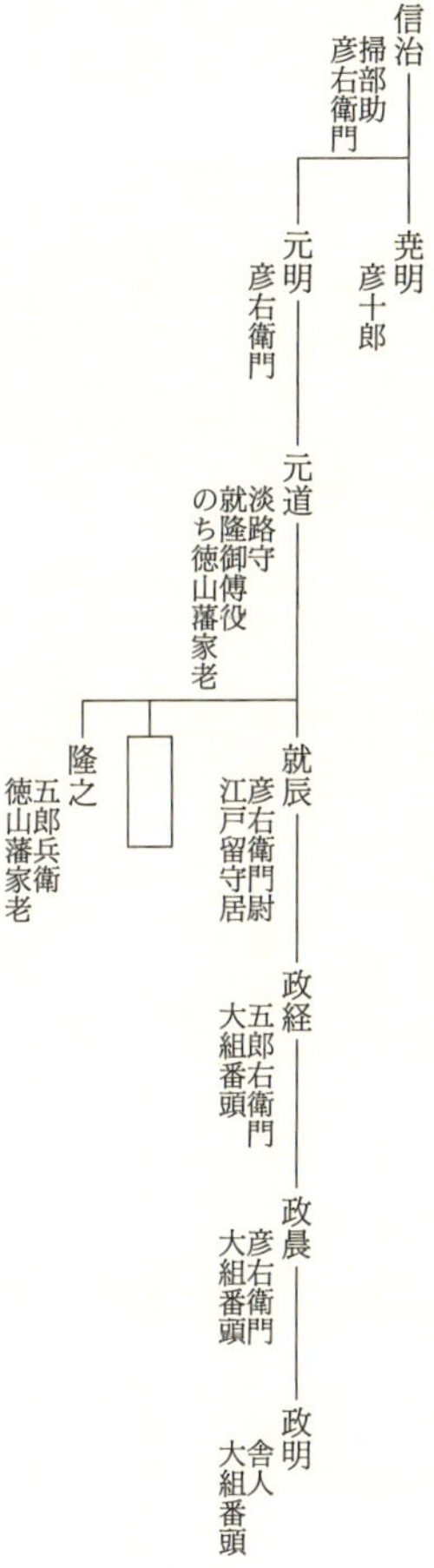

福間家略系図

就辰は以後、慶長十五年（一六一〇）、隠居して宗瑞《そうずい》を名乗っていた毛利輝元の御側に召し出された。十八歳のときのことである。

翌十六年、輝元の嫡子秀就の初入国のときから、当時十七歳の秀就の御側に出仕した。就辰は十九歳、ともに同年代である。この年十月、江戸へ使者として派遣される。

翌十七年、秀就の江戸参府に御供をした。以後、参府ごとに秀就の御供をする。すなわち、秀就の小姓《こしょう》のような地位にあったのである。

元和三年（一六一七）二月二十三日、家督を相続、知行は二百石である。

このとき隠居を許された父元道は、支藩下松《くだまつ》藩主毛利就隆から新知行五百石をもって、家老にむかえられた。さしずめ、定年後子会社の重役として出向したようなものであるが、本来の知行が二百石であるから、栄転である。

寛永十六年（一六三九）十二月二十六日、元道は六十八歳で没したが、三男隆之がこの家老職を継ぎ、代々下松（のち徳山）藩の家老を務めている。

江戸表に常駐

就辰は元和五年（一六一九）七月六日には、秀就から「彦右衛門尉」の名を名乗ることを許された。このとき、二十五歳。

就辰の名前は、正確には「彦右衛門尉就辰」である。しかし、藩主の実名の一字である

「就」を拝領した萩藩士は多く、しかも、当時は、その人を実名で呼ぶことは少ない。また、「彦右衛門尉」の「尉」の字は、くずし字ではほとんど表記されていないので、本書ではかれを「彦右衛門」と呼ぶことにしたい。

寛永五年（一六二八）、家督を継いでから十一年におよぶ御側奉公と江戸勤務の褒美として、御供を免除され、いったん休息を命じられた。昼夜を分かたぬ御側奉公の激務といい、江戸への御供という勤務は、経済的にも肉体的にもたいへんな仕事であったから、これは藩主秀就の配慮であった。

同九年より再び秀就の江戸参府の御供を命じられた。このとき、例の加藤忠広改易事件にあったわけだが、この事件では、留守居の緊要さがつよく認識された。そしてその要職を余人に許さなかったところに、藩主秀就のなみならぬ信頼の厚さがうかがわれる。彦右衛門は、翌十年二月、江戸で留守居役に任命されるとともに、百石の加増をうけた。

以後国元にも帰らず、つねに江戸表にあって幕府や諸藩との折衝にあたる防長二国の外交官になったのである。このときかれは四十二歳、まさにはたらきざかりの年齢であった。

毛利家臣団の中核

かれの家は、大組《おおぐみ》に属している。毛利家臣団の構成は、長府・徳山の二支藩以下、支藩に準ずる岩国の吉川《きっかわ》家を別格として、庶流や縁戚にあたる家で、毛利を名乗る一門の六家があ

一　　門 6 家 永代家老 2 家	上級家臣	
寄　　組 62 家		
大組（馬廻、8組） 御船手組（水軍）	中級家臣	武士身分
遠近付		
寺社組 無給通	下級家臣	
船頭・徒士・陣僧等		
足　　軽		
細工人	武家奉公人	
中　　間		

藩の中間は譜代の者

毛利家臣団の構成

る。ついで益田・福原両家（永代家老）の準一門があり、これが最上級家臣（これを一門八家と称す）である。

ついで高禄《こうろく》の武士を、特に区別して編成した、寄組《よりぐみ》六十二家が上級家臣である。

大組は馬廻組とも称し、八組に編成され、組頭には寄組の士が任じられた。すなわち、大組が毛利家臣団の中核をなす中級家臣である。ほかに、大組と同格の御《お》船手《ふなで》組《ぐみ》（水軍）があり、かつて瀬戸内海を制覇した浦家および両村上家（ともに寄組）が組頭に任じられた。

その下に、諸役所の筆者役や用紙方・米方などの事務を務める遠近付《えんきんづき》、儒者・医者・絵師・茶道・能狂言師など寺社奉行支配の寺社組、扶持米《ふちまい》を給される無給通《むきゅうどおり》、徒士《かち》、陣僧《じんそう》、足軽、細工人、中間《ちゅうげん》などの階層があった。

どこの藩でも同様であるが、萩藩の諸役人もその役の格に応じて、それぞれの階級から任用された（一六八・一六九ページ参照）。

福間家は、大組に属し、もともとの知行高からいえば中の中というところである。しかし、彦右衛門には十数年にわたる秀就への御側奉公という経歴があり、家格の固定していないこの時期にあっては、藩主の側近として上級家臣となりうる存在であった。

『公儀所日乗』　全36冊のうち福間牒32冊、飯田牒４冊　毛利家文庫　山口県文書館所蔵

彦右衛門の職務日誌

留守居役は、幕藩間の最前線で活躍する家臣であって、藩の命運にもかかわる重要な役職であった。中小藩では、江戸家老クラスの上級家臣が任命されている。

萩藩の留守居役となった彦右衛門は、在職中の出来事を逐一記録に残していた。

それは、日常の出来事そのものが今後の先例になる、という留守居役の職務に必要であったからであった。

『公儀《こうぎ》所日乗《しょにちじょう》』とのちに名づけられた、寛永十年（一六三三）二月二十三日から承応元年（一六五二）十二月までの約二十年間、三十二冊におよぶ記録[2]と晩年まとめた『覚書』三冊は、まさに当時の政治史の裏面をさぐるうえでの最重要史料である。

注

（1）大名家の留守居役は、諸藩において「留守居」のほか「公儀使」「御城使」「聞役」などと称されているが、本書では「留守居」または「留守居役」とする。ちなみに萩藩では、のちに留守居の役所を「公儀所」、留守居の補佐役を「公儀人」と呼ぶようになる。なお、幕府の留守居は、当時の呼称にしたがって「証人奉行」とよぶ。

（2）彦右衛門の日記の原題は、「寛永十年之日帳」とか「福間彦右衛門尉御用相調申控」と記されており、留守居の役所である「公儀所」の日記に相当することから、のちに『公儀所日乗』という題名がつけられている。本書では、『日記』と略称する。

第一章　お留守居役と幕閣・旗本

1　藩主と留守居役

藩主の秘書としての行動

『日記』は、彦右衛門が留守居役に任命された寛永十年（一六三三）二月の二十三日からはじまる。

留守居役の日常を理解するため、少し読んでいってみよう。原文の雰囲気をつたえるため、書き下し文に少しだけつきあっていただきたい。このとき、将軍は三代家光、二十九歳。藩主秀就は三十九歳で、江戸に参府中である。

二月廿三日

加々《かが》爪《づめ》民部《みんぶ》殿（忠澄、町奉行）御屋敷御普請に付て、間似合《まにあい》（襖紙）百間《けん》ならびに畳の面《おもて》百畳御音信《ごいんしん》（進物）としてこれをまゐらせ候。持たせ候て、御使に参《まい》り候。右の御進物御留め置きなされ、則《すなわ》ち御礼状参り候事。

町奉行加々爪忠澄が新しく屋敷を建てたので、進物を贈っている。のちにくわしく述べるが、留守居役は町奉行とは密接な関係をもち、奉行が屋敷普請をしたといえば、このようにそれにふさわしい祝儀を贈っているのである。もちろん、経費は藩の費用である。これは、幕府の役職者にかぎらず、親しく交際している旗本や親類筋の大名にたいしてもごくあたりまえのつきあいである。

同廿四日
殿様（秀就）増上寺へ御参詣なされ候。御長袴にてござ候。私御先へ罷《まか》り出《い》で候。上様は紅葉山へ御社参なされ候。増上寺へは、諸大名衆ばかり御参詣候事。

藩主の行くさきには、留守居役が密着して行動している。二十四日は、前年正月二十四日に没した秀忠の月忌であり、毎月二十四日は増上寺参詣が恒例となっている。彦右衛門が一足さきに増上寺に行っているのは、幕府関係者にその日の行動の手はずを問い合わせるためである。いっぽう、家光は増上寺には行かず、江戸城内の紅葉山の廟所に参詣している。

同様の行動を、その後の『日記』から拾い出してみよう。

三月十五日
殿様御登城なされ候。私事、御先へ罷り出で候事。
四月朔日《ついたち》
殿様御登城なされ候。御先へ罷り出で候事。

御登城の歌

藩主の江戸城登城日は、朔日・十五日が定例で、二十八日にもある月がある。これらの日に将軍の謁見がある。行事などが重なると、謁見の日がズレるし、将軍が病気になったりしたら、連日登城して所定の部屋（詰席）に詰めきりになる。この登城時には、彦右衛門がさきに城に到着し、藩主に落ち度がないように気を配っているわけである。
盛岡藩留守居役の間に引き継がれた『諸家秘要集《しょけひょうしゅう》』という書物には、次のような「御登城の歌」というのがある。複雑な登城日を忘れないようにするために、いつも口ずさんだ語呂《ごろ》のいい歌である。

〽御登城は、いつも朔日《ついたち》、十五日。正月二日、節句、御嘉祥《ごかじょう》（六月十六日）。朔日のなきは正月、二月なるべし。六・七月は十五日なし。西の丸御礼はいつも十五日、正月二日、節句、八朔。年の内に二十八日御礼五度。二・四・七月に、師走・正月。

藩主が老中宅を訪問するときも、留守居役が先行する。

同七日
土井大炊《おおい》殿（利勝、老中）古河《こが》御拝領に付て、御祝儀のため御使ひに遣はされ候。その後、殿様御見まひなされ候。御供《おとも》いたし候事。
同十三日
酒井雅楽《うた》殿（忠世、老中）へ御成《おな》りに付て、御みまひ候。御供いたし候事。

四月七日には、幕府老中土井利勝が下総佐倉《しもうささくら》十四万二千石から下総古河十六万石に加増転封になり、彦右衛門はその祝儀の使者としてつかわされている。

これは、左の表にあるような幕府首脳の再編にともなう異動であった。

この場合、留守居役の彦右衛門は老中の利勝に会ってもらえるわけではなく、利勝の用人（秘書）と会い、その用件をつたえ、利勝の都合を問い合わせるのである。そして、そのうえで、藩主秀就が直接に祝儀をいうために利勝邸を訪問する。彦右衛門は、秀就の供として

	年寄名	年齢	城地	石高	備考
本丸年寄	酒井忠世	61	上野厩橋	122500	寛永11年閏7月23日西丸出火により謹慎 同13年3月19日没
	酒井忠勝	46	武蔵川越	100000	寛永11年閏7月6日若狭小浜転封113500石
	稲葉正勝	36	無城	40000	寛永9年11月23日相模小田原城主85000石 同11年正月25日没
	内藤忠重	47	無城	20000	秀忠死後免職 寛永10年3月18日志摩鳥羽城主35000石
西丸年寄	土井利勝	60	下総佐倉	142000	寛永10年4月7日下総古河転封160000石
	永井尚政	46	下総古河	89100	秀忠死後免職 寛永10年3月25日山城淀転封100000石
	青山幸成	47	無城	16000	秀忠死後免職 寛永10年2月3日遠江掛川城主26000石
	森川重俊	49	無城	10000	寛永9年正月25日殉死

秀忠時代の年寄（寛永9年正月現在）

随行している。十三日も秀就の供をして、老中酒井忠世を訪問している。

このように、留守居役は、藩主が江戸にいるときには、その秘書としても行動していた。そのため、江戸城での藩主の行動や礼儀作法などに精通していなければ、なかなか勤まらない。留守居役には藩から何人かの部下がつけられており、現代風にいえば、社長秘書室の長といったところである。

彦右衛門の挨拶まわり

彦右衛門はそのため、留守居役就任後しばらくは、次のようにさまざまな人々に挨拶まわりに行く必要があった。

二月廿七日

酒井雅楽殿御《み》内《うち》（家臣）石川太郎兵衛・籠谷主

水・境野外記・関主税・印藤助之進へ自分の案内（自己紹介）に参《まい》り候。阿因州（萩藩家老阿曽沼因幡守就春）御引き合はせ候て、右の衆中知人に罷りなり候。進物糸房（白糸の房）壱掛づつ持参仕《つかまつ》り候。
同廿八日
酒井雅楽殿へ、初めて自分の御目見えに罷り出で候。御太刀《おんたち》馬代《うまだい》銀壱枚（四十三匁）持参仕り候事。
同廿九日
秋山修理《しゅり》殿（正重、大目付）・仙石大和殿（久隆、目付）・宮木甚右衛門殿（和甫《まきよし》、目付）へ自分の案内として参上仕り候。御太刀馬代銀一枚づつ持参仕り候。
同日
柳生但馬守《たじまのかみ》殿（宗矩《むねのり》、大目付）へ御案内に参上仕り候。御太刀馬代銀壱枚持参いたし候。右の進物御請引《ごしょういん》なく、御返進《へんしん》候事。
同晦日《みそか》
下御目付衆、山本弥兵衛・片岡権兵衛・荒井次郎左衛門・溝口久太郎・神谷助左衛門・広原八兵衛・中根新右衛門、この衆中へ案内のため参り候。百疋《ぴき》代金壱歩（一歩＝一分は一両の四分の一）壱ツづつ持参候事。
同日

坊主衆、喜雲・喜三・恵林・宗味・宗嘉・竹庵・玄跡・玄也・道巴・休味・久悦・長悦・貞順、この衆中へ壱歩壱ツづつ持参仕《つかまつ》り、案内に参り候事。

三月四日

秋山修理殿御内本間安右衛門・柳生但馬守殿御内山中忠兵衛・仙石大和殿御内高詰勘兵衛へ、壱歩壱ツづつ持参仕り候事。

同九日

安藤伝十郎殿（定智、持弓頭）・倉橋勝兵衛殿（政長、御賄頭）・井上筑後殿（政重、大目付）へ初めて御案内に参り候。御太刀馬代銀壱枚充《ずつ》持参致し候。右の内、勝兵衛殿御馬代御返進候事。

このように、彦右衛門は、家老に連れられて幕府の有力者やその家臣、江戸城中での行動に不可欠の下目付や御城坊主（表坊主）へ挨拶にまわっている。

とくに御城坊主との関係はたいせつで、江戸城での作法や幕府の動向、他家の吉凶などを知る情報源であった。のちには、御城坊主にたいする大名の付け届けが厖大な額にのぼり、取締りの対象になっている。

挨拶まわりは、この後しばらくつづく。このようにして、機会があるごとに知人を増やすのである。さきに述べた城中の儀礼の手順などについて、知人になった坊主衆などに問い合わせ、藩主に落ち度のないようはからうことができた。藩主にとって、経験を積んだ留守居役の存在は心強いものであった。

役務としての進物

留守居役の任務の一つとして、藩主から幕閣や旗本あての進物の取次《とりつぎ》がある。翌寛永十一年帰国した秀就は、十一月五日、老中堀田正盛に巻物十などの音信を贈った。彦右衛門は、さっそく持参している。

ところが、正盛は、「この節は、いづれよりの御音信物《ごいんしんもの》も御請引《ごしよういん》なきに付て、如此《かくのごとく》に候」と返却してきた。当時家光は、幕閣や役職についた旗本にたいして、「貴下たち奉行・司令官は、贈り物により貴下の知性を曇らせてはいけない。貴下たちが法律を正しく施行するためである。もし貴下の中に黄金や富を好む人があれば、私の金庫に行き、好きなだけ取るがよい」

とつねづねさとしていたのである（『平戸オランダ商館の日記』一六三六年五月四日条）。

このような家光の指示は、幕閣上層部にかなり浸透し、大名側ではいままで受け取ってもらっていた進物も返されるので当惑していた。正盛も、諸藩からの進物は受け取らないことにしていたのであろう。彦右衛門が挨拶まわりのときに持参した銀一枚程度の進物でさえ、柳生宗矩をはじめとして返却している者がいる。

進物のしおどき

そのため、留守居役のほうでも、進物を受け取ってもらうために努力することになる。

十二日後の十一月十七日には、柳生宗矩・佐久間実勝・堀直之・加々爪忠澄の四人にあてた羅紗《らしゃ》三間ずつの進物の品が国元から到着した。柳生は大目付、佐久間は普請奉行、堀と加々爪は町奉行である。

この四人は、明後年（寛永十三年）の江戸城普請の奉行になることが噂されていた。羅紗は長崎で調達した輸入品で、ぜいたくなものであるだけに賄賂《わいろ》性もつよい。かれらが普請奉行に任じられてしまうと、職務上だれからの進物も受け取れなくなる。

彦右衛門は、国元にいる藩主秀就の書状がまだとどいていないため、非常手段として判紙《はんし》（秀就の花押《かおう》だけを据えた書状用紙）をつかって秀就の書状を代筆し、「常之進物」として即座に送りとどけた。

職務権限にかかわりのない日常の常識的な進物なら、贈られたほうでも受け取りやすい。この努力がみのって、進物は首尾よく受納されている。

進物の催促

しかし、逆に進物をねだられるような場合もある。

正保《しょうほう》三年（一六四六）九月八日のことである。

老中阿部忠秋の用人池村八郎兵衛から、萩藩の御用絵師雲谷等的《うんこくとうてき》（雪舟の系譜を引く周防の雲谷派の人）の三幅対《さんぷくつい》の絵を所望された。彦右衛門は、表具までほどこして渡した。ところが、それがあまりに立派なものになっていたのに気がひけたのか、池村八郎兵衛は、「余り物がましき故、留め置きがたく……」と返却してきた。しかしその後、八郎兵衛の友人だという宮崎伊太夫がやってきて、次のように告げた。

「絵はほしいのだが、表具までしてあまりに結構な物になったので、お返ししたのだ。おそらく、八郎兵衛はまず紙で表具して、たいした物はもらっていないことを同僚に見せ、それから表具をしようとしたのであろう。表具から絵を離し、別々にして私まで送ってもらえば、八郎兵衛にまず絵だけ渡し、表具は私があずかっておき、あとでかれに渡そう」

さすがに彦右衛門は、このようなことは少し問題があるのではなかろうか（「此儀《このぎ》、首尾如何《いかが》これあるべき哉」）と、そのままにしていた。しかし、再度、伊太夫から申し入れがなされると、二度もいってきたからには、それにしたがわないのもどうかと考え、指示どおりに表具をはずし、別々にしてつかわすこととした。

こんどは絵のほうは受納され、表具は後で送るようにと、また戻されてきた。

彦右衛門は、戻されてきた表具のほうも「そそうなる悪《あし》き緞子《どんす》」であるのでよい布にかえて表具しようかとまで考えたが、そのような指示もなく、「はや彼方に遣《つか》はしたる物」であるからと、伊太夫の指図しだいに送ることにした。
こうした汚れ役もこなせなければ、留守居役は勤まらないのである。

ねだりの下地

彦右衛門の身分では、老中に直接会うことは少なく、老中の用人を通して嘆願をしたり、情報をえたりする。その際、その用人とどのような関係にあるかが重要で、用人がなにか品物を望んだような場合はそれにしたがう必要があったのであろう。老中はれっきとした大名で、しかもなんども加増されているから、そのようなねだりをする必要はないし、することもない。しかし、用人は、藩への影響力は持つが、所詮《しょせん》は陪臣《ばいしん》であり知行高も少ない。そこに、このようなねだりが生ずる余地があったのである。

ただ、かれらの名誉のため付言すると、このような者ばかりではなかった。たとえば、酒井忠勝の用人唐沢三郎兵衛は、承応《じょうおう》元年（一六五二）二月、家老に昇格した。萩藩は、二月六日、世話になっているから（「内々《ないない》殿様御用ども承り、御馳走《ごちそう》仕り候仁《じん》に付て」）と、祝儀のため小袖二ツを贈った。しかし、三郎兵衛は、「何《いず》れもか様《よう》なる御音信（進物）御理《おことわ》（断）り申し上げ候」ということで小袖を返却してきた。このような習慣的な進物でさえ、受け取らない者もいたのである。

ない。

2　取次の老中

実力者土井利勝

大名は、幕府になにか嘆願をしたりするとき、すぐに願書を幕閣あてに提出したわけではない。

前段階として、留守居役などをとおして懇意にしている老中に相談し、指示をうけてから行動したのである。そして、根まわしが首尾よくいったあと、その案件を将軍に披露《ひろう》（上奏）するのも、その老中が行っていた。

土井利勝は、二代将軍秀忠の老中として、絶大な権力をもった実力者であった。秀忠の時代には、多くの大名が利勝をたよりにしていた。萩藩も、元和《げんな》の中ごろ（一六二〇年ころ）から、かれに行動の指南《しなん》をあおぎ、将軍への披露をたのむようになった。

元和八年（一六二二）、家康の懐刀《ふところがたな》であった本多正純が、秀忠親政時代を生きぬけず失脚してからは、名実ともに利勝が幕府の最高権力者となった。諸大名は、きそって利勝をたよるようになった。この指南をあおぐ老中は藩によって固定しており、「取次《とりつぎ》の老中」と呼ばれている。

たとえば、利勝が病気のため萩藩との「取次」を辞退したとき、秀就は次のように述べている（『御隠密之事』）。

「我等《われら》儀《ぎ》、幼少以来大炊殿《おおいどの》（土井利勝）別《べっし》て御入魂《ごじっこん》に預り、数年の間御取次を頼み奉り、万事の儀御さし図《ず》をもつて御公儀相 調《あいととのえ》申し候段、御厚志申すも疎《おろか》に候……」

――私（秀就）は、幼少のときから利勝殿の世話になり、長いあいだ取次をたのんで、万事その指示で幕府の御用などをはたしていた、というのである。

このような老中と大名の関係は、なかば公的な性格をもつものであった。ただし、家光の親政がはじまってからも、このような関係はしばらくつづく。ただし、家光は、老中のうち特定の人物に権勢があつまることをきらい、家光に披露するまえに老中の合議を経ることを義務づけた。いきおい、披露に要する時間がかかり、政務は停滞する。そして、大名のほうでは、あいかわらず利勝ら特定の老中に内々に相談して行動の指南をうけていた。

家格と献上品

たとえば、寛永十二年（一六三五）二月十六日、秀就は恒例の江戸参府を行うが、その翌日、彦右衛門は、利勝のもとに参上し、次のように家光への献上物の相談をもちかけている。

「御太刀馬代《だい》（献上の太刀・馬を購入する代金）として銀子三百枚および絹の反物五十、これは前回参府にあたって進上しました。今回も、この先例どおりに進物を差し上げるべきでしょうか。当藩としては、この二種の進物にもう一種を加えて進上いたしたいと存じます。用意しております品物は、小袖二十、羅紗《らしゃ》三十間、綿三百把でございます。このうちから、どれでも利勝殿のお考えしだいに加えてください」

江戸時代には、なにをどれだけ献上するかということ自体が、家格と結びついた特典であった。それまでの先例もあり、献上品には不都合な品物もあったから、わざわざ相談をもちかけたのである。

このとき利勝は、彦右衛門に銀子三百枚と羅紗二十間の二種を進上するようにと内意を与え、家光への献上品が決定した。銀一枚は四十三匁《もんめ》で三百枚だと十二貫九百目《もんめ》、金にして二百十五両にものぼる。彦右衛門は、できるだけ多くの献上品を進上し、家格を上げようとしているのである。

拝領品にも家格

帰国する時の拝領品は、御馬と腰物《こしもの》（太刀、銘来国光《らいくにみつ》）、そのほか銀子五百枚、帷子《かたびら》（裏をつけない夏用の衣服）五十である（寛永十三年五月の事例）。献上した品物よりもはるかに多いことがわかる。

この拝領品も、のちには家格によって細かくきまってくる。

さきに紹介した『諸家秘要集』の「諸大名の歌」には、次のようにうたわれている。

金	1両＝4分（歩）＝16朱＝銭4貫文 1分（歩）＝4朱＝銭100疋 1枚＝10両
銀	1枚＝43匁 60匁＝金1両（変動相場） 15匁＝金1分＝銭100疋 1貫目*＝1000目（金16両強・変動）
銭	4貫文＝金1両 1000文＝1貫文＝金1分＝100疋 10文＝1疋　100文＝1結

＊銀100匁のように端数がない場合100目と表記する。
銭は96文を以て1結（100文）とする慣行があった。

貨幣のレート一覧

詰　席	構　成　す　る　藩	主　な　大　名　家
大廊下	御三家とそれに準ずる大名	御三家、前田、島津、因幡池田など
溜の間	家門または譜代の門閥大名	高松松平、会津松平、井伊など
大広間	国主ほか四品の外様大名	国主、準国主ほか南部、津軽、亀井など
帝鑑間	城主格の譜代中大名	大給松平、堀田、大久保、高力、戸田など
柳の間	五位の外様中小大名	中川、松浦、大関、一柳、森、松前など
雁の間	譜代の中大名および高家	板倉、稲葉、青山、阿部、牧野、水野など
菊の間	3万石未満の譜代大名および大番頭、書院番頭、小姓組番頭など	

高家は1万石未満であるが四位に叙せられ、高家肝煎は柳の間詰となった。

江戸城の大名詰席

〜御鷹まで拝領するは御三家と、加賀・越前に、溜詰《たまりづめ》なり。石川や越後・明石は十万に、足らぬ禄《ろく》にて御馬拝領。竹の腰、その家柄は格別よ、これも御馬を拝領ぞする。……

加賀は金沢の前田家、越前は家康の二男秀康を祖とする福井の松平家（越前家）である。溜詰とは、江戸城「溜の間」に詰める家格の高い大名で幕閣への圧力団体であった。門閥譜代の彦根藩井伊家、家光の異母弟保科正之を祖とする会津藩松平家などである。国主《こくしゅ》・準国主のほか、石川家（伊勢亀山六万石）、内藤家（越後村上五万石）、明石松平家（越前家支流、六万石）および尾張藩付家老の竹腰家（美濃今尾三万石、初代が尾張藩祖の徳川義直と母を同じくする兄弟であった）も、御馬を拝領するようになっている。これには、各藩歴代の留守居役の努力があったことだろう。

寛永期以降、石高や家柄によって、官位や江戸城で詰める部屋などにはっきりとした序列が形成されてくる。国主、準国主、城主などの家格もその一つである。御三家を別格として、国主（国持《くにもち》大名。三三五ページ表参照）は、一国以上を領する外様の大大名で、のち越前家など一国を領する家門《かもん》（親藩）の大藩も加わる。準国主はだいたい十万石以上の外様大名、城主は二万五千石以上の大名と考えればよいが、例外も多く、複雑である。

さて、このように幕府や他の大名らとの交渉や交際に、留守居役の仕事は少しも気がぬけない。そのうえ、寛永十年ごろから、家光の親政にともなう機構改革が進展すると、ますます能力のある留守居役のはたらきが必要とされることになる。

老中の月番制

寛永十二年十一月十五日、土井利勝より萩藩へ、御用の儀があるので家臣をひとり差し出すようにとの通告があった。

彦右衛門が出頭すると、諸家の留守居役らがあつまっており、土井利勝・酒井忠勝・阿部忠秋の三老中から次のように申し渡された。

「諸大名から幕府になにか出願するときは、土井利勝・酒井忠勝・松平信綱・阿部忠秋・堀田正盛の五人が一ヵ月交代で受け付ける。十一月は利勝、十二月は忠勝、翌十三年正月は信綱、二月は忠秋、三月は正盛が当番で、受け付けた案件は、三日・九日・十八日に将軍に披露（上奏）することに決定した」

前年三月にはじめて老中三人（酒井忠世・土井利勝・酒井忠勝）の半月番が命じられた。合議で停滞していた政務の迅速化がはかられたのである。ここにいたって若手老中も加わって五人体制となり、厳密な月番制が施行されることになった。

しかし、これまで万事「取次の老中」をとおしていた諸大名は困惑した。

たとえば、細川三斎は、翌年四月、将軍家光の日光社参にあたって、道服《どうふく》（旅行用の着物）を献上しようとして土井利勝に依頼したが、利勝は、いまは献上品の披露は月番の老中が行うことになっていると断った。しかし、国元では、老中の当番がきまっても、その知らせが遅れるので、どの老中にたのんでよいかわからない。しかたなく、利勝への内々の書状のほかに、だれにあててもよいように書状を書き、江戸で宛名を書き加えるよう息子の忠利にたのんでいる。

しかし、披露する月番老中がきまっても、その前に行動の指南をうけるという従来の慣行にはあまり変化はなく、あいかわらず「取次の老中」と大名の関係はつづいた。

萩藩では、寛永十五年正月十九日、幕閣をゆるがした島原の乱鎮圧が難航していたとき、その援軍として出陣を命じてほしいと幕府に嘆願するが、そのときまっさきに相談をもちかけたのは、やはり土井利勝であった（『覚書』一―十九）。

寛永十五年の幕府機構改革

寛永十五年十一月七日、家光は、老中土井利勝・酒井忠勝の役務を解き、登城するのも、毎月朔日と十五日、そのほかは召したときだけにするようにと命じた。

また若年寄であった両名の嫡子土井利隆・酒井忠朝にも、役務を解くことを通告した。老中であった松平信綱・阿部忠秋は、そのまま留任、それに六人衆（若年寄）阿部重次が昇格して老中は三人になった。

年寄名	年齢	城　地	石　高	備　考
土井利勝	66	下総古河	160000	寛永15年11月7日小事を免除され大事のみ諮問にあずかる
酒井忠勝	52	若狭小浜	125500	寛永15年11月7日小事を免除され大事のみ諮問にあずかる
堀田正盛	31	武蔵川越	35000	寛永10年5月5日年寄並、同15年3月8日免除、信濃松本100000石
松平信綱	43	武蔵　忍	35000	寛永9年11月8日年寄並のち老中同16年正月5日武蔵川越60000石
阿部忠秋	37	下総壬生	25000	寛永10年5月5日年寄並のち老中同16年正月5日武蔵忍50000石
阿部重次	41	無　城	13000	寛永15年4月22日武蔵岩槻城主59000石、同年11月7日老中

家光時代の年寄（寛永15年正月現在）

　これは大幅な機構改革であり、従来、門閥譜代大名の棚上げとして有名な事件である。

　しかし、土井利勝は門閥譜代の家柄ではなく、むしろ秀忠の側近から幕府の最実力者となった「出頭人《しゆつとうにん》（主君から取り立てられた者）」である。酒井忠勝は、家光の信頼厚く、棚上げされる理由はない。事実、その後も重要な会議には必ず出席し、幕閣のなかの重鎮として活躍した。

　したがって、この人事は、旗本平野長勝が秀就につたえてきたように、「もう年だから、今後とも長く奉公できるよう現在の役務を宥免《ゆうめん》する」ものであった。

家光時代の年寄

　寛永十四年は天候不順で、家光をはじめとして、体調をくずす者が多く、このふたりも例外ではなかった。

とくに家光の病状は深刻で、手足が冷え胸さわぎがするといった症状に悩まされ、発作がおこったときは、もはや余命いくばくもないと気弱になった。また、非常に短気になって周囲の者にあたりちらし、腹を切らされそうになった医師もいた。くわしい病状や政治的影響については、拙著『寛永時代』を参照していただきたい。

さて、新しい老中三人のうち、松平信綱は、すでに寛永九年十一月十八日、「年寄並《としよりなみ》」となっている。

本書では「老中」で統一しているが、そのころ、幕府の政務担当者は「年寄」と呼ばれた。家光の親政がはじまった九年初めから、酒井忠世・土井利勝・酒井忠勝の三名が年寄に任じられたが、それに、信綱が加わったのである。翌十年五月五日には、堀田正盛と阿部忠秋が「年寄並」に加わった。堀田正盛は、春日局の義理の孫で、当時二十五歳、異例の大抜擢であった。「年寄並」というのは、年寄に準じた存在で、月番を分担されるなど、しだいに年寄と同様の仕事をすることになる。

「年寄」から「老中」へ

寛永十年ごろ、「年寄」と呼ばれた土井利勝・酒井忠勝は、松平信綱ら若手の「年寄」とは別格の存在であった。

信綱らは、諸大名から「若出頭衆」とか「若年寄衆」と呼ばれ、利勝らと一括して「出頭衆」とか「老中」と呼ばれている。「老中」というのは信綱らをふくめた呼称で、「年寄」といえば、利勝か忠勝であったのである。

寛永十四年ごろから、両者はさして区別されなくなり、六人衆（若年寄）と区別して、「年寄・年寄並」の五人を総称して「大年寄」とも呼ばれるようになった。そして、寛永十五年の機構改革によって、信綱ら「岩出頭衆」が「大年寄」の地位を占めてしまったので、「老中」の呼称が「年寄」に取って替わったのである。

なお、年寄並であった堀田正盛が老中に加わっていないのは、当時体調をくずし、静養を命じられていたからである。三万五千石の知行を、十万石に加増され、家光から、「ゆるゆると、大名なみの気分で静養せよ」とその労をねぎらわれている（『沢庵和尚書簡集』）。

土井利勝から松平信綱へ

翌寛永十六年の正月元日、土井利勝は、江戸城内でにわかに中風の発作をおこし退出した。当時かれは六十六歳である。

幕府内では、家光子飼いの老中松平信綱が実力をつけていた。島原の乱の総大将として乱を鎮圧した功績は、四十三歳のかれを若手老中の筆頭の地位に押し上げていた。

この年五月七日、利勝は、病気なのでこんご萩藩との取次を辞退したいと告げてきた。秀就は困惑したが、病気ではやむをえない。そこで、それを告げにきた使者の箕浦《みのうら》九大夫に直接会い、秀就は次のようにたのんだ。

「これ以後の儀、大炊殿（利勝）御校了《ごこうりょう》を以て、いづれなりとも御取次を相定め、万事御さし図を請《う》け申し度《たく》候。同じくは、大炊殿御間がらの儀に候間、松平伊豆守（信綱）殿へ頼み度候」

こんごの取次のことは利勝の考えで決めてほしいが、できれば利勝の縁者である（そして実力もある）信綱にたのみたい、というのである。そして、秀就は、利勝のほうからそれを依頼していただきたいとたのみこんだ。

そこで、間に立った利勝の指示で、箕浦九大夫は、信綱を訪れ、萩藩の依頼をつたえた。これを聞いた信綱は、

「何篇《なにへん》の儀、手前指図《さしず》仕り候ても、首尾《しゅび》相調《あいととの》ひ申すべき段、計《はか》りがたく候間、いかがござあるべき哉」

――私ごときが指図してもうまくいくとは保証できないので、どうでしょうか。

と謙遜していったんは断った。しかし、ぜひにと請われると、

「その儀においては、如在《じょさい》ござなく候間、御心安く御用等承《うけたまわ》るべく候」

――そうまでおっしゃるなら、遠慮はいらないので、なんでも気安くいってください。

と取次を承諾した（『御隠密之事』）。

「内証」の根まわし

そしてそれ以後、萩藩は、なにごともまず信綱に相談し、その同意をえたうえで月番の老中に願書を出すなどしている。信綱が同意したような件では、実現のために信綱も動いた。逆に、嘆願しても許可されないようなことは、信綱の判断で差し止めさせている。

「取次の老中」は大名の保護者的な位置にあるが、結果的に大名統制の役割ももった。留守居役の行った根まわしは、「内証《ないしょう》」のことであったが、幕府の慣行では、その根まわしもとうぜん行うべき手続きのひとつだった。表だった嘆願や申し渡しは、交渉の最終段階の形式的なものであったのである。信綱の具体的な行動は、後にくわしく述べていくことになろう。

3　旗本とのつきあい

心安き旗本衆

「毛利家文庫」に、『留守居役心得』という書物がある。留守居役を命じられた者が、心得ておくべき事項を百十五ヵ条にわたって列挙したもので、彦右衛門らの経験にもとづいて書かれたものである。「若君様之事」「姫君様之事」などの具体的な記述が、延宝《えんぽう》から貞享《じょうきょう》のころ（一六七三〜八七）のことであるので、十七世紀末にはすでに成立していたと考えられる。

　この書物の中で注目されるのは、老中への嘆願やうかがいを出す際に、「心安《こころやす》き旗本衆（親しく交際している旗本がた）」が介在していることである。たとえば、藩から老中へ藩士を紹介する場合、次のような手続きをする。

　――まず、藩主から「心安き旗本衆」をとおして、「家来何某に、こんど〇〇役を命じたので、御目にかけておきたく存じます。もしよろしかったら、会ってやってください」というように、老中に、申し入れてもらう。会ってもらえることになれば、その旗本に御礼の使者をつかわすが、拝謁する家臣が留守居役に任じられた者ならば、その当人が使者に行く。そこで拝謁の期日を相談し、前の晩、老中へその旨を手紙で許可をえる。拝謁の朝未明、老中の屋敷の式台へ進物を持参し、拝謁が済めば、藩主より御礼の使者をつかわす。その後、藩主が老中に会ったとき、直接御礼をいう。

　このような内意のうかがいは、ほとんど「心安き旗本衆」を間に立てて行うことになっていた。

　たとえば、藩主が病気のときの参府遅延の願いも、やはり「心安き旗本衆」を介して老中に内意をうかがい、その旗本の指図で月番の老中へ言上する。月番老中は、その旗本をもって他の老中へ知らせたうえで、「勝手次第《かってしだい》に参府せよ」と命ずる。これを国元に知らせ、国元からは御礼の使者が派遣される。この使者に、留守居役が同道して、老中たちに御礼の口上を述べる……。

このように、「心安き旗本衆」は、幕府との折衝になくてはならない存在であった。

毛利家の場合、関ケ原の合戦で敗れ、中国地方八ヵ国から防長二国に押し込められたときから、このような旗本の世話になっている。広島を追われた毛利家は、新しい居城を選びかね、本多正純ら年寄のほか、村越直吉や城昌茂らの旗本にも相談し、その助言にしたがって山口・防府・萩の三ヵ所の候補の中から萩を選んだのである。

そのころは、このような旗本も、藩への監視役という性格がつよかったが、しだいに、大名側の立場に立って、いろいろな事柄をスムーズに進める潤滑油的な存在になっていく。

神尾元勝

彦右衛門の活躍する時代では、阿倍正之や神尾《かんお》元勝らが「心安き旗本」であった。両人とも、のちにくわしく見ていくが、ここではひとりの旗本像として、幕府の町奉行をも務めていた神尾元勝を取り上げてみよう。

神尾元勝は、老中松平信綱と萩藩との間の仲介役を務めたり、独自の判断で萩藩に内々の助言などを行っていた。このような旗本と大名のつながりも、江戸時代初期の幕藩関係を考えるうえで非常に重要な政治的要素であった。

元勝は、家康の側室であった阿茶局《あちやのつぼね》の養子である。阿茶局は、神尾忠重の妻で、かれの死後家康の侍女となって、戦場にもしたがい、大坂の陣のときは和議の使者をも務めた女傑である。元勝は、松平（松井）康映《やすてる》家臣岡田元次の子で、阿茶局の子神尾守世と兄弟の約をなし、局の養子になり局の養女を妻とした。このため、神尾を称することになる。

元勝は、天正《てんしょう》十七年（一五八九）生まれで、慶長《けいちょう》十一年（一六〇六）家康に召し出され、書院番士となった。大坂の陣で首級をあげ、その後家光に付属され小姓組番士、寛永七年（一六三〇）正月十四日御使番《おつかいばん》に進んだ。四十二歳の時である。これより出世の道を歩み、寛永十年、従来八百石の知行であったのに、一千石もの加増をうけ、作事奉行、長崎奉行を歴任、十五年五月十六日、町奉行となった。これにともない、この年十二月二十一日には備前守に叙任している。

町奉行としての元勝と毛利家との交渉は興味深いが、あとの章にゆずり、ここでは幕府がもっとも神経をとがらせていた異国船の漂着に関する事件を紹介しよう。

領内に唐船漂着

慶安《けいあん》三年（一六五〇）八月六日のことである。神尾元勝より、次のような切紙《きりかみ》（通達）がきた。

——長門国萩の浦に唐の商船が流れ寄り、萩の湊《みなと》に入ったと、（隣国の）石見《いわみ》浜田藩の松平康映殿より御公儀《ごこうぎ》へ注進する飛脚がけさ到来した。萩よりも同じ注進がきているかどうか承《うけたまわ》りたい。秀就殿より御公儀へ注進がないうちに、康映殿から先に申し上げるのはまずいので、まずその報告を差しとめた。萩藩の状況を知らせるように。

国元から何の報告もないのに、隣国の浜田藩から、「異国船を発見、萩の湊に入った」との報告がきたのである。

深刻な対外危機

幕府は、島原の乱の衝撃から、寛永十六年にポルトガル人を追放し、翌十七年、貿易再開の嘆願にきたポルトガルの使者六十一人の首をはねたため、スペインとポルトガルの連合軍の報復攻撃を警戒していた。

その深刻さについては、拙著『寛永時代』に詳しく述べたが、たとえば、この十六年、遠見番所の設置を全国に命じたのもそのひとつである。そして、異国船を発見した藩は、即座に長崎奉行や大坂・江戸へ注進すべきことがきびしく規定され、その藩以外から先に注進があった場合は、その領主の落ち度《おど》とするとされていた。

幕府がとくに気を使って出した命令であるだけに、このときのように浜田藩から先に注進された場合は責任を問われかねない。元勝が心配したのは、まさにその点であった。

彦右衛門は、「そのような注進は、現在までは到来していません。お知らせいただいて感謝します」と返事をしたうえで、即座に元勝の所へ参上し、次のように言上した。

彦右「唐船《とうせん》（中国の私貿易船）が漂着したという報告は、いまだ国元からきておりません。しかし、浜田藩から注進があった以上、事実でしょう。わが藩の注進が、こんなに延びるはずもなく、もしや飛脚が船中か道中でなにかあったのではないかと、心配しています。浜田藩からの注進を差しとめていただくという元勝殿の御厚意、秀就にとって本当にありがたいことです。しかし、他藩の注進を差しとめるのはよくないと思われますので、まず先に御公儀へ申し上げられるよう、浜田藩の留守居役に命じてください」

神尾「それはもっともである。しかし、いま少し浜田藩からの注進を待たせよう」

元勝は、あくまで好意的な返事であった。

翌日、浜田藩留守居役大岡七左衛門が彦右衛門宅へきた。

大岡「元勝殿から報告を延引するように指示されましたので、萩藩からの注進があったあとで、注進をすることにしました」

彦右「非常にかたじけないが、遠慮にはおよびません。まず注進してください」

大岡「いや、萩藩の御注進があるまでは、お待ちいたします」

このようなやりとりの後、大岡は帰った。

かれが帰ってから、彦右衛門は、手紙で同様のことを申し送ったが、「いま少しそちらの注進を待つ」という返事であった。翌八日にも、大岡に「まだ注進がこないので、公儀への注進をしたほうがよい」とつたえたが、「やはりいま少し待つ」という返事であった。これには、神尾元勝の強い意向が反映しているにちがいない。

二日遅れの早飛脚

その日の夜、国元からの飛脚がようやく到着した。国元では、まず長崎奉行に注進し、奉行からの指示であらためて江戸への注進を行ったのである。長崎のほか江戸にも同時に知らせなければならないのに、何を考えているのであろうか。こんなとき苦労するのは、いつも江戸の留守居役である。

九日の朝、彦右衛門は、老中松平信綱にそのことを書付《かきつけ》にして言上し、神尾元勝と大岡七左衛門にも知らせた。浜田藩からの注進は、九日の夜に行われた。

彦右衛門が浜田藩の注進が先でもよいと考えたのは、唐船であったからであろうか。しかし、寛永末年以降、唐船もキリシタンとの関係が疑われ、厳重に穿鑿《せんさく》されていたのである。とすると、注進の遅れよりも、そのような細工が家光の耳に入ることを嫌ったためだと考えるべきであろう。少なくとも彦右衛門に、国元でそのような情報を隠匿するようなことはありえない、という確信があったことは確かである。

いっぽう、町奉行である神尾元勝がなぜこの件で動いていたかといえば、毛利家との親密さとともに、浜田藩留守居役が両者の立場を配慮してかれに相談を持ちかけたからであろう。

さきに述べたように、元勝の実父は浜田藩主松平康映の家臣である。元勝は、浜田藩の注進をすぐに幕府に言上すると萩藩の立場がわるくなることに配慮し、少し延引させたにちがいない。家光がもっとも気をつかった対外関係でさえ、旗本や留守居役レベルで情報操作をすることがあったわけで、藩にとって、このようなつながりがいかに重要であったかがわかるであろう。

大名側の配慮

それでは、大名側は、このような関係を維持するためどのような心くばりをしたであろうか。参府のときの進物、季節季節の贈答なども重要であるが、それはごくとうぜんの習慣である。懇意の旗本にたいしては、それ以上の厚意が必要であった。

たとえば、寛永十八年三月、長崎奉行馬場利重は、長崎赴任のため、萩藩に乗船の借用を申し出た。彦右衛門は、即座に国元にその旨を知らせ、大坂で船の準備をさせている。このときは、利重の江戸出立の時期が定まらず、利重より、大坂に近い阿波徳島藩蜂須賀家から船を借りることにした、と断りの書状がきた。

また、同十九年十一月には、長崎奉行山崎正信より、長崎赴任につき大坂より長崎まで船二艘を借りたいと依頼があった。彦右衛門は、正信の江戸出立は今月末、大坂へは十二月十日時分であるので、そのときまでに乗船一艘、供船一艘の廻漕《かいそう》を、国元に命じている。

肥後熊本の細川家も、長崎奉行や豊後目付らに依頼されて船を貸与していた。多くの遠国《おんごく》奉行たちは、移動の手段を大名に仰いでいたのである。オランダ人からの進物にかならず代価をはらったほどの大目付井上政重も、正保《しょうほう》四年（一六四七）十月、長崎出張の帰り、萩藩から提供された船でもどっている。

大名にとってこのような船の供与は義務ではなかったが、まったく交際のない旗本からも申し入れられることもあった。慶安《けいあん》五年（一六五二）三月七日には、新長崎奉行甲斐庄《かいのしょう》正述《のぶ》が、医師の盛方院《せいほういん》（吉田浄元）を介して船の借用を依頼してきた。

彦右衛門は、甲斐庄正述殿とは、

「未だ千代熊《ちよくま》（秀就の嫡子綱広）しか〳〵御知人にてござなく候へども、長崎奉行役御奉《おうけたまわる》に付て」

――いまだ親しい知人ではないが、長崎奉行になられたので。

と船の供与を承諾し、盛方院には、

「幸ひの儀に候条、弥《いよいよ》御同道なされ、とくと御《お》近付《ちかづき》に罷《まか》りなられ候様に御引き合はせなさるべく候」

――いい機会ですから、貴殿に同道いただいて、千代熊が新任の長崎奉行甲斐庄殿と親しい知人になれるよう引き合わせてください、と申し入れている。

大名側の旗本への期待がどこにあるかが、如実にしめされている。

また、同じく慶安五年正月には、神尾元勝から人足の借用を依頼された。下屋敷の地形を少しかさ上げしたいということであった。このとき萩藩は、人足七十人にくわやもっこを持たせ、監督の侍をふたりつけて派遣している。世話になっている旗本には、書状一本で、これほどの便宜をはかっているのである。

4　さかんな有力者の牢人斡旋

老中からも打診

寛永十三年（一六三六）ごろ、老中堀田正盛から、永田庄左衛門という者が使者に来た。用件は、と問えば、

「牢人《ろうにん》（浪人）医者を召《め》し抱《かか》えていただきたい、なに、知行も多くは望みません、三百石ほどつかわして召し抱えてください」

との意外につよい要望である。彦右衛門でさえ、知行は三百石なのである。堀田正盛といえば、家光第一の側近である。萩藩としても、かんたんに断るわけにはいかない。藩主秀就も迷った。彦右衛門は、秀就に、

「現在、萩藩の財政は赤字つづきであり、この牢人はなんとか召し抱えたとしても、そんな噂がひろまって、方々より牢人の召し抱えを依頼されたとしたら、それこそ与える知行など

	外様大名	家門	譜代	総計
家康時代 慶長5～元和元	28家 2666550石	2家	11家	41家 3774550石
		1108000石		
秀忠時代 元和2～寛永9	23家 2631600石	2家	13家	38家 4389600石
		1758000石		
家光時代 寛永10～慶安3	28家 2766300石	2家	17家	47家 3984800石
		1218500石		

藤野保『新訂幕藩体制史の研究』による。

大名の改易数一覧

なくなってしまいます。そうなると、譜代の家臣を召し放つほかはありませんが、先祖以来当家に奉公した筋目の正しい者を召し放ち、新参《しんざん》の者を召し抱えるとすれば理が通りません」

と説得し、この堀田正盛の申し出をきっぱり断ることを進言した。

そして、彦右衛門は、永田に、

①譜代の者すら召し放っている状態なので新参の者は召し抱えない方針である。

②ほかならぬ堀田殿の申し出を断るのは、他の者からの依頼を断るためである。

という二つの理由をあげ、「思召《おぼしめ》し分《わ》けられ下され候様に……」と丁重に断った。永田も、やむなく、「尤《もっと》もなる御理《おことわり》」と引き下がらざるをえなかった。

上の表にしめしたように、家光の時代までは大名の改易が多く行われていたから、大量の牢人が発生していた。

関ケ原の戦いから慶安三年（一六五〇）までの五十年間に、主家の没落にあった大名家臣は四十万人近くにのぼると推定されている。一部は、加藤忠広改易後肥後に入部した細川家の牢人召し抱えにみられるように（次ページ表参照）、新しい領主に召し抱えられたが、それは少数にとどまった。

したがって、牢人の憂き目をみた者は、それぞれがつてをたよって再仕官の道をさがしていた。しかし、大名家の財政も、度重なる江戸城の御手伝い普請や参勤交代にかかる莫大な経費などで息をつくいとまもなかった。

この寛永十三年には江戸城の大修築が行われ、萩藩も普請の分担を命じられており、とても新参の召し抱えなどをする余裕はない。とはいえ、幕閣の有力者のたのみとなると話は別であるが、彦右衛門は、そのような場合でも安易に請けあうことはせず、相手の気分を害さないような理由をつけて断っているのである。

歴々の勇者には食指

牢人が多数発生している以上、なんどもたのまれるのは当然であるし、中には、食指が動く有名な牢人も推薦されてくる。

正保《しょうほう》二年（一六四五）四月十三日、長崎奉行山崎正信は、少し話がしたいからと彦右衛門

氏　名	役　職	扶　持　方
竹田太兵衛	物書き	七石・三人扶持
松崎道悦	？	二十人扶持
奥田二郎大夫	金瘡医	四十石
小川加兵衛等３名	歩(かち)の御小姓	十石・三十人扶持
有久徳兵衛等４名	物書き	七石～十石・三人扶持
淵上次郎左衛門等３名	歩の御小姓	十石・三人扶持
左平次等３名	路地ノ衆	五石・一人扶持
六左衛門	光尚乗物衆	八石・二人扶持
秋間市郎兵衛等２名	御蔵物書き	五石・二十人扶持
与三郎等４名	蔵子	三石・二人扶持
岩田半左衛門	牢人分ヵ	十六人扶持(知行四百石分)
飯田助丞	鷹師	十石・三人扶持
高見九兵衛	？	十人扶持
服部市左衛門等３名	物書き	七石・三人扶持
鵜飼伝右衛門等２名	忍びの者	十五石・三人扶持
田辺平右衛門等15名	牢人分	六人扶持～十六人扶持
上妻太郎左衛門等18名	歩の御小姓	十石・三人扶持
伊崎喜兵衛等３名	石切り	十石
高崎甚大夫等２名	鉄砲衆	十石・三人扶持
岡田五郎兵衛等３名	歩の御使番	二十石・五人扶持
中島太左衛門等３名	矢倉衆	八石・三人扶持
志柿小伝次	？	三人扶持
藤田藤兵衛	御側筒衆	十石・三人扶持
元島七兵衛	物書き	十石・三人扶持
千田十蔵	鷹師	三十石・六人扶持
松岡半兵衛等３名	船頭	十石・三人扶持
竹田助兵衛等３名	物書き	十石・三人扶持
今村九左衛門	下御台所奉行	十石・二人扶持
松本加右衛門	御山奉行	七石・二人扶持
権介	御小人	五石・一人扶持
渡辺七郎左衛門等５名	船頭	十石・三人扶持～十三石・四人扶持
関四大夫等３名	御詰衆	八人扶持～十一人扶持
篠原文左衛門等４名	歩の御小姓	十石・三人扶持

『御印写之帳（寛永十年)』（永青文庫所蔵）による。

細川氏の牢人召し抱え（寛永10年４月８日より９月10日までの新規召し抱え）

を屋敷に呼びよせ、役向きの話のあとで、おもむろに三浦弥右衛門という牢人を毛利家で召し抱えてもらいたい、と切りだした。山崎は、立場もあってか、

「拙者などから斡旋したということでは問題もあるので、その方より内々に長門守殿（毛利秀就）へ言上し、召し抱えていただくように」

と依頼したのである。だが、彦右衛門は、

「内々特別に親しい間柄でございますので（「内々もつて別《わけ》て仰せ合はさる御間の儀にござ候へば」）、長門守は正信様の御用ならば、喜んで承る覚悟でございますが、牢人の召し抱えについてはこれまでの経緯もあるので、この話を私から言上することはできません」

ときっぱりと断った。

これは、ポルトガル追放後の対外的な緊張状態の中で、当時、長崎奉行の役務は萩藩と密接な関係を持っていたことを考えるとかなり思い切った答えであるが、彦右衛門は、迷うことなくこのような返答をしたのである。

山崎もしかたなく、「もっとも至極な理由である」と引き下がった。

しかし、だれかに義理でもあったのか、次の日、再び使者をつかわしてきて、いちおうこのことを秀就殿までつたえてくれと依頼してきた。じつは、この牢人は、大坂の陣のとき、真田の手につき比類《ひるい》なきはたらきを二度までしたという歴々の勇者であり、そのときの証拠の墨付を三通持参しているというのである。

この話を聞いた秀就は、そのような者なら召し抱えてもよいのではないか、とかなり心を動かされた。しかし、彦右衛門は、

「先年あのような理由で堀田殿の依頼を断ったからには、今回も応じるわけにはいきません。それに、この話は、昨日の話でもう済んでおります。今日の話はかの牢人を納得させるためのものでありますから、殿様がいちおう御聞きになればそれでよいのです」

と秀就の短慮を諫《いさ》め、使者に断りの返事をして帰した。

老中堀田正盛の依頼まで断った以上、いくらその牢人が気にいったからといってかんたんに応じるわけにはいかない。彦右衛門は、それまでの事情を逐一記憶し、問題のないように細心の注意をはらっていたのである。

さまざまな牢人の斡旋

その前後も、いろいろな人物から牢人召し抱えの依頼があった。

めぼしいものをあげると、のちに大老にまでのぼった酒井忠清の家老堺野外記より、幕府書院番頭中根正勝を介して紹介されてきた唐沢竹兵衛がいる。中根正勝は、書院番士時代進物のことを担当していたので仲介にあたったのであろう。

唐沢竹兵衛は、もと出羽山形二十二万石の城主鳥居家の家老であって、「世上《せじょう》にて人の存《ぞん》知《じ》たる者」であった。

鳥居家といえば、関ケ原の戦いの序幕で、家康が上杉景勝譴責《けんせき》のため東上するとき家康に仕えた元忠が伏見城の留守をあずかり、挙兵した石田三成と戦って壮烈な戦死をとげている。徳川家にとって忠義の家である。

しかし、その孫忠恒は、寛永十三年、末期《まつご》にあたって弟忠春が家にいるにもかかわらず、幼少であるからと戸沢家に養子にいった弟定盛を呼びもどそうとして家光の怒りをうけ、領地を没収された。

忠春は、祖父が忠義の臣であるということで、信濃《しなの》高遠《たかとお》に三万二百石を与えられ御家再興を許されたが、とても、二十二万石当時の家臣を召し抱えることはできず、竹兵衛も牢人の身になってしまったのであろう。

しかし、酒井忠清の家老の望みでも、彦右衛門は断った。また旗本駒井《こまい》親昌《ちかまさ》から、毛利家の家来筋の笠井《かさい》道甫《どうほ》という医者を斡旋されたときも、家臣に近い親類がいるにもかかわらず断っている。ほかにも、老中松平信綱の家来生田《いくた》与庵《よあん》より神尾元勝を介して打診があったときも、あるいは同じく老中阿部忠秋の家老高松左兵衛から望まれたときも、一様に「他の人々の望みも断っていますので」と体よく断っているのである。

彦右衛門は、「新参衆を一人でも召し抱えたならば、あとから斡旋してきた方々へ御断りすることができなくなり、たいへんな事態になるので、これは肝要な御仕置《おしおき》である」と防戦に努めた苦労を書いている（『覚書』二十五）が、実際かれのいうとおりであろう。

毛利家などに牢人を斡旋してくるのはかなりの有力者で、その牢人自体も文句がつけられるような人物ではなかった。そのため、一律に断るしか手はなかったのである。

ところで、仕官の口利き役は、有力者自身よりも、その家老や家来が話を持ちかけてきている事例が多いことはおもしろい。かれらは、自分では牢人を召し抱えるほどの立場にはなかったが、有力者の秘書として多くのつながりを持ち、主人の権威を背後にちらつかせて牢人を大藩に押しつけようとしたのである。

旗本もわが子の仕官を

いっぽう、懇意の旗本から、子弟の召し抱えなどを依頼されることも少なからずあった。

寛永十五年四月二十三日、幕府書院番佐久間信重から秀就のもとに書状がきた。家光や越前家の人々の動静をつたえ、島原の乱後の天草・島原の領主の交替を告げたこの書状の末尾に、次のような懇願がなされている。

――江戸におられるうちに、家老の阿曽沼因幡守（就春）殿と井原加賀守（元以）殿を介して内々に申し上げたことですが、ご存じのとおり私には子供が多く困っております。成人している倅《せがれ》を、毛利家へ進上しますので、少し堪忍分《かんにんぶん》（生計のための給付分）をくだされ、どのようにでも気軽に使ってくだされば幸甚です。

佐久間信重は、織田信長の宿老佐久間信盛の弟信辰の二男で、当時千石取りの書院番士である。書院番と小姓組番は、「両番」と並び称され、旗本中のエリートである。現代でいえばキャリア官僚である。かれらの中から使番や目付が選ばれ、さらに遠国奉行や町奉行などに出世していく者が出るのである。

信重も、この年には因幡の国目付を務め、石高といい家柄といい、けっして下級旗本ではない。子供は男子四人、それほど苦しいとも思えないが、毛利家へ三男信常の召し抱えを願っているのである。秀就は、あまり良い返事はしなかったようで、その後九月二十日、十月八日と同様の書状を送っている。

旗本の二男三男は、一般に父の所領の一部を分割されて独立することが多いが、千石以下の旗本では知行が細分化することになりなかなか困難である。養子の口でもなければ、部屋住みで終わる可能性すらあった。そのため、信重クラスの旗本に男子が多いと、子供の行く末に苦慮することになる。

幕府の直轄軍団

このころ家光は、小姓組番士を大幅に増やすなど、積極的に幕府直轄軍団の整備・充実をはかっていた。番士の母体は、旗本の二男以下で、新しく知行を与え、別の家をたてさせている。

たとえば、寛永十五年十月二十四日には、大目付加々爪忠澄の二男信澄・三男定澄などをはじめとして旗本の子弟を召し出し、十一月二十一日には、山崎正信（当時は目付）をはじめとする十五人の旗本の二男などを召し出すなど、本書に登場するような上級旗本の子弟が新たに知行を与えられている。しかし、二男以下が召し出されるのは、やはり使番や目付を歴任したような上級旗本が多く、まだ書院番士信重の子供にまではまわってこなかったのだろう。

のちに信常は、桜田の屋敷において、家光の三男綱重に仕えることになった。このように、将軍家の一門へ付属させられるというのも部屋住み旗本のひとつの道であり、主君が将軍にでもなれば、旗本・御家人への可能性もあった。実際、信重の四男信則は、館林《たてばやし》藩主綱吉に仕え、綱吉が五代将軍になると御家人に列し、蔵米三百石を給されている。

このような旗本のたっての願いとあれば、大名としてはなかなか断りにくいが、引き受けているときりがない。牢人の斡旋も同様である。それを、なんとかこなしていくのも、留守居役のたいせつな仕事だったのである。

第二章　支藩との対立

1　本家から独立の画策

家光上洛

寛永十一年（一六三四）六月二十日、家光は、麾下《きか》の諸大名・旗本をひきいて上洛の途についた。第一陣の松平忠次らの軍勢は、すでに六月十一日には江戸をたち、以後連日のように後続部隊が出発、総勢三十万におよぶ大行軍であった。

この寛永十一年の上洛は、家光としては元和《げんな》九年（一六二三）、寛永三年（一六二六）についで三度目の上洛である。

元和の上洛は、将軍宣下《せんげ》をうけるためであった。しかし、家光が将軍になってからも、幕府の実質的な権限は大御所《おおごしょ》と称することになった秀忠がにぎっていた。秀忠は、この上洛時に太政大臣に任官している。

寛永三年の上洛では、秀忠は太政大臣を辞し左大臣に、家光は右大臣に昇任した。

この十一年は、その大御所秀忠が寛永九年に没したので、家光が、実質的な主権者となったことを天下にしめすため、上洛が挙行されたのである。以後、幕末の第十四代将軍家茂《いえもち》が上洛するまで、将軍が京都にのぼることはなかった。

六月二十日に江戸をたった家光は、二十六日には久能山《くのうざん》の家康の廟に参拝し、翌日は駿府城の櫓《やぐら》にのぼって富士山を見た。ついで、七月一日浜松、三日岡崎と、徳川家と因縁深い地をとおり、五日名古屋、七日彦根と経由して、九日膳所《ぜぜ》到着。もう京都へは半日の旅程である。

家光は、膳所藩主菅沼《すがぬま》定芳の饗応をうけ、船に乗って琵琶湖遊覧をたのしんだ。

七月十一日、この日膳所出立。軍勢をことに立派に飾りたて、厳粛に京都にむかう。すでに近隣の老若男女が、この軍勢を一目見ようと、膳所より京都までの道路わきを、立錐の余地なくならんでいた。

諸大名は山科に、勅使・院使は口野岡に家光を迎え、公家たちもみな衣冠姿で迎えに出ていた。御三家の紀伊大納言徳川頼宣も迎えに出ており、家光も、しばし乗物を止めて対面した。

京都の町人などの迎えるなか、巳の刻（午前十時前ごろ）、二条城に到着。大手門前で諸大名を謁見、ついで、二条城の警備の大名を定めた。

いっぽう秀就は、すでに四月十四日に暇が与えられ、いったん帰国したのち、京都にのぼった。

彦右衛門は、家光の江戸出立を見とどけてから、混雑する道をさけ中山道から木曽路を経由し、六月二十九日京都についていた。七月五日には佐賀藩や広島藩に、家光到着時に山科まで迎えに出るかどうかを問い合わせている。

京都での行事

七月十八日、家光参内《さんだい》。四品《しほん》(従四位下の位を持つもの)以上の大名も供奉《ぐぶ》し、明正天皇《めいしょう》に拝謁した。もちろん、秀就も供奉している。明正天皇は家光の姪にあたり、満十歳の幼い女帝である。

この後、二十一日、二条城に、摂家《せっけ》・親王・門跡《もんぜき》・公卿・国持《くにもち》大名を招いて、能・狂言を興行、二十三日には、京都の町年寄を召して、京の町人に銀十二万枚を下賜、というようにさまざまな行事をこなしていく。

閏七月三日、後水尾院の領地三千石を一万石に増やし、翌日、院に拝謁した。同日、妹で院の中宮だった東福門院《とうふくもんいん》にも拝謁している。これで、懸案の行事は、一段落した。

朱印改めの特徴

六日には、老中酒井忠勝を武蔵川越から若狭小浜《わかさおばま》に移すなど、幕閣有力者の領地の大移動が発表されている。

いよいよ、次は、大名の朱印改《しゅいんあらた》めである。いままで秀忠の名前で与えていた大名の領知朱印状を、新たに家光の名前でいっせいに与えるのである。

朱印改めは、必ずしも将軍になった代替わりの時点で行われるのではない。実質的な天下人となったときに行われるのである。秀忠は、家康が没した後の元和三年に行ったし、家光の子家綱は、幼少で将軍になったため、成人したのち、寛文《かんぶん》四年（一六六四）に行っている。

領知朱印状は、十万石以上の大名には家光の花押《かおう》をすえた「判物《はんもつ》」で、それ以下の大名には朱印を押した文書で与えられた。旗本には朱印状が与えられない。ところが、将軍と主従関係にないはずの宮家や上級公家、寺社には、朱印状が与えられる。つまり、この朱印改めは、主従関係の確認というよりも、国家的・公的な儀式であった（宮地正人『天皇制の政治史的研究』）。

島津家のおもわく

領地が変わらない大名にとって、将軍から与えられる朱印状を改訂してもらう機会は、この朱印改めのときにしかない。

薩摩の島津家は、この朱印改めを利用して石高を増やし、「異国」の知行までもつ日本第一の大名になろうとしていた。

島津家は、慶長《けいちょう》十四年（一六〇九）、幕府の許可をえて琉球を征服し、家康から与えられた。同十六年、島津家が検地したところ、琉球の石高は十一万三千四十一石余であった。これは、まだ幕府に公式には報告していなかった。この機会に、この高を島津家自身の領知高六十万五千六百七石余（秀忠領知判物の高）に上乗せしてもらおうとしたのである。

この年上洛に先立つ四月のこと、薩摩藩江戸留守居家老の伊勢貞昌は、老中酒井忠勝にこれまで二十五年間の経緯を話し、将軍に披露《ひろう》（上奏）してもらいたい旨を申し入れた。

忠勝は、その日のうちに家光に言上し、翌朝、貞昌を呼んで、

「公方様《くぼうさま》（家光）は、自分の代に異国の知行が披露されたことに一段と喜んでおられる。大隅守殿（島津家久）に、なお直接にお話があるということだ」

と告げた。

百戦錬磨の留守居役

五月朔日《ついたち》のこと、登城した家久は、恒例の謁見がすんで退出し、門の外まできたところ、「もういちど参れ」との命があった。家久は引き返し、御前に出頭した。家光はことのほか上機嫌で、「琉球のこと、はじめて聞いた。祝着に思うぞ」とことばをかけた。

このとき、酒井忠勝は、内々に貞昌を呼び、次のようにたずねた。

「琉球の知行は、かの地にこのような高があるということを言上しただけなのか。それとも、薩摩・大隅の高に加えて、御高を上げようとされてのことなのか」

貞昌は、待ってましたとばかりに、答えた。

「もしいくさなどあったとき、異国の知行の軍役まで負担するのはたいへんですが、高に加えていただければ、名誉なことでございます。大隅守もそう考えております」

「一段ともっともである」

と、忠勝は賛意をしめした。

その後、土井利勝にも、同様の申し入れを行ったところ、

「忠勝殿が公方様に披露したときくわしく聞いた。拙者もそう思う。なに、琉球の高の軍役まで割り当てることはない。『高上がり』するのがよい」

と好意的な返事であった。貞昌は、喜ぶとともに、ぬけめなく次のように申し入れておいた。

「仰せのごとく、太閤様（秀吉）いらい、御普請役などまったく命じられておりません。もし、いくさなどあれば、どのようにしてでも軍役をはたすつもりでおります」

百戦錬磨の留守居役らしい、満点の対応である（寛永十一年五月四日伊勢貞昌書状）。

しかも、上洛中の閏七月九日、家久は、琉球からの使節をともなって家光に拝謁した。この使者は、琉球国王が明の冊封《さくほう》をうけたために派遣された謝恩使《しゃおんし》であったが、島津家は家光

への慶賀使《けいがし》に仕立てて御目見えさせたのである。

こうして同月十六日、「薩摩・大隅両国幷《ならびに》日向国諸県郡都合《つごう》六拾万五千石余、この外琉球国拾弐万三千七百石」というかたちで、琉球の高まで記載された領知判物を与えられた。「この外」とあるから、軍役はかからず、しかも総高は上がる。家光のうけも最高で、島津氏としてはこの上ない結果であった。

このように、朱印改めには、領知高などをめぐって、さまざまなおもわくが交錯していたのである。萩藩とて、例外ではなかった。

ただし、藩主秀就にとっては、意外な、そして胸のいたくなるような事件がおこるのである。

朱印改奉行から呼び出し

閏七月十一日早朝、老中から、萩藩の宿所に、「御用の儀があるから、二条城まで家来をひとり差し出すように」との通告があった。彦右衛門が、二条城に出頭すると、土井利勝と酒井忠勝より、次のようにいいわたされた。

「今度、諸家諸国の御朱印御改め仰せ付けられ候間、周防・長門の御朱印これあるにおいては、差し出さるべく候、写しを御調《おととの》へ候て、御朱印御改めの奉行永井信濃守（尚政）・安藤右京（重長）・内藤伊賀守（忠重）へ御渡しなさるべく候」

朱印状の写しを作成し、三人の朱印改奉行に提出せよ、というのである。

宿所に帰った彦右衛門は、これを秀就に報告、元和三年に秀忠から与えられた朱印状と防長両国の内検《ないけん》（藩独自の検地）で決定された石辻《こくつじ》の書付《かきつけ》（石高の合計・内訳などを記した文書）の二通を用意し、折り返し御城にもどって朱印改奉行のもとに出頭した。

不吉な展開

彦右衛門は、朱印状の写しを提出するとともに、許可をえて、石辻の書付もあわせて提出した。

奉行のひとり永井尚政は、提出された朱印状をまじまじと見て、他の奉行に回覧した後、こうたずねた。

「甲斐守殿（秀元）・日向守殿（就隆）御知行は、この（石高の）外にて候哉」

「この内にて候」

と彦右衛門。

「同じくは、御朱印の御本書《ごほんしょ》を拝見致したく候」

――尚政は、同じことなら原本が見たいと告げた。しかし、それは老中の指示にはない。

「それは御意次第《ぎょいしだい》にござ候。この趣《おもむき》、御老中様仰せ渡され候は、御朱印の写しを仕《つかまつ》り、差し上げ候《そうら》へとの儀にござ候故、このごとくにござ候」

彦右衛門は、御朱印の写しを差し上げたのは、御老中の指図にしたがったまでであって、自藩に作為はないことを強調した。

しかし、彦右衛門は、こう答えながら、ほかの大名家の御朱印の写しは御請けとりになって、使者はすぐ帰ったのに、私ひとりだけとめおいて朱印状の原本を見たいと所望されるのは、なにか理由があるにちがいない、と考えた。

そして、その朱印状の写しと石辻の書付をおくと、早々に宿所に帰り、家老益田元尭に事情を報告した。

彦右衛門の『覚書』によるとこのとき永井尚政は、奇妙なことを口走った。彦右衛門に朱印状の原本が見たいという前に、同僚の安藤重長にむかって、「其儀《そのぎ》ならば、此時《このとき》、御朱印分《わ》かり申すにてこれあるべき（それならば今回朱印状を分けてもよいかもしれない）」と語りかけたのである。

つまり、奉行たちは、朱印状を、秀就・秀元・就隆、それぞれ別々に与えよう、と考えていたのである。朱印状の原本を見たいというのは、その写しと原本の記載がちがっているのではないかと疑ったからにほかならない。

予断を許さぬ野望

彦右衛門の報告をうけた家老たちにも、緊張の色が見えた。彼らにも、思いあたることがあるらしい。

秀就に上申した。秀就も、これはたいへんなことだと考え、防長一円の朱印状をもらうために、みずから出馬してでも幕府に嘆願をしようと決意した。

朱印状の原本は、とりあえず提出することになった。このときまだ留守居役になったばかりで、幕閣との折衝などの経験の浅い彦右衛門は、そのための使者は家老のうちのだれかが務めるべきであることを主張した。もちろん、このような使者は、できるだけ格の高い者を使者に立てたほうがいいという事情もある。

そこで家老のひとり井原元以を使者に立て、彦右衛門が同道して、ふたたび二条城に行った。しかし、もはや日暮れどきで奉行たちも退出していた。彦右衛門らは、宿所をまわるのもどうかと考え、翌日もういちど御城へ出頭することにした。

じつは、彦右衛門も、支藩主の毛利秀元（長府）と毛利就隆（下松）が、こんど領知の朱印状を本家の秀就とは別に拝領したいと幕府に願っている、という噂を聞いていた。

秀元の四女長菊姫は、今回の朱印改奉行の永井尚政の嫡子尚征《なおゆき》の室となっている。

秀就と対立していた秀元が、尚政などをたよって毛利本家から独立しようとしたことは十分考えられる。また、秀就の弟就隆も、この年三月十八日に幕府から正式に支藩として認められていたが、知行高について秀就との意見があわず、不満をもっていた（金子憲之「徳山藩の成立と宗支関係」）。

永井尚政は、秀忠の「近侍《きんじ》の三臣」と呼ばれた人物で、秀忠死後も京都への要衝山城国の淀城十万石を与えられ、西国統治に重要な役割をはたす譜代中の実力者である。このほか、秀元の六女萬菊姫は、寛永十二年十二月一日、家光の直々のお声がかりで、春日局の子で老中だった稲葉正勝の遺子正則に嫁ぐことになる。

すなわち、秀元は、萩藩の支藩主でありながら家光や幕閣への影響力がつよく、本藩の秀就にとってもかんたんにはその行動を制約できない相手だった。

防長二国の石高と支藩領

慶長五年（一六〇〇）の関ケ原の合戦後、家康から領することを許された毛利氏の石高は、次のとおりである。

二十九万八千四百八十石　内　長門国　十三万四千六十石
　　　　　　　　　　　　　　周防国　十六万四千四百二十石

このうち、毛利秀元には、西境の長門国豊浦《とようら》郡長府に三万六千二百石余が与えられ、吉川《きっかわ》広家には東境の周防国玖珂《くが》郡岩国に三万石が与えられた。

慶長十五年に完了した内検《ないけん》（藩独自の検地）では、総石高五十二万五千四百石を計上し、

秀元
- 松菊姫（毛利就隆室）
- 光広（長府毛利第二代）
- 長菊姫（永井尚征室）
- 千菊姫（山崎豊治室）
- 萬菊姫（稲葉正則室）
- 元知（清末毛利家祖）
- 竹千代姫（土井利長室）

毛利秀元の子女

幕府に報告した。幕府は、これを認めず、家康の側近の本多正信の指示で、その七〇パーセントにあたる三十六万九千四百十一石が毛利氏の表高《おもてだか》（公認石高）に認められた。

寛永二年（一六二五）にも内検が行われ、総石高は六十五万八千二百九十九石となるが、幕府の認める表高は三十七万石弱のままである。

もちろん、領地はそのままであるから、年貢は内高《うちだか》（実質的な高）を基準に収納する。軍役賦課は表高が基準になるから、このほうが負担が少なくてよいのだが、大名側は表高を上げて家格を上昇させることをのぞんだ。

このうち、秀就の弟就隆を加えた三家の石高は次のとおりである。

毛利秀元（長門国豊浦《とようら》郡長府）
四万七千三百四十九石余（内高八万三千十一石）

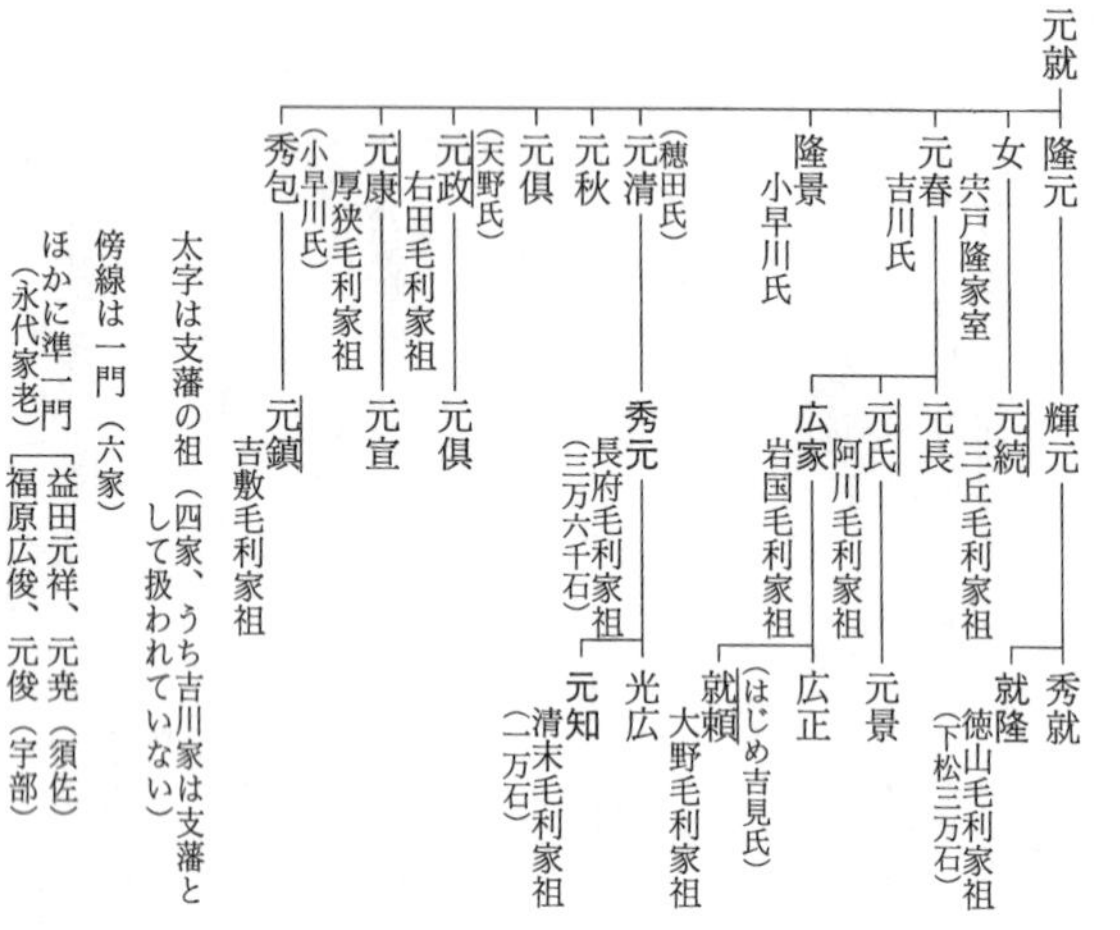

毛利家一門略系図

毛利就隆（長門国都濃《つの》郡下松のち徳山）　二万五百五十石余（内高四万十石）

吉川広家（周防国玖珂郡岩国）　三万七千百二十九石余（内高六万一石）

このほか、元就の子弟を中心とする毛利氏一門や宍戸《ししど》・益田・福原らの有力家臣には、大名なみに一万石前後の領地が与えられている。

大名分家と支藩
支藩とは、本藩から一万石以上の知行を分割して与えられ、将軍によって大名と認められた藩をいう。

つまり、将軍の直臣となり、本藩と同列に並ぶわけである。吉川家のように、三万七千石余を領する大名分家であっても、将軍の直臣でなければ「毛利長門守家来」にすぎず、諸大名の参加する儀式などにも出席できない。

就隆も、元和三年（一六一七）、十六歳のときに内高で三万石の地を分与されていたが、寛永十年三月十八日「直《じき》の御奉公」をゆるされるまでは、支藩主とは認められていない。このとき下松藩の石高は四万五千石（秀就は寛永二年の検地高四万十石を提示したが、不足分を補塡しないことを条件に譲歩した）であった。ただし、本藩の表高三十六万九千四百十一石との関係から、幕府からの問い合わせには二万五百五十石と答えるよう命じられている。

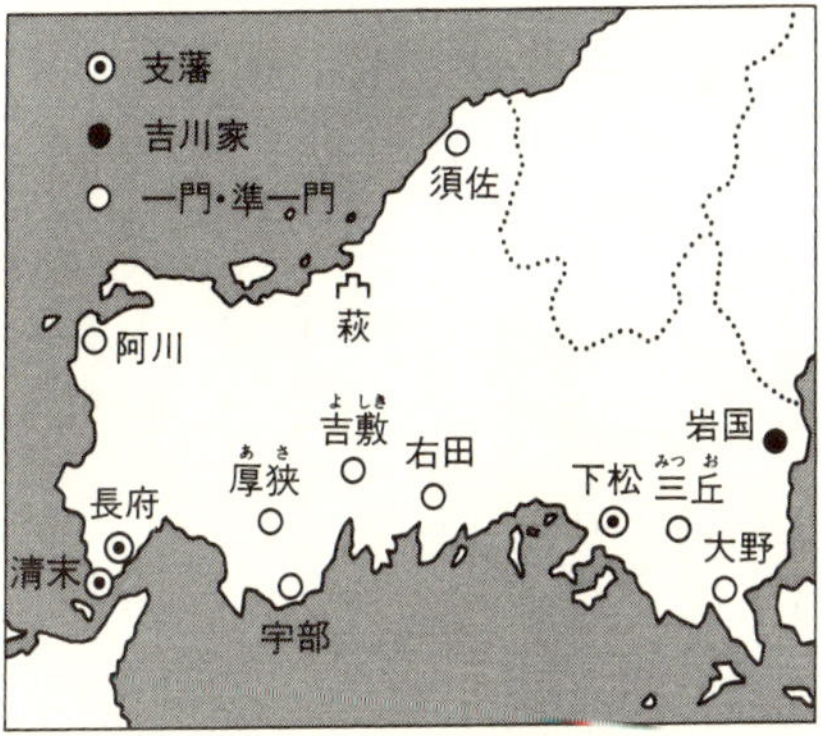

毛利家支藩・一門の配置図

支藩領は、原則として幕府から本藩に宛行《あてが》われた知行の中から分割して与える。

この場合、本藩に与えられる朱印状に、「内石は誰々之《これ》を進退《しんたい》すべし」という記載がある場合と、ない場合がある。毛利家や鍋島家の場合、この記載がない。そのため、永井尚政らが不審に思ったのであろう。この記載があれば、幕府がその知行割りを承認し、さらに保証しているということになるから、その領地にたいする権利がつよいことはいうまでもない。

このほか、大名の分家には、本家とは別に朱印状をもらって独立することがある。これには、本家の領地とは別に知行を与えられる場合と、本家の領地内に知行を与えられる場合の二つのケースがある。

前者は、本家とはなんのかかわりもなく、むしろその一族の発展につながる。譜代大名に多く、全国に発展していった。家康の二男秀康を祖とする越前家の支流（家門《かもん》）や、仙台伊達家から分かれた宇和島伊達家などもこのケースである。この場合も本家・分家の関係は残るが、少なくとも公的にはそれぞれが別個の大名ということになる。

後者は、本家の領地の中から知行をさきとって独立の大名家を創出するのであるから、本家の知行高がその分だけ減少し、家格も低下する。のちには、家格低下防止の妙案を考え出した。分家を支藩に申請する際、従来の高に含まれていない開発地を与え、「新田藩《しんでんはん》」として認めてもらうようにしたのである。これなら本家の石高はかわらない。

また、その分家大名が改易された場合、その知行は幕府に収公される。その点、内分分家《ないぶんぶんけ》の場合は、その家が断絶しても、その知行は本藩に返却される（松平秀治「大名分家の基礎的考察」）。

このように、秀元らが画策している別の朱印状をもらうということは、本家の知行をさきとって、独立の藩として処遇されることになるのであって、防長一円の領知は分断される。本家にしてみれば承認できるものではない。

秀就の巻き返し

さて、話をもとにもどそう。朱印改奉行らに面会した翌日（閏七月十二日）夜明けを待って朝一番に、彦右衛門は、家老井原元以とともに御城に出頭した。三人の朱印改奉行は面会を許した。彦右衛門らは、三奉行列座の席で、朱印状の原本を差し出した。尚政は、これをうけとって一見したあと、残る奉行にも回覧し、井原に返した。

また、同時に、前回どおりの朱印状を願う嘆願書（「御理之書物《おことわりのしょもつ》」）を提出したところ、「御理尤《おことわりもっと》も」と、奉行たちはそれを受理した。

宿所に帰った彦右衛門は、秀就の御前で、家老たちと談合し、しっかり『日記』に書きとどめた。

「此度《このたび》御朱印相調《あいととの》へ候儀、様子《ようす》これあるべき儀に候条、急度《きっと》御理《おことわり》仰せ上げられ候様に」

この事件には裏の事情があるので、かならずこの嘆願を実現させようとの決定が行われたのである。

秀就は、すぐさま老中土井利勝と酒井忠勝への訪問をきめた。

まず彦右衛門に命じて、土井利勝の用人早川弥五左衛門に会見を申し入れさせたところ、今晩七つ時分（午後四時ごろ）に訪問するようにとの返事であった。

その日の晩、秀就は、益田元尭・井原元以・阿曽沼就春の三家老を供にしたがえ、土井利勝の宿所を訪問した。彦右衛門は、利勝の宿所に先行して、早川と段どりをきめて待機している。

秀就は、こんどの朱印状においても、従来どおり防長二国を一円に与えてほしいことを願い、問われるままに秀元との仲たがいの経緯を話した。藩主にひきつづき、家老たちが利勝の前に呼びだされ、重ねてこれまでの事情を説明し、代々の文書などを見せた。

翌十三日の朝、秀就は、老中酒井忠勝の宿所を訪問した。さいわい、忠勝はまだ登城まえであり、面会できた。利勝のときと同様に、まず秀就が忠勝と直接に話し、ついで家老たちがくわしく事情を説明した。

退出するとき、秀就は、彦右衛門に、

「忠勝殿の用人深栖《ふかす》九郎右衛門と利勝殿の用人早川弥五左衛門が、いろいろと骨を折ってくれるそうだ。このたびの儀は非常に重要な事態であるので、かれらへ内々に打診して、事情をさぐれ」

と命じた。おそらく、忠勝・利勝ともに、それぞれの用人と相談するようにとの内意を与えたのであろう。

有利な感触

秀就とともに退出した彦右衛門は、ひとり忠勝の宿所の近所で待機し、忠勝が登城するのを確かめたうえで深栖に会いに行った。彦右衛門は、声をひそめてかれに事情を話し、

彦右「このような事情でございます。秀就も、ひとえにたよりにしておりますので、御心づかいをたのみます」

とたのんだ。

深栖「いかにも、相心得ました。お気づかいのないように」

彦右「このごろ、秀元や就隆が、忠勝様のもとに参上して、このような件で工作していたなどということはなかったでしょうか」

深栖「そういえば最近毛利秀元殿と就隆殿が、忠勝のところにきて、用事があるような雰囲気でなんどか会っていました。いま考えてみると、そのようなことであったのかもしれません。これから、少し注意して、なにかあればお知らせしましょう」

彦右「今後とも、よろしくお願いします」

このようなやりとりのあと、彦右衛門は、その足でふたたび利勝用人の早川の宿所を訪れた。利勝はすでに登城し、早川は自分の宿所にもどっていた。

彦右衛門は、人払いをたのみ、同じ質問をした。

早川は、「最近秀元殿と就隆殿が主人に会いにきて、隠密の対談をしていました。秀元殿は、永井尚政殿と同道してきました」と打ちあけ、「秀就様は、いまがたいせつなときです。用心なさってください」と激励した。

やはり、心配したとおりであった。

宿所に帰った彦右衛門は、このことを秀就に報告した。

十四日の朝には、秀就は、前々から親しい関係にある大目付柳生宗矩を訪問した。宗矩も、秀就が同伴したふたりの家老を召し出してこれまでのようすを聞き、もっともな理由であるから土井利勝・酒井忠勝の両人に申し達すべきことを約束した。

このように秀就は、連日幕府の有力者を訪問して、この件を依頼してまわった。

落　着

十五日は、定例の拝謁日で、秀就も二条城に登城し、御目見えをすませた。その後大名たちは、土井利勝より、明朝また御用があるので登城するように、との指示をうけた。

十六日朝、秀就は、指示どおり二条城に登城した。彦右衛門も、供としてしたがった。土井利勝と酒井忠勝が、秀就に、家光の判物を与えた。新たな領知朱印状の内容は、従来どおりの文章である。文藩との紛争第一幕は、こうして秀就の勝利に終わった。

この数日、緊張の連続であった秀就は、おおいにこれを喜び、利勝・忠勝のほか、井伊直孝（大老）、堀田正盛・松平信綱、六人衆（若年寄）阿部忠秋・阿部重次・太田資宗《すけむね》、三浦正次および三人の朱印改奉行、柳生宗矩を次々に訪問、御礼を述べた。

もし、朱印改奉行の判断が、本支藩別々の朱印状交付の方向にかたむき、それをそのまま幕閣が認めたとしたら、本藩にとっては重大な結果をもたらすことになる。そのため、藩の側から、幕閣へその点の重大性を強調しておく必要があった。彦右衛門の情報と、家老らの的確な判断、さらにそれにしたがって精力的に嘆願にまわった秀就の行動が、秀元や永井尚政ら幕閣の一部の思惑をくつがえしたということができよう。

秀就、帰国

その二日後、秀就・島津家久ら二十五人の大名に、帰国が許された。秀就は、二十日に京をたち、萩へ向かった。他の大名も、順次帰国を許されている。彦右衛門は、江戸にもどり、秀就の留守を守っていそがしくはたらいている。

その後家光は、二十五日、大坂を巡見、二十八日京にもどった。京では、ふたたび後水尾院や東福門院を訪問している。そして、八月五日、二ヵ月近い滞在を終え、京を出発。江戸到着は、この月二十日であった。

2　秀元と秀就

毛利秀元の立場

本家から独立しようとした毛利秀元は、そのとき五十五歳、戦国武将の面影をとどめた英邁な資質の人として知られていた。

天正《てんしょう》七年（一五七九）、毛利元就の四男で備中の穂田《ほいだ》家を継いだ元清の長子として生まれた。子のなかった毛利輝元は、豊臣秀吉がその甥秀秋を毛利家の養子にともくろんでいることを知り、急遽《きゅうきょ》、秀元を養子とし、秀秋は小早川隆景が養子にもらいうけた（『秀元公御養子之事』）。

そのため、豊臣政権のもとで、秀元は毛利家の後継ぎとして扱われ、秀吉は文禄《ぶんろく》三年（一五九四）、弟羽柴秀長の女《むすめ》を養女として嫁がせている。秀元は、翌年には三位・参議となり、「安芸宰相」と呼ばれた。ところが、文禄四年（一五九五）、輝元に嫡男秀就が誕生した。四十二歳にしてさずかった後継ぎである。

ふつうなら御家騒動の種ともなる。しかし、そのとき十六歳の秀元は、かねてからの約束にしたがい、秀就の誕生と同時に養子の契約を反古《ほご》にすることをみずから申し出た。筋目を重視し、庶家として、毛利本家をまもっていこうとしたのである。まだ秀就は幼く、秀元は、毛利家の総大将として朝鮮に渡海するなど、毛利家を代表して行動している。関ケ原の合戦後、秀元は、長府を領地とし、毛利一門の重鎮として行動している。慶長《けいちょう》十四年（一六〇九）には、幕府より江戸詰めを命じられ、すでに証人（人質）として江戸に滞在していた若い秀就の後見役を務めた。

元和《げんな》二年（一六一六）、それまで江戸にあって幕府との交渉に活躍した永代家老福原広俊が国元に帰ったのを機に、幕府との交渉役をも務めた。

秀元と秀就の不和

元和九年（一六二三）には輝元が隠居し（ただし公式には関ケ原合戦後、隠居を表明して宗瑞《そうずい》を名乗り、六歳の秀就に家督をゆずっていた）、秀就が名実ともに藩主の座についた。秀就は、このとき二十八歳であった。

秀元は、輝元と秀就に依頼され、国元の財政再建に着手し、永代家老益田元祥とともに、寛永の内検を行った。輝元の死去後に行われた家臣団の知行移動には、秀元色が色濃く出ている。福原家を吉敷《よしき》から宇部へ、宍戸《ししど》家を右田《みぎた》から三丘《みつお》に移封し、自分に近い一門の毛利元倶《もととも》を三丘から右田に、毛利元鎮《もとしげ》を阿川から吉敷《よしき》に移封して中央部を固めたのである（田中誠二「毛利秀元論」）。

秀就と秀元の不和が表面化したのは、寛永七年（一六三〇）の春ごろのことである。

彦右衛門の『覚書』によると、直接の原因は、かねて約束していた秀就の息女と秀元の長男光広との縁組を、秀就が、わざわざ同族同士で結婚させることはあるまいと考えて拒絶したことにはじまる。秀元は、これによって面子を傷つけられ、本家への出入りをも拒否するようになる。

しかし、おそらく理由はこれだけではない。それまでの秀就の性格と行動に、両者不仲の真の原因があると思われる。

秀就の性格と乱行

若殿秀就の性格と行動は、早くから家老たちの心配するところであった。

慶長十七年（一六一二）三月六日、江戸家老福原広俊と秀就の御傅役《おもりやく》児玉景唯《かげただ》（豊前守）は、秀就の行動に困りはて、輝元から意見してもらうよう願った。

秀就は、このとき十八歳。この年、成人してはじめて領地へ帰り、翌年正月九日に江戸にもどった。この領地での経験によって、少しは行動もまともになるかと考えていた老臣の期待も、裏切られた。

秀就は、九日に江戸にもどってから、三月中旬まで、藩邸に朝から晩までいることはほとんどなかった。『秘府明和抄書《ひふめいわしようしよ》』という書物におさめられた家臣たちの書状によると、秀就は、毎日のように秀元や就隆、宍戸広匡（一門）、堅田元慶（寄組）、児玉景唯らの屋敷を渡り歩いて夜を明かし、また茶の湯の会を頻繁に催して人を呼んで遊んでいた。このように毎日夜ふかしをするので、朝は四つ（午前十時ごろ）までボーッとしており、老臣が決定を願う書類などの決裁もまともにできなかった。

気に入った側近の者ばかりを集めて遊びまわるが、酒が過ぎたときは、その者たちにもひどい態度でふるまう。藩の財政も考えるべき年になっているのに、そのような配慮はまったくない。京都へあつらえ物などを何度も注文する。当時、京都の呉服は、舶来物の織物や白糸を使った最高級のもので、値段も高かった。秀就をいさめようとするが、秀就は自分で注文を書かせ、判を押す。小納戸方《こなんどがた》も、それをすべては注文せず、十あれば六つ七つに減らして注文するが、そのような小細工にも限界があった。秀元とも、今後の仲が心配されるようなこともあったようである。

輝元の教訓状

老臣からの手紙を頻繁にうけとり、輝元も放っておけなくなった。

ついにこの年十二月、秀就をしかった。

毛利博物館に残されている毛利秀元・福原広俊あての輝元書状は、秀就を教諭すべき点を二十一ヵ条におよんで書きつらねており、直接秀就に見せられたものである（『毛利家文書』）。

輝元は、前年の秀就初入国のときの行動について、次のようにさとす。

——昨年秀就が帰国し、上下の喜びは大方ではなく待ち望んでいたのに、思いのほか秀就は居丈高《いたけだか》なようすであった。それは今風のやり方であるかもしれぬが、あまりにきびしすぎたので、国中の者がすくんでしまったという。聞けば、領国を巡見したとき、百姓たちは秀就がくると聞いただけで山に逃げ込んでしまい、まるで戦乱のようなありさまで、何事もなく通りすぎた後、やっと安堵《あんど》したというではないか。

秀就は、慶長六年、六歳のときから江戸に詰めており、藩主としての心構えについて江戸風のものを身につけていた。たとえば、領内にたいしてきびしく対処することこそ、藩主の権威を高めるのだというようなことを聞き、生半可《なまはんか》に実行したのである。それにたいして領内の百姓たちは、恐怖し、その足音を聞いただけで山に逃げ込むというようなありさまであった。この秀就の江戸で身につけたわがままな行動は、将来を心配させるのに十分であった。

輝元は、また、次のようにもいう。

君臣の間はいのち

——そもそも、人の意見というものは、身のために善いことは、聞いたときには耳にさわるものである。逆に、当座《とうざ》に心に迎合することを申す者は、みな悪人なのであるが、結局そのような者を信頼するようになりやすい。そして、耳にさわることを意見する者をしだいにうとましく思い、その家臣のほうでもそれを恨むようになる。これは、みな主人がわるいのである。このことをよく認識しておれば、善も悪も明らかになるが、そこをうかうかと心得ていると、善も悪も闇の夜のようにわからなくなる。ここをよく考えておくように。

「君臣の間はいのちである」と輝元はいう。

「おまえも、もう二十歳になったのだから、すべてのことについてこの訓戒を心にとめ、寝ても起きてもその心がけをすることがたいせつだ。善き意見を取り上げなければ、重ねて自分の思うことを言上する者はいなくなる」

実際、いままだ秀就を気づかって意見をいおうとする者がいる。しかし、秀就がこの調子だと、すぐにみな口をつぐみ、内心で恨みを持つ者がでてくる……。

「意見をする者に、さほどの悪人はいない。ここが、一番分別すべきところであるぞ」

と、輝元は、切々と、年をとってさずかったわが子に教訓を垂れるのである。

輝元と秀就

輝元には、優柔不断な面があった。それは自分でもわかっていたらしい。しかし、小早川隆景・吉川元春というすぐれた伯父たちに補佐されて、家臣にたいしての気くばりという点では優れており、どうにか八ヵ国を保ちえた。

しかし、秀就は、そのような苦労を知らず、江戸でいわば生まれながらの藩主として育っている。家老や御傅役《おもりやく》の諫言《かんげん》など、まったく聞かない。これが輝元の心配の種であった。

輝元は、一門との関係に心をつかい、長女松姫に一門の結束をつよめることのたいせつさを説いて、吉川広家の嫡男広正に嫁がせた。しかし、秀就は、自分のために身を引いた秀元の長男との縁談の約束を反古にし、長女登佐姫を越後高田城主松平光長に、二女竹姫を公家の最高の家柄である五摂家の鷹司房輔《たかつかさふさすけ》に嫁がせている。

松平光長は、家康の次男秀康（二代将軍秀忠の兄）にはじまる越前家の嫡流にあたる。父忠直が改易されたあと、伯父忠昌が越前家を継ぎ、光長は、忠昌の旧領越後高田藩主となっていた。

寛永中期以降、秀康の子供たちは、三男直政が出雲松江藩主十八万六千石に、四男直基が出羽山形藩主十五万石（のち播磨姫路藩主）に、というように、全国に進出するようになり、光長は一族のうちでも大きな影響力を持っていた。したがって、この縁談の政治的な意義は大きかったが、反面この軽率ともいえる行動のため、この後秀元らの反抗に苦しみぬくことになるのである。

変わらぬ行動

輝元の手紙は、飲酒・遊興をいましめ、家中の者をいたわり、自慢心を押さえるべきことも説いている。これを読むと、老いた父親の、若い息子に対する愛情と心配が手にとるように見える。たんに、政治にたいする一般的な心得を説いているのではなく、秀就の行末を心配し、その性格に即して訓戒を述べているのである。しかし、このような父親の教訓も、秀就は頑固親父のたわごととしか思わなかったようである。

元和《げんな》二年三月、家康の病気がつたえられ、秀忠が駿府におもむき、日本全国の大名が息をつめて見つめているころ、秀就はそのようなことはまるで気にもかけず、謡をやったり、操り人形師を招いたりして、夜更けまで下屋敷で遊んでいた。上屋敷は江戸城に近いので、少しは気をつかって隠れてやっているつもりだったのであろうが、秀就の行動は、江戸ばかりではなく、駿府の町人の噂にまでなっていた。幕府が、外様大名の行動に神経をとがらせているとき、それを逆なでするようなふるまいである。御傅役の児玉景唯は、居ても立ってもいられず、またまた輝元に直訴している（『秘府明和抄書』）。

秀元の声望

いっぽう、秀元は、秀就とはまったく逆で、非常に評判がいい。

かつて叔父の小早川隆景は、わずか五歳の秀元を見、「八ヵ国を手に入れた祖父元就卿に本当によく似ている。只人《ただびと》ではないだろう」といい、輝元の養子として宗家を継がせようとし、また、豊臣秀吉も、つねに「この幼な子は、眼《まな》ざしにただならぬものがある」と褒《ほ》め、羽柴の名字を許し、大役を命じていたという。

また、輝元に実子が生まれたときみずから身を引いたいさぎよい態度は、当時から賞賛されていた。

家光は、「秀元が十四、五歳の若さで、朝鮮への出陣の大将を務めたことは、凡人にできることではなく、かれの文武の才が世間で賞賛されているのももっともなことだ。門地といい官位といい、自分の友人にするに足る人物である」といって、御咄衆《おはなししゅう》としてつねに御前に召し、いろいろな話をしていたという。

家光に従って上洛したあと、京都から帰ってからも、さっそく家光に招かれ、親しい大名四、五人とともに能を演じている。秀元は、有力な幕閣を縁戚にもっているばかりか、将軍家光のお気に入りの人物だったのである。今後とも、秀就の苦戦が予想されるところである。

3　対立はつづく

江戸城の大改修

秀就と秀元の対立は、寛永十一年（一六三四）以降もつづくことになる。

秀就が再び参府してきた寛永十二年（一六三五）四月十四日、幕府から正式に、翌年の江戸城普請《ふしん》に、半蔵門の枡形《ますがた》修築の分担を命じられた。

これが、両者の対立の第二幕である。

すでにこの年から江戸城二の丸の普請ははじまっていたが、翌年からは外様大名ほとんどに助役を命じ、大々的な外堀の普請が行われることになっていた。この工事によって、江戸城の天守閣をふくむ諸建造物は一新され、不完全だった外堀も、赤坂の溜池《ためいけ》から四谷、市ケ谷、牛込、小石川をへて、元和の工事で開削された神田川にまでつながって完成する。これが、現在JR中央線にそって残っている堀である。

ところで、巨大都市である江戸のこれら内堀や外堀の門は、現在でも地方から出てきた者には覚えにくい。留守居役たちもそうだったようで、盛岡藩留守居役の『諸家秘要集』の「御門の歌」には、

〽西の丸大手の次は坂下よ。桔梗《ききょう》につづく大手、平川。外桜田につづけるは、日比谷、馬場、和田倉の外、龍ノ口なり。虎御門の堀はさるわい（幸橋）、山下に、数寄、鍛冶、呉服、常盤橋なり。浅草に筋違《すじかい》、小石、牛込よ。市ケ谷、四谷、つぎは赤坂。神田橋八ツ橋。外竹橋の外雉子《きじ》、清水、田安、半蔵。

とある。

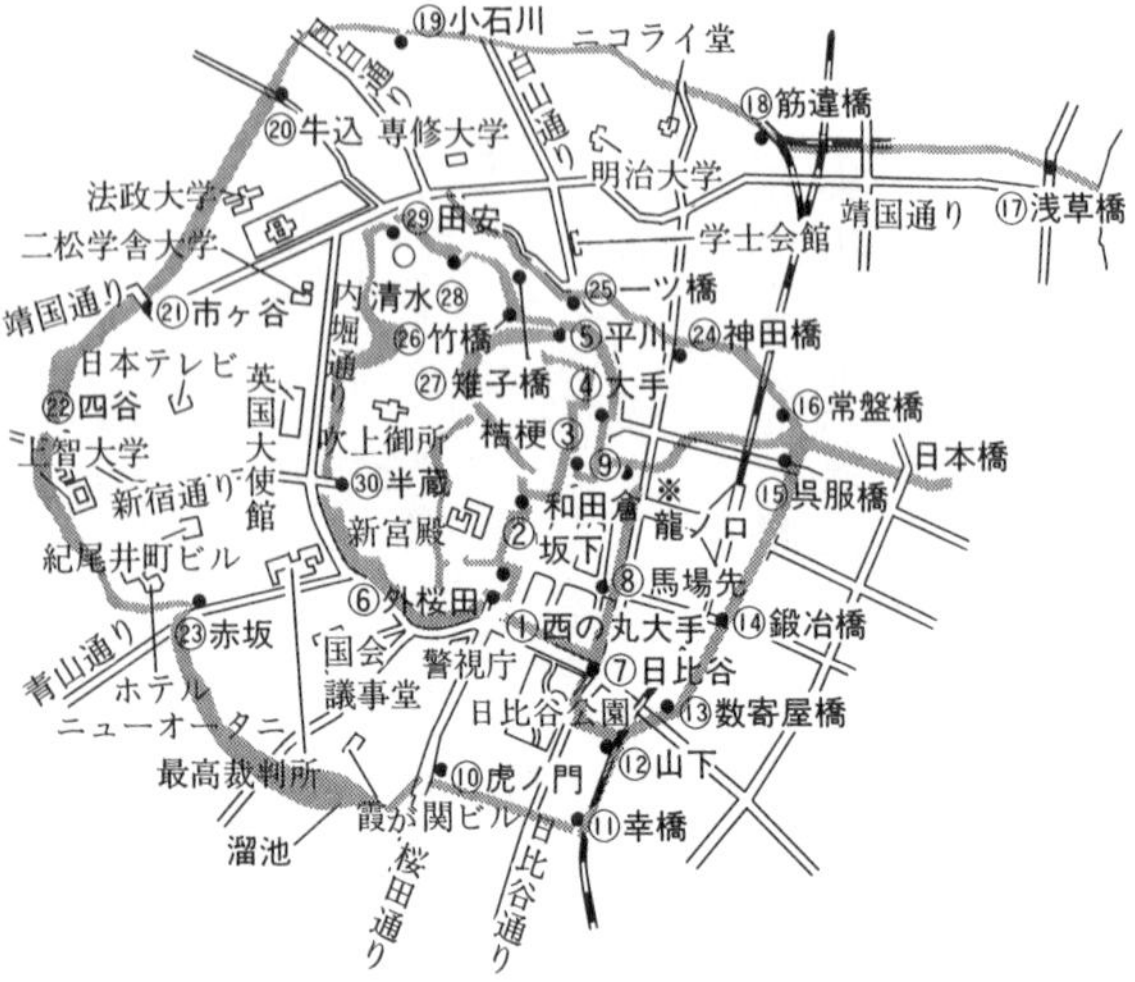

和田倉門外の評定所のあったあたりを「龍ノ口」と称した。
○数字は「御門の歌」に歌われた順。1991年作製。

江戸城の諸門

留守居たちは、道を歩きながらこのような歌を口ずさみ、複雑な江戸の地名と場所を覚えていったのであろう。

支藩の普請役分担拒否

さて、秀就は、この普請に藩をあげて対処しようとするが、問題が持ち上がった。寛永十一年の朱印状の一件以来、本藩に出入りしなくなった秀元と就隆が、役儀を分担しようとしないのである。

従来、秀元は、秀就の後見として輝元から特別扱いをうけており、慶長《けいちょう》十三年（一六〇八）の駿府城三の丸の御手伝い普請以降、翌年からの江戸詰めの代償として普請役を免除されていた。就隆もまた、大坂の陣ののち証人（人質）として秀就と交代で江戸に詰めていたから、幕府からの役儀は本藩から免除されていた。

この輝元からの「先例」をたてにとって、証人でなくなったいまも、両者は本藩からの普請役分担の要請を拒否したのである。

秀就は、「もうそんな論理は通用しない」と強く命じたが、両者は拒否しつづけた。そこで、老中にこのことを報告し、幕府から直接命令を下してもらおうとしたが、藩内のごたごたを幕府に知らせて、なにか不都合な処置があってもつまらないということで思いとどまった。

普請後の寛永十三年四月七日、秀就は、老中の土井利勝・酒井忠勝・松平信綱に益田元尭・井原元以を使者としてつかわした。もちろん、彦右衛門も同道している。

かれらは、事情を説明して、次のように申し入れた。

――後年、普請役を仰せ付けられたときには、またかの両人にも申し付けますが、もしそのとき難渋したらこんどは正式に幕府へ言上しますので、そのとき普請分担を命じてください。

これを聞いて、利勝は、「御尤《ごもっと》も至極《しごく》に候」と答え、忠勝も、同様に答えたうえで、「普請《ふしん》成就《じょうじゅ》の上にて仰せ上げられたことにかんじ入りました」と好意をしめした。

信綱は、さきの両人同様に答えた後、「先年宗瑞（輝元）が、秀元にお墨付《すみつき》など与えていないだろうか。そうなると、訴訟になったときその墨付が持ち出され、困ったことになろう」と思慮深い返答をしている（『覚書』九）。

役儀免除の根拠

秀元らは、なにを根拠に普請役を拒否したのであろうか。のちに、秀元は、秀就に証拠があるなら出せと詰めよられたとき、「そのようなものもあるが、いままで普請役を分担していないのがなによりの証拠」と開き直っているが、幕府に持ち出されたときにも正当性を主張しうるなにか証拠があったにちがいない。

毛利家に残された文書を探してみると、慶長十四年（一六〇九）十二月一日付の本多正信・大久保忠隣・酒井忠世三名の老中連署奉書（将軍の意思を伝える文書）がある（「毛利家文庫」）。

「宰相殿（秀元）・長門守殿（秀就）、在江戸《ざいえど》なさるに付て、御役儀《おやくぎ》拾万石の分御免《ごめん》なされ候旨、上意候条、その御心得なされ、相残る弐拾万石の御役儀なされ候、もし何方《いずかた》にて御役儀仰せ付けられ候といへども、時の御奉行衆へその段《だん》仰せ理《ことわ》らるべく候」

この奉書は、あくまで輝元に与えられたものであるが、秀元と秀就が江戸に人質として詰めていたために与えられた免除分であり、十万石の半分は秀元の免除分と考えられないことはない。そうすると、秀元の知行は四万七千三百四十九石であるから、無役となる。いかにも、手前勝手な解釈であるが、幕府に持ち出されたときも、それなりの根拠になるであろう。

秀元は、とうぜん、この奉書の存在は知っていたし、写しは所持していたはずである。そして、もしこの奉書に重ねて、輝元がさらに免許状のようなものを与えていたとしたら、圧倒的に秀元のほうが有利である。

とけぬしこり

寛永十三年五月、老中たちの配慮もあって、朱印改めのときに深く関係した永井尚政と柳生宗矩両人の仲介で、秀就・秀元の仲直りが行われた。

尚政と宗矩に同道して、秀元が萩藩邸を訪問したのである。これは、秀元のほうから和解を願う形式である。しかし、これは表向きだけのことにとどまり、そののちも両者は、まったく歩み寄りを見せなかった。

就隆は慶長七年（一六〇二）生まれで、兄秀就とは七つちがいである。元和三年（一六一七）、三万石の所領を分与された。

このとき本藩の蔵入地《くらいりち》（直轄地）不足のため、所領の支給が遅れ、「ひうが（日向守就隆）気をくさし、此中はらたち候」というようすであった。父親の輝元は、かれに気をつかって、渡せる所領から渡していくことにしたが、「(就隆は)当世りう(流)の者にて、はやく辻(所領の総計)をもききたがり、大かたにあらず候」と嘆息している(『児玉氏譜録』)。このように、就隆は、自分の知行に強く執着しており、秀就との対立の原因も、知行高の公称をめぐるものであった。

しかし、しこりを残してはよくないからと、就隆との関係についても、寛永十二年三月二十一日に、筑後久留米藩主の有馬豊氏と幕府持弓頭安藤定智(千七百石)によって仲裁が行われた。

これは、就隆が、「何事であっても秀就のいうことに背かない」との誓詞を提出したのであるが、その後も交際はなく、公儀普請についても役儀を拒否するような状態であった(『覚書』十四)。

秀元嫡子の縁組

このような両者の関係を見かねたのか、寛永十六年になって、秀元の嫡子光広の縁組のことが幕府に持ち出されたとき、それを両者の復縁の材料にしようとする動きが出てくる。この年七月二十四日、柳生宗矩が彦右衛門を呼んで、秀就に次のような伝言をするように告げた。

——秀元殿が幕府へ、「だれかよい相手を選んで、嫡子光広の縁談をお命じください。先代の秀忠様は、光広に秀就二番目の娘竹姫をめあわせようと仰せ出されましたが、この儀はととのいませんでした」と言上した。

もし、このとおりならば、秀就殿は上意に背かれたことになり、問題がある。これを上様が知ったとしたら、どのような御沙汰《ごさた》があるかわからない。そこで縁ある方々が仲介の労をとり、この縁談をまとめようとしておられる。

彦右衛門は、その場で、たずねた。

「その仲介なさろうという御方は、どなた様でございましょうか」

「堀田正盛殿、永井尚政殿、松平定綱殿（伊勢桑名藩主）である」

いずれも、幕府の有力者である。しかし、彦右衛門は、「この御取り扱い御無用にござ候、とても長門守分別致されまじく候」と自分の判断で、敢然と返答した（「彦右衛門自分にて申し達し……」）。

彦右衛門の反論

宗矩邸を退出した彦右衛門は、藩邸に帰ってこの旨を報告した。

秀就に聞く耳はなかった。内々に知らせてくれた心遣いを感謝する口上を述べたうえで、この縁組はどうあっても受け入れられないから、仲介を延引してくれるよう申し入れよ、と命じ、家老児玉元恒と阿曽沼就春のふたりを使者に立て、彦右衛門をそえて宗矩につかわした。

秀就には、自分になんの申し入れもなく、頭越しに幕府に言上した秀元の態度が許せなかった。ふたりの家老が、この秀就の意向を伝え、「先年の事情」について彦右衛門が説明した。

――先年の縁組は、将軍様の御命令ではありません（「御諚《ごじょう》にてはこれなく候」）。御年寄衆の酒井忠世・土井利勝・井上正就の御三方から、内々に、こうしたらどうでしょうか（「内証《ないしょう》にて、かやうには仕《つかまつ》りまじきか」）と持ちかけられた話でした。秀忠様は、縁談というものは、まずお互い同士で話がきまったうえでなければ命ずることはできないと考えておいででした。そして、この縁談に問題があると言上する者もあったので、「御諚」として発表するまえに、内々に先の御三方に事情を打診させたのです。このことは、仲介にあたった永井白元《あきもと》殿がよく存じておられます。さいわい白元殿は今に御健在でございますので、問い合わせてください（『覚書』十二）。

このように、当時のくわしい事情を説明されてみれば、宗矩としても、萩藩側に理があると考えざるをえない。そこで、この縁組を契機とした関係修復は、不発に終わった。そののち、光広は、家康の四天王と称された本多忠勝の孫で、陸奥白河十二万石の藩主本多忠義の二女と縁組した。この縁組には、家光の強い意向がはたらいていた。

秀元と就隆

就隆は、輝元の斡旋で、秀元の長女松菊姫をめとっていたから、秀元との仲は良好であった。これが、秀元とともに本藩から独立しようとしたひとつの理由であろう。しかし、寛永十七年に、夫婦仲がわるくなり、松菊姫は実家の長府毛利家に戻ってしまった。

秀就は、就隆が離別するといっていないのに、奥方のほうから婚家を出るのはいかにも就隆の外聞がわるいと考え、斡旋に乗り出した。しかし、就隆に不信感をもった秀元は、秀就の、就隆のもとに戻すようにとの申し出をうけつけず、以後秀元と就隆の間も険悪になった(『覚書』十五)。

大名の縁組

大名の縁組に幕府の許可が必要であることは、よく知られた事実である。その相手については、大名が自己の家格に見合った相手をさがし、幕府の許可を求めるのであるが、秀元のように幕府に相手の選定をゆだねることも多かった。土井利勝などは、七、八十人の大名から斡旋を依頼されており、その権勢のほどがうかがえる(元和六年三月晦日細川忠利披露状)。

幕府は、大名側からの願いをだいたい認めるが、正式な願いを出す前に、内々に幕府の意向を聞いておくのが一般的であった。この秀忠の事例は、それとは逆で、縁組のことが内々に耳に入った時点で、だれか助言するものがあって、それが互いの合意のうえかどうかを当時の年寄たちに打診させたのである。

将軍の命令（「御諚」）として正式に発表されたら、それを撤回することは困難である。朝令暮改は厳に慎まなければならないからである。しかし、意にそまぬ縁談を強要するのは、ことさらに将軍の権威を見せつけようとする目的でもなければ、大名の反発をかうだけである。そこで、問題のありそうな縁談については、このような配慮を見せたのである。

留守居役の本領発揮

それにしても、ここでの彦右衛門の態度は、幕閣の有力者を前にしてもまったく卑屈なところがない。無理なことは無理と、自分の判断で返答し、その論拠をも見事に組み立てている。

これが、まったく幕閣との交渉経験のない者であれば、ここまで見事な受け答えはできず、あいまいな返事をして、事態を悪化させる場合もあったであろう。そのへんの判断こそが、留守居役に求められていたのである。留守居役就任後六年たち、修羅場をもくぐってきた彦右衛門の成長を見る思いがする。

彦右衛門は、寛永十五年二月二日、御役目にはげんでいることを評価されて二百石を加増され、五百石の知行取りとなっていた。かれは、次章でのべる江戸麻布の下屋敷拝領など多方面にわたって精力的にはたらいており、秀就も高く評価していたのである。萩藩にとって、幕府との交渉になくてはならない人材であった。

第三章　萩藩の江戸屋敷

1　麻布下屋敷の拝領

大名の江戸屋敷

江戸に幕府が開かれ、大名が自発的に参勤するようになると、幕府は、それぞれの大名にふさわしい屋敷地を与えた。大手町一帯（大名小路）、外桜田、愛宕下《あたごした》あたりが幕初からの大名屋敷街である。

幕府から与えられた屋敷は、「拝領屋敷《はいりょう》」という。これにたいし、百姓地や町人地を買い取ったりして所持しているのを「抱屋敷《かかえ》」という。屋敷がふたつある場合は、上屋敷・下屋敷と称し、三つあれば上屋敷、中屋敷、下屋敷と称した。大きな大名では、上・中・下の三屋敷のほかに、多くの蔵屋敷を購入していた。

萩藩の場合、寛永九年（一六三二）の時点で、外桜田に上屋敷、愛宕下に中屋敷（現港区新橋四丁目）、増上寺の北、御成門《おなりもん》の近くの宇田川町に下屋敷があった（現港区新橋六丁目)。

上屋敷は、桜田門外、出羽米沢の上杉藩邸の東に道をへだてて並び、表門は西の丸下を囲む内堀(いまの日比谷濠)ぞいの道に面し、さらに東隣は陸奥仙台の伊達藩邸に接し、裏手は下野黒羽《しもつけくろばね》の大関藩邸および那須大田原の大田原家藩邸などと接していた。

その姿は、国立歴史民俗博物館所蔵の『江戸図屏風』に描かれて当時の姿の一面をしめしてくれる。寛永九年刊行とされる『武州《ぶしゅう》豊島郡《としまごおり》 江戸《えど》庄図《しょうず》』(以下「寛永江戸図」とよぶ)を見ると、現在の日比谷公園の北西部分であることがわかる。間口五十五間、奥行百三十三間で、面積は七千三百五十三坪であった。

拝領屋敷の取得ラッシュ

彦右衛門の『日記』がはじまる寛永十年(一六三三)ごろ、萩藩では、江戸郊外に適当な場所をさがし、杭を立てて「屋敷」として拝領したいと幕府に嘆願していた(『万被仰出同窺』)。『日記』に「麻布の下屋敷」という名称で出てくるこの屋敷地は、かなり広大な地所である。

彦右衛門は、この「麻布の下屋敷」拝領のことを寛永十一年(一六三四)三月四日、幕府老中筆頭の酒井忠世に嘆願している。そして、この年の家光の上洛にさきだって帰国をゆるされた秀就が、「無理には願わないが、可能性がありそうなら(「自然成るほどの儀にもござ候はば」)、もういちど酒井殿に嘆願せよ」と命じて帰国したので、彦右衛門は、五月二十五日に再度嘆願している。

彦右衛門が、翌十二年正月二十六日に、

「今程、御屋敷望む衆多くござ候て、はつぎ(発議)申すの由、承り及び候条、遮《さえぎっ》て御理《おことわり》申し上げ候」

——現在、御屋敷拝領を望む方々が多く、願書もたくさん出されているそうですが、そこをまげてなんとか……。

と述べているように、この時期、諸大名や旗本は、きそって屋敷の拝領を願い出ていた。

秀就の弟就隆は、前々年の寛永十年に屋敷の拝領を、萩藩を通じて願い出ている。このとき就隆は、内密に佐々木主膳という者から屋敷を買い取っていたので、屋敷の売買を禁じている幕府からの調査をおそれ、いちおう願書を出しただけで、それ以上の嘆願はしなかった(『万被仰出同窺』)。

正保《しょうほう》四年(一六四七)、改易された肥前唐津藩主寺沢堅高《てらざわかたたか》の屋敷をめぐって、やはり多くの大名家から拝領の願いが出され、就隆もふたたび拝領を嘆願している。

寺沢家の上屋敷は虎ノ門付近にあり、支藩主などがとてももらえるような場所ではないが、下屋敷ならもらえるかもしれない、今回だめでも、今後の拝領願いのとき有利になるかもしれない、と考えたのである。

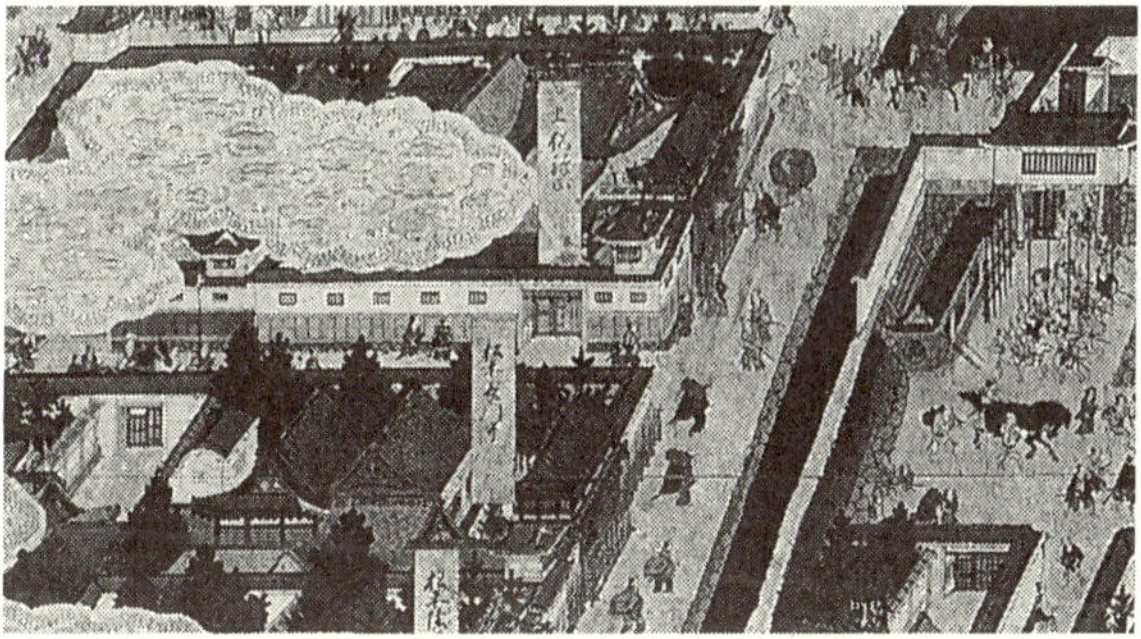

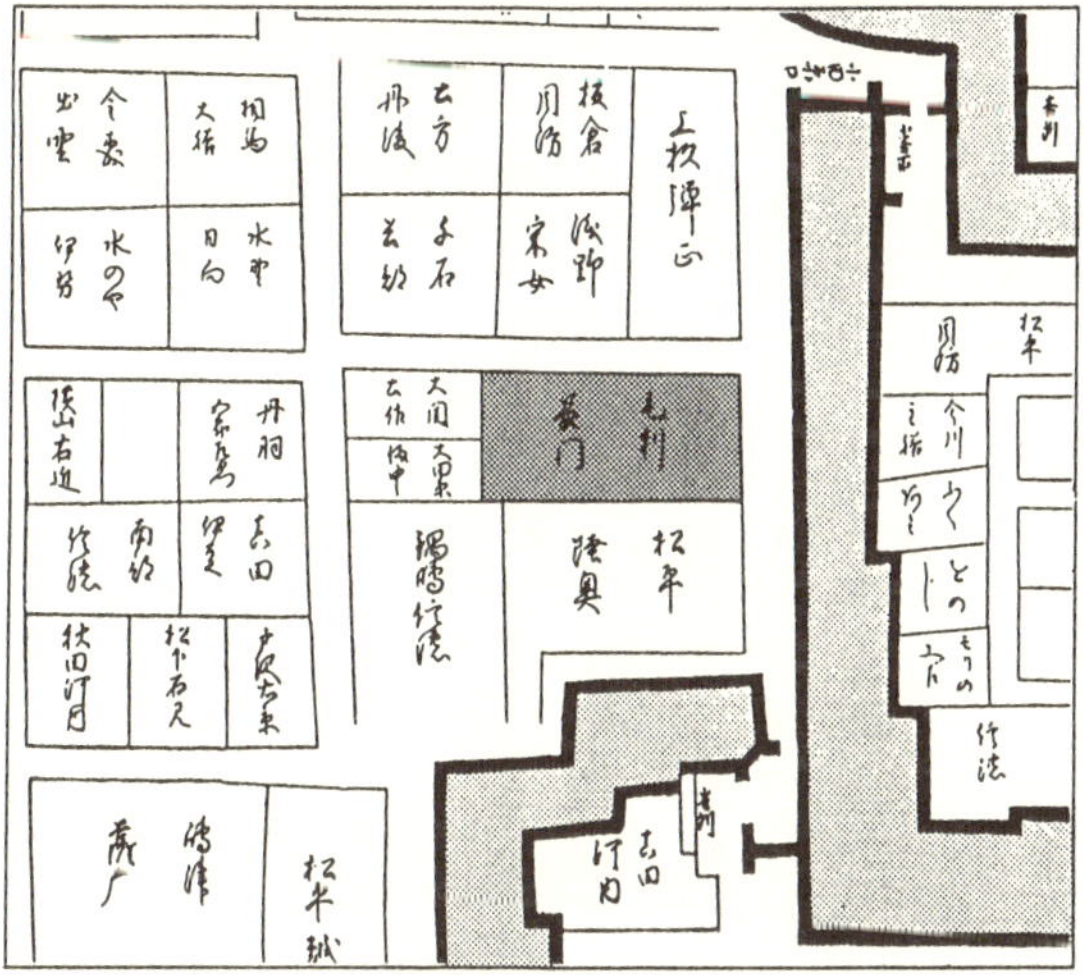

毛利長門守上屋敷（日比谷）　右手上方の桜田門門外に米沢上杉家、毛利家、仙台伊達家の上屋敷がつづいている。上は『江戸図屏風』　国立歴史民俗博物館所蔵、下図は『武州豊島郡江戸庄図』　東京都立中央図書館東京誌料文庫所蔵

しかし、この屋敷は、翌年三月二日、越前家支流の出羽山形藩主松平直基が拝領することになった。

狭い萩藩邸

寛永十一年閏七月二十三日、酒井忠世は、家光上洛中、西の丸留守居役を務めていたが、失火のため西の丸を全焼し、その責任をとって謹慎した。そのため、萩藩の嘆願は、宙に浮いた格好となった。

翌十二年正月二十六日、彦右衛門は、幕府屋敷奉行朝比奈正重を介して再び嘆願を開始する。屋敷奉行は、書院番士の兼任する役職で、官舎担当の課長といったところである。出願の理由は、これまでの屋敷がいずれも狭いということである。

——秀就の家中では証人《しょうにん》（人質）を五人江戸に置いていますが、下屋敷の敷地は大半がこれらの屋敷でふさがっております。そのため、秀就が江戸在府のとき、供の家臣を置くところが狭く、なんとも手詰まりになります。規定以上の人数を連れてきていると思われるかもしれませんが、分限に応じた人数であっても、中屋敷・下屋敷が狭いため、年々難儀しているのです。

このたび嘆願する麻布の屋敷は、御城からは少し遠い場所ですが、手広なので「明地見立《あきちみたて》絵図《えず》」をそえて「御訴訟（嘆願）」するしだいです。この地所は、江戸のはずれにあるので、馬廻り衆（旗本）などを置かれる所でもないと考え、とりなしをお願いするものです。

江戸詰め藩士二千人

萩藩の証人は、当時吉川主膳・宍戸《ししど》藤五郎・毛利正八・益田主馬・福原勝三郎で、いずれも毛利家一門の者たちである。このような上級家臣の居所は、それぞれが多くの家臣を擁していたので、藩邸の一部屋というわけにはいかない。下屋敷のかなりの部分は彼らの屋敷地で占められていた。

寛文《かんぶん》五年（一六六五）、四代将軍家綱が人質を廃止するまで、どこの藩でも江戸に何人かの証人を置いておく必要があった。証人は大名の嫡子と正室だけではない。当時の大名の家中というのは、小大名の複合体的な性格をもっていたから、一門や家老からも人質をとらなければその大名家を押さえることはできなかった。したがって、藩邸もそのためのスペースを必要としたのである。

また、江戸に詰めている上級藩士も、長屋の一部屋というわけにはいかない。個々の藩士はそれぞれが家来や奉公人を連れているのである。

寛永期の藩邸の総人数は不明であるが、延享《えんきょう》三年（一七四六）、老中に提出した書上《かきあげ》によると、藩主在府中の人数は、藩士三百八人、足軽百六十八人、藩直属の中間《ちゅうげん》八百二十人、藩士のかかえる侍や中間八百七十五人で、総計二千百七十一人におよぶ。

所では、たしかに手狭だっただろう。おそらくはこれに近い数の者が、藩邸に収容されたのであるから、七千坪前後の屋敷三ヵ

町に住む藩士たち

藩邸内に家臣が入りきらない場合は、藩士の一部を江戸の町方に居住させざるをえなかった。これを「町宿《ちょうしゅく》」という。のちに触れるが、萩藩でも町宿している藩士家族がおり、他藩でも同様であった。

薩摩藩では家老連署の寛永十三年四月二十六日付書状で、藩士が帰国して空いた上屋敷・中屋敷の宿舎に、町方の借家に「町宿」させていた藩士を「物奉行《ものぶぎょう》」が指示して移すように、と命じている。また、屋敷内の宿舎は藩当局より割り当てられていたが、藩士の中には勝手に居所を移している者がいるので一ヵ月に一度ほど調査するようにと指示している（『薩藩旧記雑録』）。

また、寛永十六年八月二十五日付の肥後熊本藩の隠居細川三斎（忠興、八代城主）書状では、江戸屋敷の作事のため八代から江戸に呼んだ大工を、仕事が終わり暇を与えたあとは「町宿」させている（『細川家史料』）。

彦右衛門の『日記』の寛永十一年二月十七日条には、この日幕府から通達された火事のときの法度（禁令）が書きとめられており、その第三条に、「同家中の者、町宿に罷り居り候

時、町の火事にほうばい（傍輩＝同僚）見舞ひ候事、一切御法度（禁止）」という規定がある。

このように、藩士が町方の借家に住むような状態は、ごく一般的なものであったことが推測できる。ただし、これではその藩士に対する統制ができず、いろいろと不都合である。

麻布下屋敷の拝領を達成

さて、寛永十二年四月六日、彦右衛門は、ふたたび屋敷奉行の朝比奈正重のところへ使いに行った。屋敷拝領の願いに、なんの沙汰もないからである。

「麻布の下屋敷の件は、いまだに実現しておりません。御老中へなんども願っておりますが、なにか不都合なことがあるのでしょうか。事情によっては私どもにも用意がありますので（「様子においては、内々申し達し候分にござ候条」）、なにとぞうまくいくよう、御援助ください」

「そうまでおっしゃられるのでしたら……」

と朝比奈は、口をひらいた。

「いままでのような嘆願のしかたでは、うまくいかないでしょう。いま、三ヵ所の御屋敷をお持ちです。このうちひとつを返上しますので、麻布の屋敷を拝領いたしたい、と願えば、すぐにもうまくいくでしょう（「則《すなわち》相済《あいす》み申すべく候」）。ただし、私がいったことは、絶対に人にいわないようにしてくださいという(「此《この》私内証《ないしょう》申し上げ候通り、御沙汰《おさた》なき様、頼み存じ候」)」

大名にとって、「心安き旗本衆」というのは、まったくありがたいものである。所轄官庁の役人であっても、陳情実現のための方策を教えてくれるのだから。いや、いまでもこの伝統は生きているのかもしれないが……。

この彦右衛門の報告を聞いた家老たちは、その助言にしたがうことを決定し、翌日、麻布下屋敷を拝領した場合、中屋敷を返上するとの書付《かきつけ》を、老中の土井利勝と酒井忠勝に提出した。この年九月十四日にも重ねて嘆願し、翌寛永十三年三月二十六日、二万七千二百七十三坪余の麻布の下屋敷の拝領がはれて許されることになった。

愛宕下の中屋敷は、拝領者がいれば即座に引き渡すよう命じられ、門番のみを置き、道に面する長屋だけは残して、中の建物は取り壊すよう命じられた。萩藩では、これ以後、宇田川町の下屋敷を中屋敷と改称することにした。

麻布屋敷と呼ぶこと

新しい下屋敷は、はじめ麻布の中の小字を取って「青山の御屋敷」と呼ぶことにした。当時の麻布は、麻布領といって中世からの行政区画で、豊島郡から荏原《えばら》郡にまたがる広大な地域であったからである。

青山というと、地下鉄銀座線の青山一丁目駅周辺を連想するが、それは青山常陸介の拝領屋敷があったため、のちに青山と呼ばれるようになったものである。新しい下屋敷は赤坂九丁目、地下鉄日比谷線六本木駅近くにある。

半世紀もたってから、萩藩は、この屋敷を「麻布御屋敷」と呼ぶようになる。これにはわけがある。

『邸』という萩藩江戸屋敷の来歴を書いた書物によれば、元禄《げんろく》四年（一六九一）八月、萩藩「青山屋敷」の辻番所で、酒に酔い脇差をふりまわしていた者を捕らえ、幕府にとどけた。

このころすでに、青山といえば、いっぱんにいまの青山地域をさすようになっていた。派遣された幕府の徒目付《かち》は、「青山の屋敷」と聞いて見当ちがいの青山宿のほうにかけつけ、萩藩邸を見つけるのに苦労した。

そこで、幕府からまぎらわしい呼び方はやめて「麻布屋敷」と呼ぶことを命じられることとなったのである。萩藩は、「麻布のうちの青山といえばどうでしょうか」と嘆願するが、幕府は、言上するときはかならず「麻布屋敷」と称し、内々でも麻布というようにときつく命じている。結局、萩藩では「麻布御屋敷」と称した。

2 屋敷の拡張

麻布下屋敷の拡張

萩藩の麻布下屋敷は、麻布龍土町《りゅうどちょう》（現赤坂九丁目および六本木七丁目）にあり、現在の港区六本木にある防衛庁の敷地（現港区赤坂九丁目）である。「寛永江戸図」には、麻布地域は描かれていないが、「屋かた（形）町あり」との記載がある。『正保《しょうほう》年間江戸絵図』（以下「正保江戸図」と略す）によれば、東側には道路をへだてて越前家支流の松平光長（越後守）・旗本の山岡新八郎・出羽新庄藩主の戸沢政盛（右京）らの下屋敷がある。西隣には弓喜多源七の下屋敷があるが、まだ区画もはっきりとはさだまっていない。そして、この屋敷の北側後背には広大な明地《あきち》（空き地）があった。萩藩は、この地をも拝領しようとする。

寛永十八年（一六四一）十月十三日、屋敷奉行朝比奈正重と庄田安照が萩藩邸を訪問した。この機会に彦右衛門は、青山下屋敷わきとうしろの二ヵ所の明地を拝領するか、預け地にしてもらえないかと内々申し入れた。

朝比奈らは、またまた妙案をさずけてくれた。

「御屋敷の脇に明地《あきち》ござ候とて、御拝領あり度《たき》との只今御訴訟の儀、如何《いかがしく》敷候。又、御公儀《ごこうぎ》より御預《おあずけ》地に罷《まか》り成《な》り候儀は、堅く御法度《ごはっと》にござ候。御老中え仰せ上られ候とても、中々相《あい》成《な》らざる御事に候。両人才覚《さいかく》に罷り成る儀にては、猶以これなく候条、抱《かか》えの作人共《さくにんども》と御談合候て、御内証《ごないしょう》にて御預り然るべく候。夫《それ》は相成る御事に候」

――藩邸のわきに明地があるからといって、拝領したいとの願いは許されません。また幕府より預け地にすることは、禁止です。老中に嘆願しても実現できないでしょう。われわれ両人などではなおさら難しいので、その明地をかかえている作人（百姓）と話しあって内々にあずかるのがよいと思います。それは可能なことです。

大名が、江戸の土地を所有することは認められていない。拝領地や幕府からの預け地以外は、あくまで「内証にて御預り」ということになるのである。もちろん、百姓へは地代あるいは年貢相当の代価を渡すことになる。

のちに述べるように、十七世紀末になるとほとんど売買に等しい土地の取り引きが行われるが、この時期は、まだ屋敷の売買はごく内密にしか行われていなかった。

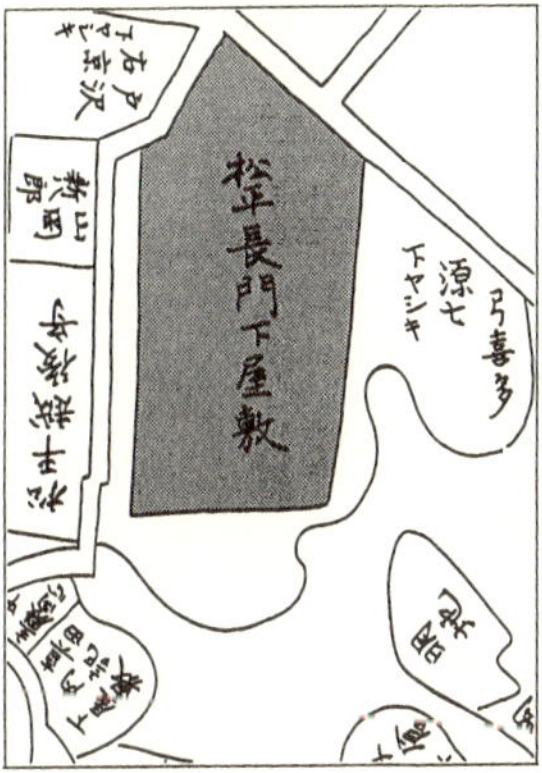

松平長門守（毛利秀就）麻布下屋敷
『正保年間江戸絵図』　東京都立中央図書館東京誌料文庫所蔵

谷まで囲い込む

そこで、彦右衛門は、作人どもと相談してあずかるようにしたいと告げ、さらに、

彦右「東の方の谷を拝領したいというのは、道路が屋敷を見下ろす位置にあり、見えないよう囲うことができないので、谷まで屋敷の内に取り込み、道の端に土手を築き、中を見ることができないようにしたいからです。それはかまわないでしょうか（「御公儀向きの首《しゅ》尾《び》、如何《いかが》ござあるべく候哉」）。また、もしのちに、屋敷の背後の山端《やまはな》の明地などを、寺屋敷にも望む者がいて拝領すれば、囲い込んだあとだけに面倒なことになります」

と質問した。朝比奈らの返事は、好意的であった。

奉行「百姓と談合して内証にてあずかってしまえば、拝領屋敷分いくら、御預り分いくらととどけるのであるから（「御拝領の本屋敷何ほど、御預り分何ほどと間の定めこれある事に候へば」）、一つ屋敷に囲い込むことは、公儀向きには少しも問題はありません。また、内証とはいっても、御預かりなさって囲い込んでしまえば、望む者も出ないでしょう。たとえ、希望者があったとしても、そのときはわれわれが差しとめるので（「其段《そのだん》は、御両《ごりょう》所《しょ》御心得をもつて差し留めらるべく候条……」）、心配はいりません」

そこで、萩藩は、この明地を預り地として、藩邸内に囲い込む手はずをととのえた。萩藩の下屋敷は、屋敷内に山や谷までを含み込む広大な敷地となったのである。

現在、防衛庁はブティックなどの多い外苑東通りに面して高い土地にあり、その東側の坂下にある檜町《ひのきちょう》公園は、防衛庁の敷地から見ると谷の底にあるという感じである。現在でも坂の多い六本木周辺は、当時のままの地形をつたえているのである。

「東の方の谷」というのは、檜町公園あたりをさしており、萩藩では湧水等を利用してここを庭園にした。現在、檜町公園には滝が復元され、池に流れ込んでいる。この屋敷の南側にはみごとな檜林があったため檜屋敷と呼ばれ、その周辺を檜町と称したということである。

面積は、三万六千八十坪（拝領分は二万七千二百七十三坪余）、屋敷地の一間は六尺五寸であるから、当時の一坪は現在よりもやや広く、約十三万九千平方メートルになる。後楽園の東京ドームの面積が四万六千七百五十五平方メートルであるから、その約三倍の広さである。

中屋敷の役割

芝宇田川町の中屋敷は、「寛永江戸図」「正保江戸図」、および明暦《めいれき》三年（一六五七）刊行の『新添江戸之図』に記載がある（いずれも「下屋敷」と記載されている）。

一般に、中屋敷は、隠居した藩主の屋敷となる場合が多い。この時代でも、熊本藩の隠居細川忠興は、龍ノ口の上屋敷を新藩主忠利に譲り、愛宕下藪小路の中屋敷に居住している。

萩藩の場合は、輝元が没していたので、すでに述べたように、この屋敷は証人の屋敷が大半を占めていた。

そのほか、萩藩の中屋敷で特筆されねばならないことは、牢があったことである。藩士や藩の領民で犯罪を犯した者は、この中屋敷の牢に入れられている。のちに述べるように、町奉行から萩藩出身の飢人を渡されたときも、この屋敷に収容している。つまり、中屋敷は、そのような上屋敷に置くにははばかられるものを収容する施設でもあったのである。

寛永十五年四月十二日、島原の乱により藩主松倉勝家に連座して責任を問われた弟の松倉三弥は、幕府の指示により毛利秀就にあずけられることになった。五月二十七日、江戸に着いた三弥は中屋敷に入れられたが、このとき土井利勝は、丸腰ではあるが油断するな、かみそり・はさみ、そのほか何にても鉄道具は置いてはならないと指示し、若い三弥が自殺をはかることを案じている。三弥を中屋敷に置くよう指示したのも利勝であった。

寛永十八年の大火

寛永十八年正月二十九日深夜、江戸に大火があった。子の刻（零時前後）に京橋桶町より出た火は、おりからの江戸の強風にあおられ、南は増上寺のあたり宇田川橋、東は木挽町の海辺、北は御成橋、西は麻布にいたる地域を焼きつくした。

九十七町が被害を受け、家屋千九百二十戸、うち武家屋敷百二十一軒と同心の宅五十六軒を焼いた。焼死者は数百人に及び、消防の指揮を取っていた大目付加々爪忠澄は、火炎にまかれて殉職した。家光も、このとき、みずから玄関に出て消防の指揮をとったという。

萩藩中屋敷は、御成門のすぐ近くである。したがって、秀忠の廟所のある増上寺を火災から守る防火上の拠点になった。このとき、老中酒井忠勝は、数度この屋敷に見舞いをつかわし、かれの指図で火消番の小姓組番頭《ばんがしら》仙石久隆が屋敷に派遣されてきた。これは、「増上寺御ふせぎの故」であった。火が鎮まるころには、同じく火消番の駿河田中藩主水野忠善もこの屋敷に派遣されてきた。

いっぽう、毛利家の縁戚の越後高田藩主松平光長とその同族松平直基（越前大野藩主）・松平直良（越前勝山藩主）の三家は、火消番よりも先にかけつけ、光長の命令のもと、藩士を大勢長屋の上にのぼらせて火を防いでいる。火は一日中燃えつづけ、晦日の夜戌の刻（午後八時ごろ）、中屋敷のわきの横町町屋でようやく消し止めた。

その後、承応《じょうおう》二年五月二十九日より、萩藩に「増上寺火の番」が命じられた。これは、増上寺の近くに屋敷を持っていたからにほかならない。

また、この中屋敷は、のちの由比正雪事件のとき、重要な舞台となるが、それはのちに述べることになろう。その後、明暦《めいれき》の大火（一六五七年）で類焼し、萩藩は、麻布屋敷の八千八百七坪余の抱地を拝領することとひきかえに、この屋敷を幕府に返上した。

黒羽藩上屋敷の買得

少し時代は下って貞享《じょうきょう》三年（一六八六）の暮れ、萩藩では藩主綱広《つなひろ》（秀就の子）の嫡子吉就《よしなり》の祝言を控えていた。しかし、上屋敷がなんとも手狭で、新夫婦の屋敷を普請する余裕もなく、どこか適当な屋敷地をさがしていた。

すると、隣の黒羽藩大関家でも、広い屋敷を求めているらしい。不動産屋がない時代であるが、萩藩出入りの町人が、町人同士のネットワークを通して情報を集めてくるのである。売買契約がまとまれば、お礼ももらえるし、屋敷の作事も発注される。

大関家でも、藩主増栄《ますなが》の子息増茂《ますしげ》が婚礼前で、新しい屋敷の普請ができなかったのである。大関家の上屋敷は、千八百五十六・五坪であった。

萩藩が、老中大久保忠朝《ただとも》に相談を持ちかけたところ、互いに内談のうえ、話をきめてから幕府に申し出るようにと回答された。このころになると、屋敷の売買は、拝領屋敷であっても許可されるようになっていたのである。

萩藩と大関家の利害は一致していたから、萩藩側が大関家のためにどこか適当な屋敷地を見つけて交換すれば話はすむ。萩藩は、中村屋久兵衛という出入りの町人に、上屋敷にふさわしい場所で広い屋敷地をさがさせた。すると、神田筋違橋《すじかいばし》の外、下谷の旗本島田大学（利久、二千石）の屋敷が売りに出されているという情報を持ってきた。島田家では、この年四月二十一日に先代の利広が亡くなり、財政難でもあることから、屋敷を手放すことを考えて

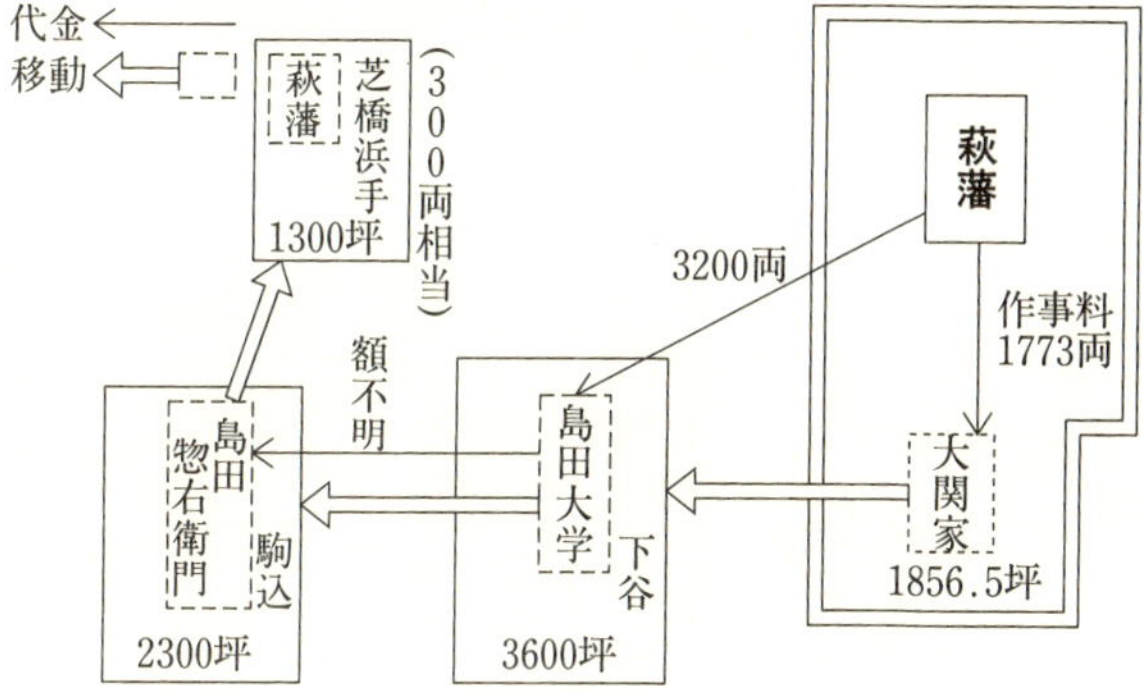

大関屋敷の取得

いたのである。敷地は三千六百坪で、金三千五百両なら売るということであった。

延宝《えんぽう》二年（一六七四）に毛利家が火事などにそなえて購入した若林（世田谷区）の百姓屋敷が六町（一万八千坪）で百七十五両だったから（『若林御屋敷御求之事』）、百倍もした。しかし、一坪一両であるから、江戸の屋敷地の地価は現代にくらべるとずいぶんと安い。

大関家と相談したところ、屋敷地はそれでよいが、屋敷作事や仮の家作のため千三百両ほどを出してほしいといわれた。すなわち、江戸中心部の二千坪弱の屋敷を取得するためには、五千両近くの金が必要だったのである。これでも、一坪二両二分にすぎない。

島田家へは、萩藩がかつて取得していたうなぎ沢（江東区）の年貢屋敷を提供することにしたが、これを幕府に嘆願したところ、拝領屋敷と年貢屋敷の交換は許可できない、とのことであった。屋敷の売買は、拝領屋敷どうしの交換（これを「相対替《あいたいがえ》」という）という形をとるしかなかったのである。

替地《かえち》の玉突き

そこで、萩藩は、島田家の話を一時中断し、他の屋敷地をさがしたが、なかなか適当な所がなかった。

貞享四年三月末、萩藩に出入りしている笹本屋吉之充・吉田屋勘兵衛の両人が、島田大学の屋敷をもう一度考えてほしいと言ってきた。ほどなく島田家の一族の島田惣右衛門から、駒込の拝領屋敷（二千三百坪）を提供してもよい、しかし替地《かえち》が必要、という話があった。

萩藩では、先年芝橋の浜手（港区）の藤掛左門の屋敷（千三百坪）を三百両で買っていたから、これを渡して、島田大学に渡す三千五百両からこの屋敷の代金三百両を引くことにした。

五月、幕府に嘆願したところ、芝橋浜手の屋敷は、年貢地ではないが拝領地でもないから、新地奉行（書院番士の兼任）に願うようにとの回答を得た。

しかし、新地奉行との交渉は、「拝領地でないなら年貢地とすべきか、町屋敷になるのか、われわれの一存では決められない……。ただ島田惣右衛門に渡すのはかまわないが……」というようなことでらちがあかず、ほとほと困っていたところ、島田惣右衛門より、新地奉行にいちおう了解してもらえば、その地に家を建てるとき、こちらから願書を出すという申し出があって、やっと替地として認められることになった。

萩藩は、島田大学に三千二百両を支払い、島田惣右衛門へ芝橋浜手の屋敷を渡した。このほか惣右衛門は、大学から額は不明だが相当する代金を受け取った。また、大関家の家・土蔵・塀の普請・作事料として、千七百七十三両を支出し、関係者へのお礼（手数料）など、実質的には当初予算五千両をはるかにこえる出費であった（『御隣大関信濃守屋敷御買添候一巻』）。

この後も、萩藩は上屋敷の拡張につとめ、幕末にはかなりの広さになっている。

安政《あんせい》三年（一八五六）、幕府屋敷改《やしきあらため》作成の『諸向地面取調書《しょむきじめんとりしらべしょ》』によると、一万七千百七十

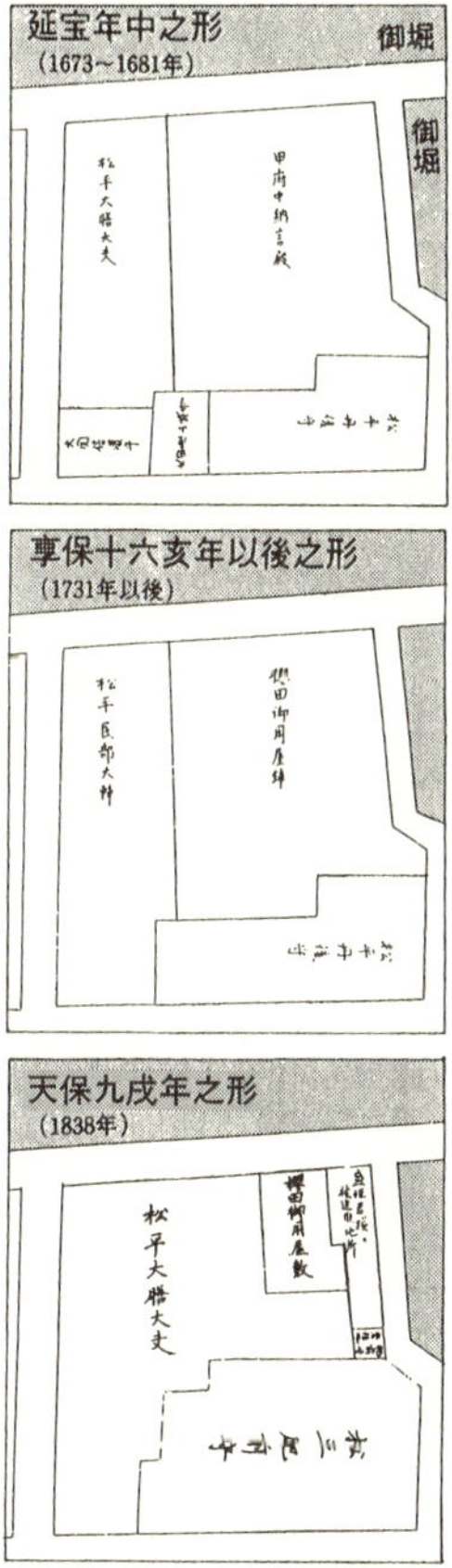

毛利家上屋敷の変遷　『御府内沿革図書・日比谷門外』東京都立中央図書館東京誌料文庫

坪に及んでいる。その屋敷地の変化は、図に掲げた幕府普請奉行編纂の『御府内沿革図書《ごふないえんかくずしょ》』を見ていただきたい。

3　麻布下屋敷の構造

六本木の今昔

現在の六本木は、昼こそありふれたビジネス街であるが、近くに大使館なども多く、夜は外国人や若者の集まる一大プレイスポットである。ターミナル駅ではないが、東西一・四キロ、南北一・二キロの小さな町に、二千五百店以上の飲食店がひしめきあう。ディスコ、カフェバー、カラオケパブなど、流行の最先端であり、深夜にはタクシーをひろえない人が道路にあふれる。

江戸時代の六本木付近は、広大な大名屋敷のあいだに、町家《まちや》の点在する地域であった。村が発展して、百姓が貸店舗や貸長屋を経営したり、下級幕臣の拝領屋敷が、町人に賃貸に出されたりしていたのである。現在は一等地であるが、江戸時代の中期以降下層民の居住地域となり、打ちこわしなどの発生地点ともなっていた。だが、萩藩が、下屋敷を拝領したころは、まだ、山や谷の残る百姓地であった。

藩主の暮らす下屋敷

正保《しょうほう》二年（一六四五）十一月二十三日、秀就とその正室・世子千代熊《ちよくま》（のちの綱広）は、上屋敷の作事のため、完成した麻布下屋敷に移った。

慶安《けいあん》四年（一六五一）、秀就が死んだあとも、千代熊は幼少であったため、引き続き麻布下屋敷に居住した。幕府関係の用務は上屋敷に置いた江戸詰家老の毛利就方と留守居役の彦右衛門らが担当している。

のちになると、藩主もこの屋敷に居住している者が多く、この下屋敷は、毛利家の当主の中心的な生活の場であった。幕府は、このような藩主の住む屋敷を「居屋敷《いやしき》」としてとどけさせている。萩藩では、この屋敷を「麻布龍土邸」と称した。

藩主が暮らすこの屋敷は、どのような構造になっていたのであろうか。家臣はどのような形で宿舎を割り当てられていたのであろうか。庭園のようすはどのような造作がなされていたのであろうか。「毛利家文庫」に所蔵されている『江戸麻布御屋敷土地割差図』は、この屋敷の全貌をビジュアルに示してくれる貴重な絵図である（一三四〜一三五ページ）。

絵図の時代はいつごろ？

この絵図は、いつごろのものであろうか。成立年代は記されていない。絵図をさがしていくと、屋敷の北側の隅に「定次郎様御部屋」と記された屋敷がある。これが手がかりになり

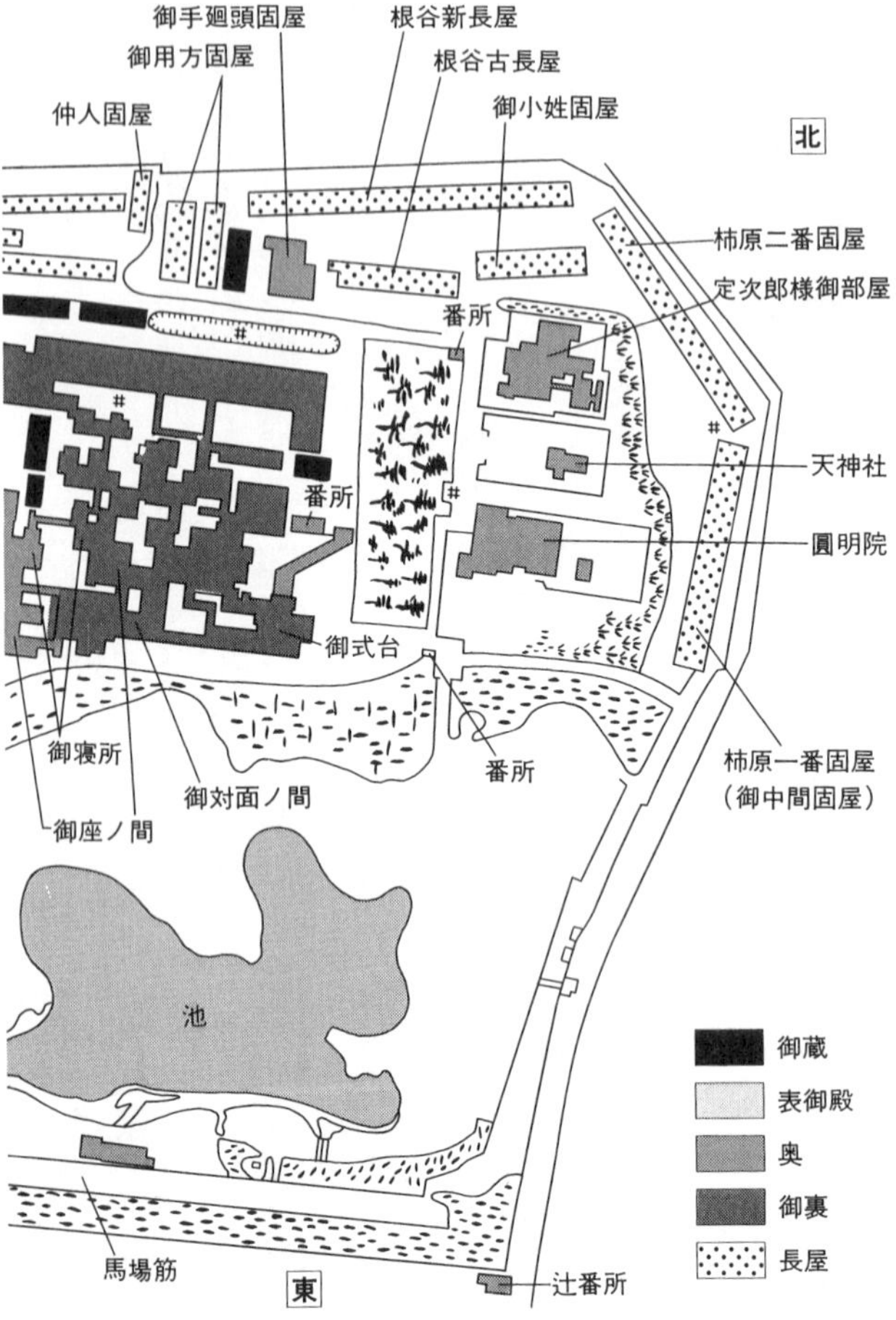
御手廻頭固屋
根谷新長屋
御用方固屋
根谷古長屋
仲人固屋
御小姓固屋
北
柿原二番固屋
定次郎様御部屋
番所
天神社
番所
圓明院
御式台
番所
御寝所
御対面ノ間
御座ノ間
柿原一番固屋
（御中間固屋）
池
御蔵
表御殿
奥
御裏
長屋
馬場筋
東
辻番所

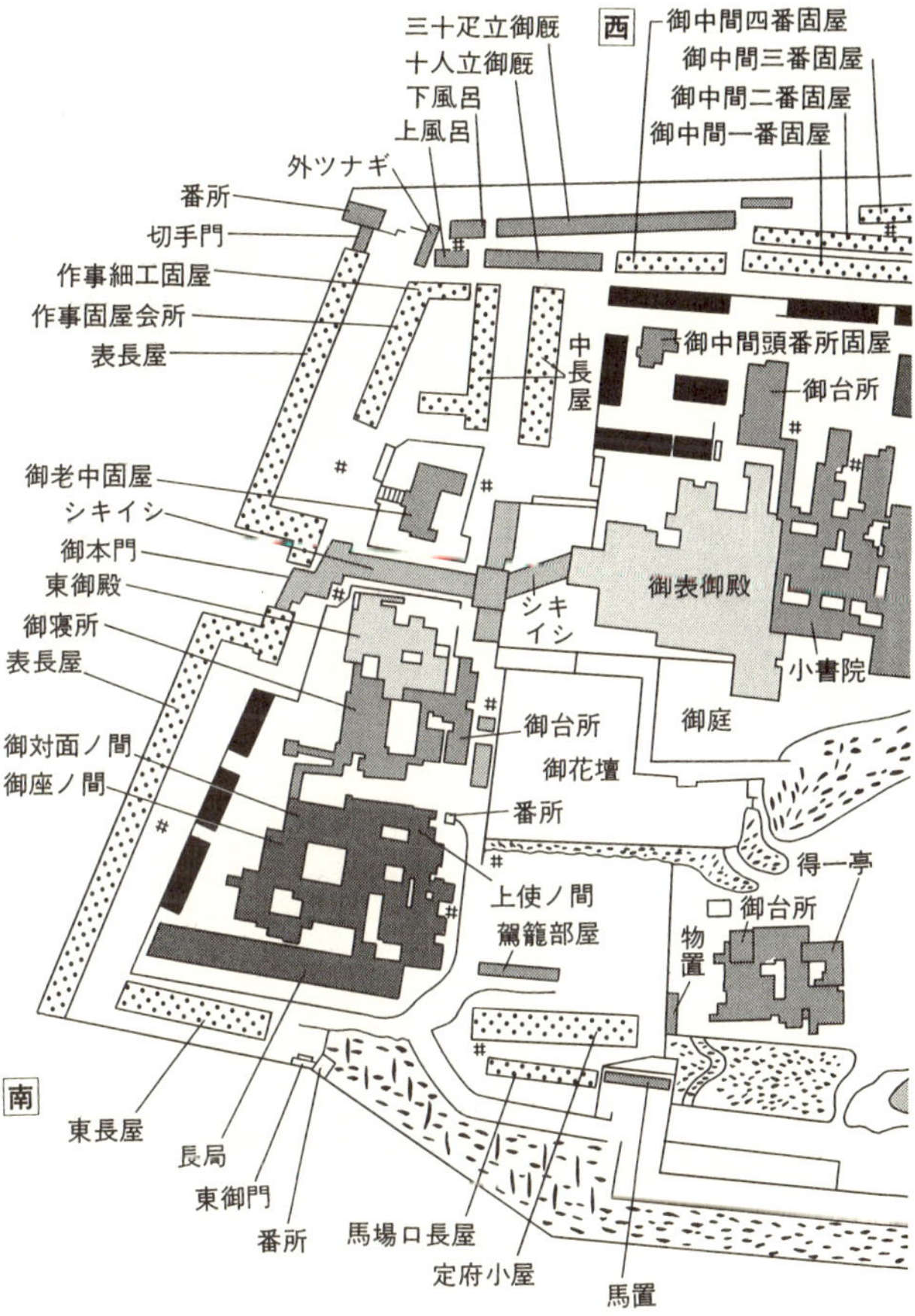

毛利家麻布下屋敷全図

『江戸麻布御屋敷土地割差図』　毛利家文庫　山口県文書館所蔵

そうだ。

定次郎（親著《ちかあきら》）は、第七代藩主毛利重就《しげたか》の六男で、明和《めいわ》三年（一七六六）、側室武藤氏を母として生まれている（『もりのしげり』）。

重就は、長府藩主から宗家を継いでおり、長府毛利家は長男匡満《まさみつ》に継がせている。匡満は側室の子で、まだ重就が健在の明和六年に、二十二歳の若さで没した。二男徳次郎、三男永丸は幼くして没しており、四男治親《はるちか》が、宗家の世子の地位にあった（のち第八代藩主）。この図では、御本門脇の「東御殿」がその屋敷である。五男匡芳《まさよし》は、長男匡満の養子となり、長府毛利家を継いだ。

したがって、定次郎は、六男でありながら藩主継承順位第二位で、屋敷も藩邸内に与えられていたのである。定次郎の没年は寛政《かんせい》十二年（一八〇〇）であるから、定次郎を名乗った一七七〇年ごろから一八〇〇年までの絵図であることは確かである。

天明《てんめい》二年（一七八二）には重就が隠居しており、おそらくはそれ以前、すなわち一七七〇年から八〇年前後に、この絵図が作られたと思われる。下屋敷内部を克明につたえる貴重な絵図なので、少し見ていこう。

この絵図では、屋敷の各長屋の一軒一軒を固屋《こや》＝小屋と称している。狭い小部屋を連想しがちであるが、いまの三ＤＫの公務員宿舎なみの広さはある。絵図には、固屋ごとに、つめている藩士の役職が付箋でつけられていて、単に屋敷の建築物の姿だけではなく、居住する

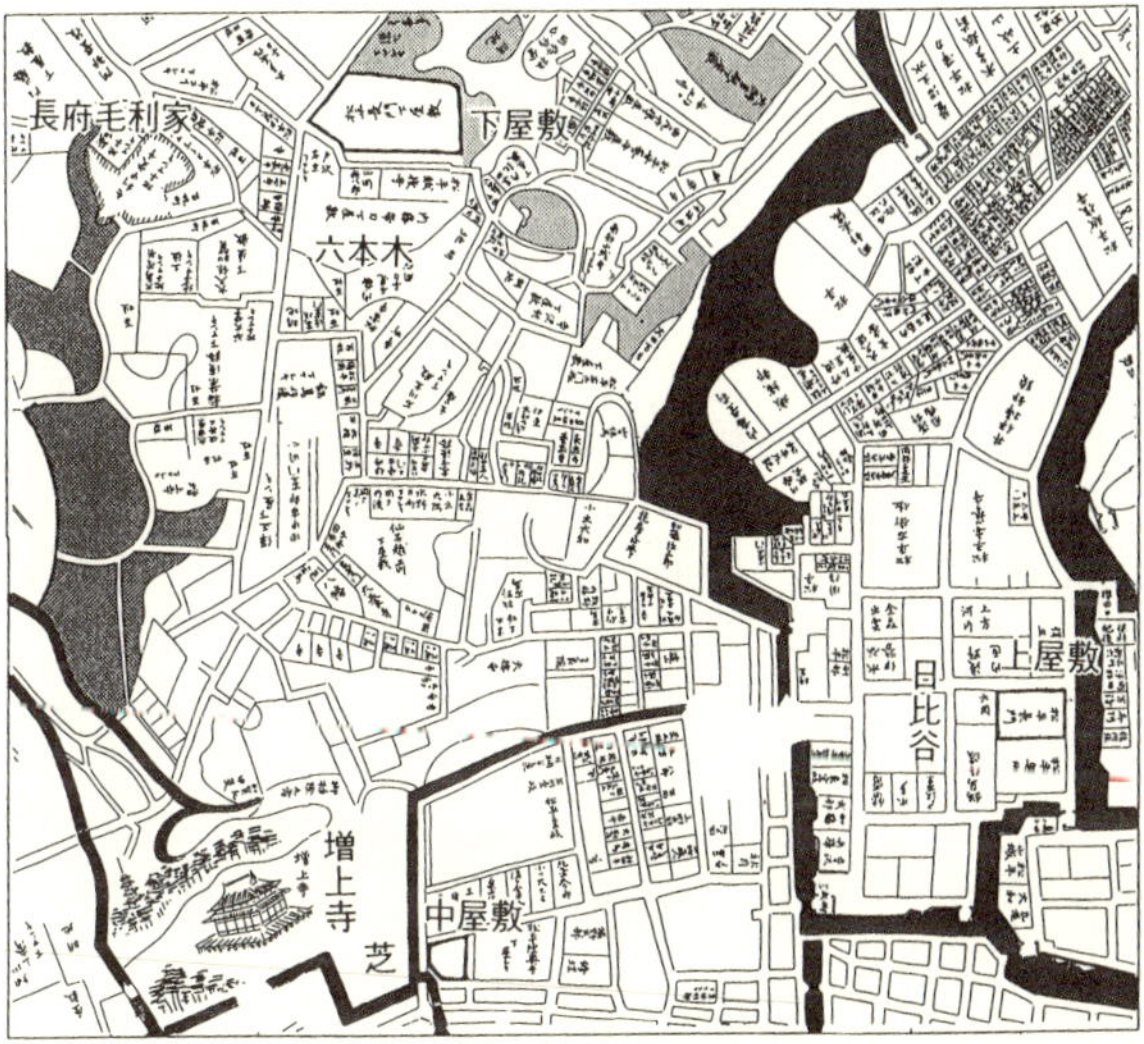

萩藩三屋敷の位置関係図　『正保年間江戸絵図』　東京都立中央図書館東京誌料文庫所蔵

藩士のありかたまでがわかる。
付箋の内容は、固屋別一覧にして一四〇・一四一ページに掲げた。

御本門

この屋敷は、麻布龍土町、いまの外苑通りに「御本門（正門）」を向け、左右両翼は道筋に面して二階建ての長屋（表長屋）が並んでいる。東西全長百十八間（約二百三十メートル）の壮大な構えである。

正門の右には御門物頭、その二階に警備の足軽がつめている。左は御目付、次いで御《お》徒目《かちめ》付《つけ》の宿舎で、二階にはやはり警備の大組足軽がいる。藩邸の中心部である表御殿に入る門であるから、その両脇は単なる門番ではなく、目付が常時つめているのである。

大御殿と台所

正門より石畳を歩いていくと、「御表御殿」の玄関である。

表御殿は、藩主が客を応接したり家臣を引見する書院や広間、藩士の執務室などがある。藩主は、「大御殿」の奥の部分、すなわち「奥（中奥ともいう）」で日常生活する。絵図でも表と奥は色分けされている。

大御殿のいちばん奥まったところに「御寝所」があり、藩主が寝るのはここである。

さらに大御殿から三本の廊下でつながれているのが「御裏」で、藩主の正室の居所である。奥につづく細い廊下をわたったところに、やはり「御寝所」があり、藩主が御裏で泊まるときは、ここを使う。御裏には、北側に向いて玄関と式台、広間がある。玄関には番所もあり、藩主帰国中に必要となる藩主正室への拝謁などはこちら側からなされていた（部分図二一四ページ参照）。

御裏の西側を囲む大きな長屋は、奥女中たちの宿舎である「長局《ながつぼね》」である。

奥にむかって左手の「大御殿御台所」から御裏の北端まで、西側は、蔵と塀で囲われている。このように、大名の居住部分である大御殿と御裏は、藩士の居住地域とははっきりと区

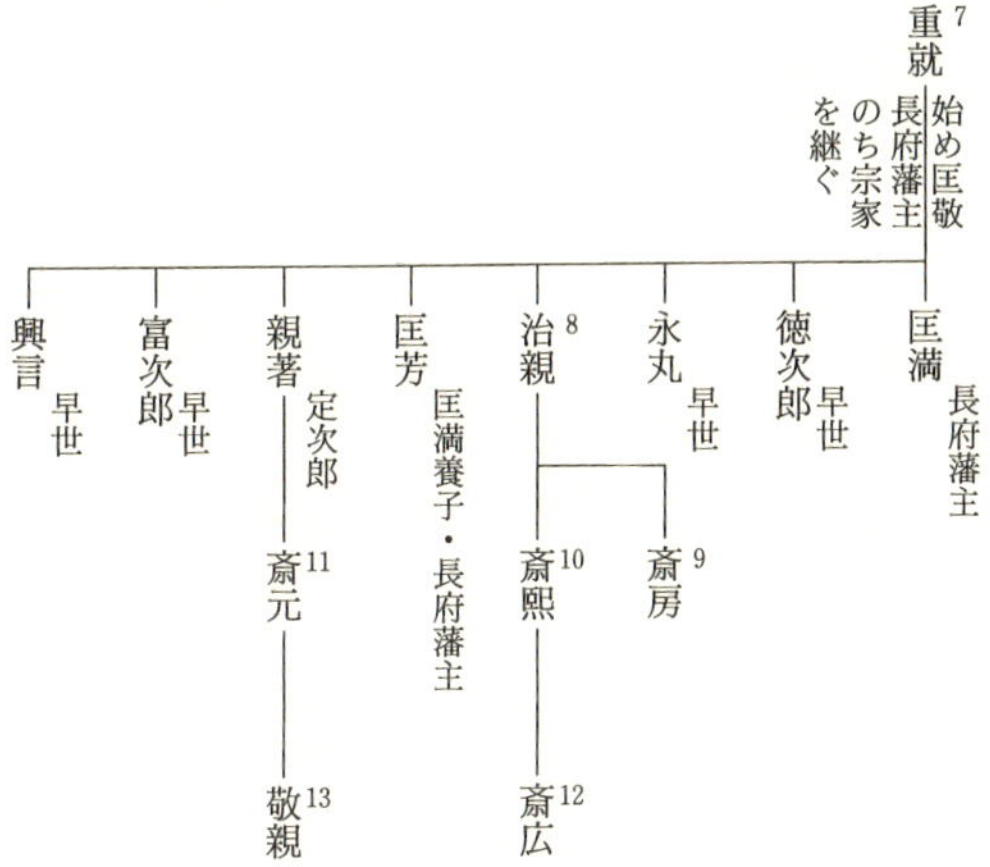

毛利本家略系図（数字は本藩の代数）

別されていたのである。

台所は、藩主の食事などをつくる場所で、多くの料理人やその下働きをする台所方の中間《ちゅうげん》が出入りする。これらの中間は、藩直属の者で、藩士の奉公人とはちがう。藩士の中間や小者は、それぞれの藩士の固屋に住んでいた。

台所の手前に、「御中間頭番所固屋《おちゅうげんがしらばんしょごや》」があり、ここに藩直属の中間たちを統制する中間頭がいた。この建物は、切手門から御殿の台所に通じる道筋にあり、食糧品などの搬入の役所にもなっていた。その周囲の蔵は、米などの貯蔵施設であったと思われる。

いっぽう、正門を入って右手に「東御殿」がある。藩主重就の嫡子治親が住んでいる屋敷である。この左翼の表長屋お

根谷新長屋

定次郎様御伽	大御納戸頭人	御奏者	御裏被官その外(3)	馬乗り(4)	御馬頭取	馬乗り	御次番	御廊下番	御茶道	御台所膳夫	家具方	御会所 御膳廻 算用方	御膳夫	御徒士(3)	御陣僧

御中間四番固屋

中間	厩之者

根谷古長屋

御伽子供(4)	御裏頭人	御裏医師

御小姓固屋

小姓

御中間三番固屋

中間

御中間二番固屋

中間

御中間一番固屋

御奥御計医	御奥御外科	御奥鍼医	御匙医(2)	御小姓(8)	御奥番頭格	御奥番頭(2)	矢倉方

御用方固屋(前)

仲取方会所
仲取方役人
御用方膳夫
大検使
大到来方

御用方固屋(後)

勘定方
御銀子方
八木方
旅役方
濃物方
呉服方

御手廻頭固屋

御手廻頭 証人 筆者

柿原二番固屋

御小納戸検使
御仕立物使
御仕立物所
御小納戸付役人
大御納戸手子
大組番士(11)

柿原一番固屋

中間

毛利家麻布下屋敷の固屋別一覧（前掲全図参照） 写真は、大名屋敷の様式を伝える綱町三井倶楽部内の武家長屋（旧日向・佐土原藩）。

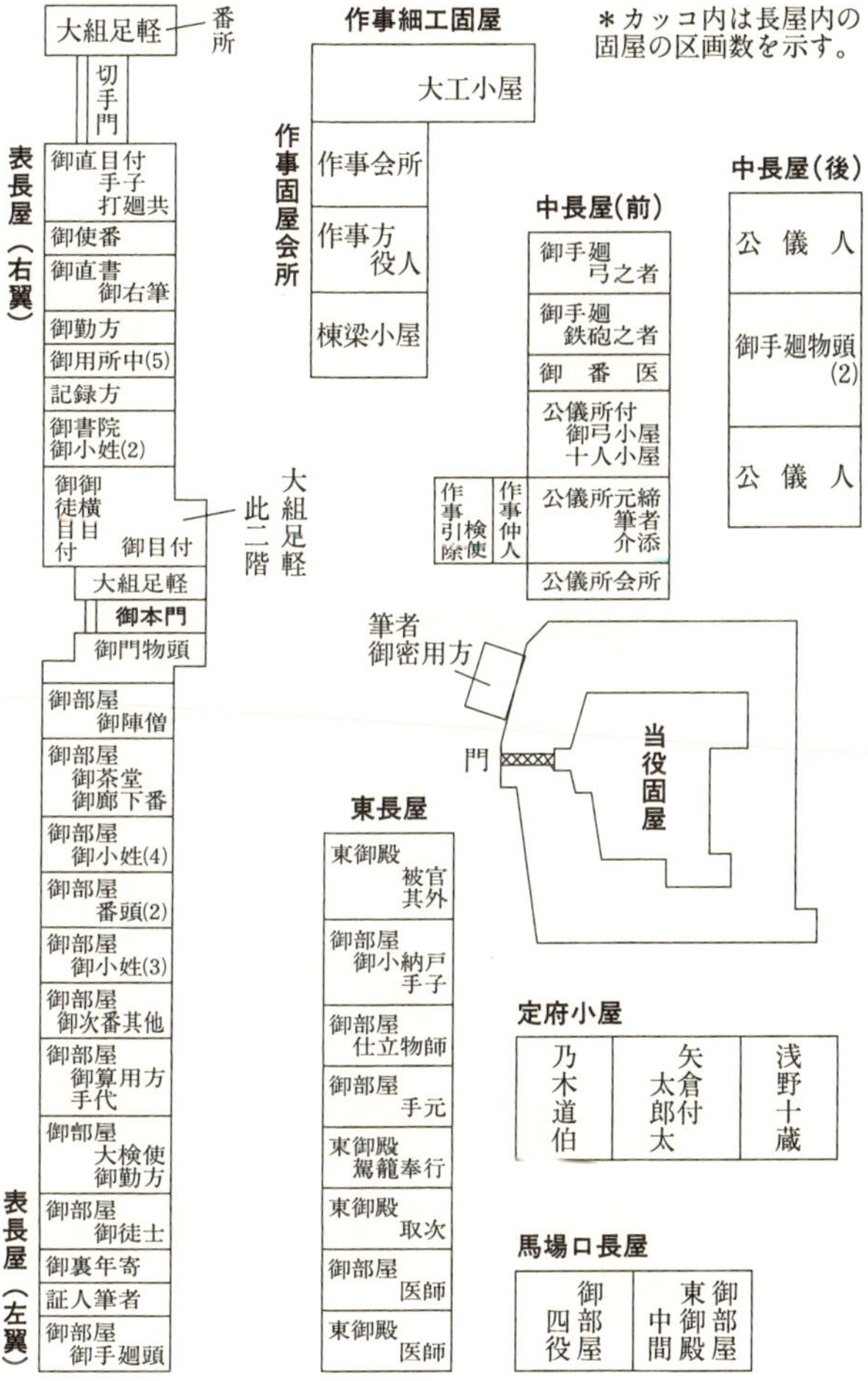
＊カッコ内は長屋内の固屋の区画数を示す。
大組足軽
番所
切手門
表長屋（右翼）
御直目付 手子 打廻共
御使番
御直書 御右筆
御勤方
御用所中(5)
記録方
御書院 御小姓(2)
御御 徒横 目目 付付 御目付
大組足軽 此二階
大組足軽
御本門
御門物頭
御部屋 御陣僧
御部屋 御茶堂 御廊下番
御部屋 御小姓(4)
御部屋 番頭(2)
御部屋 御小姓(3)
御部屋 御次番其他
御部屋 御算用方 手代
御部屋 大検使 御勤方
表長屋（左翼）
御部屋 御徒士
御裏年寄
証人筆者
御部屋 御手廻頭
作事細工固屋
大工小屋
作事固屋会所
作事会所
作事方 役人
棟梁小屋
中長屋(前)
御手廻 弓之者
御手廻 鉄砲之者
御番医
公儀所付 御弓小屋 十人小屋
作事引検 際使
作事仲人
公儀所元締 筆者 介添
公儀所会所
中長屋(後)
公儀人
御手廻物頭 (2)
公儀人
筆者 御密用方
門
当役固屋
東長屋
東御殿 被官 其外
御部屋 御小納戸 手子
御部屋 仕立物師
御部屋 手元
東御殿 駕籠奉行
東御殿 取次
御部屋 医師
東御殿 医師
定府小屋
乃木道伯
矢倉太郎付太
浅野十蔵
馬場口長屋
御部屋 東御殿 中間
御部屋 四役

よび東長屋は、すべて「御部屋」すなわち東御殿関係の藩士の宿舎である。

御老中固屋と御手廻頭固屋

正門を入ると、左側に「御老中固屋」がある。ここは、当役《とうやく》（江戸首席家老）の執務所兼宿舎で、全体が塀で囲まれ、独立した屋敷になっている。門のわきには長屋があり、御密用方および当役付の右筆の宿舎となっている。密用方は、儀式や家の系譜・記録などの取り調べを司る役所で、当役のブレーンとなっていた。

西側をうめる長屋群の中ほどよりやや北側の長屋のあたりに「御手廻頭固屋《おてまわりがしら》」がある。塀はないが、独立した屋敷になっている。藩主の親衛隊長である御手廻頭の役所兼宿舎である。

御手廻頭は、千石以上の寄組士《よりぐみ》より任じられ、記録所役、奥番頭《おくばんがしら》、小姓などを統括する。御手廻頭には筆者役が付属されるが、付箋によれば、筆者役もこの屋敷にいる。「御手廻組」は、世襲の階級ではなく、藩主に近侍する者の総称で、大組・遠近付・医師・膳夫などいろいろな階級から編入された。

表長屋と切手門

御本門右翼の表長屋は、目付・使番など身持ちの堅いエリート藩士らの宿舎になっている。窓をあければすぐ道路であるから、これも当然であろう。御本門の両脇は二階建て住居であった。道路に面した両翼の長屋も、現在のテラス・ハウスのような二階建てであったと思われる。

西の角には、家臣の通用門がある。厳重な警備のもとに、切手（通行証）がないと出入りできないので、「切手門」と呼ばれている。門の左には番所があり、大組足軽の詰所がある。のちに述べるように、藩士や奉公人の生活にはきびしい規則があり、門の出入りにも絶えず注意が払われていた。

公儀所と御手廻物頭固屋

御老中固屋の左側に、道路側より、「作事固屋会所」「作事細工固屋」と、二棟の「中長屋」がある。

「作事固屋会所」および「作事細工固屋」は、長屋や御殿の修理をする作事方の役所と大工たちの宿舎になっている。

前列の「中長屋」は、御手廻弓の者および鉄砲の者、御番医、公儀所付諸役人の宿舎となっており、公儀所会所もある。萩藩では留守居役の補佐役を公儀人と呼んでおり、「公儀所」とは、公儀人の役所である。公儀所付弓の者などは、藩から付けられた下級の部下で、進物を運んだり、使者として派遣されたりする。

後列の「中長屋」は両側が公儀人の宿舎であり、中央二固屋は御手廻物頭の宿舎である。「番頭《ばんがしら》」と「物頭《ものがしら》」のちがいは、番頭が小姓や大組士ら番士＝中級武士を統率するのに対して、物頭は弓の者や鉄砲の者という「物（者）」＝下級武士を統率するところにある。御手廻物頭は、御手廻（番）頭に属し、「御手廻弓の者」らの指揮官である。

この中長屋で特筆すべきは、他の役職にくらべ留守居役関係の固屋が広く、使用する部下も多いことである。

家臣たちの居住地域

家臣の通用門である切手門を入ると上下二棟の風呂がある。梁《はり》三間（五・四メートル）、桁行《けたゆき》五間（九メートル、下風呂は四間半）の大きさで、長屋に風呂のついていない中下級藩士や中間たちは、この風呂に入ることになる。それから厩《うまや》が二棟あり、その建物の二階に御厩頭人、同役人、馬医などがいる。

その奥に「御中間固屋」が一番から四番までである。二番固屋から四番固屋までは藩直属の中間の宿舎（四番固屋には、御厩の者の宿舎もある）であるが、一番固屋は、御裏様付の役人や御匙医《おさじい》（内科医）・鍼医《はりい》ら医者の宿舎に割り当てられている。

その奥の「仲人固屋《ちゆうにん》」は、藩出入りの町人である仲人の宿舎である。ここが藩士の必要物資の購売部のような役割をはたしていた。

藩士の住む長屋は、蔵や塀などによって、御殿の部分とは仕切られている。

その北側は、地形的に少し段差があり、「御用方固屋」二棟、そして蔵をへだててすでに述べた「御手廻頭固屋」がある。前列の「御用方固屋」は、藩の金銀や物品をあつかい、後列の「御用方固屋」は、藩士の給料・衣類・食糧・日用品などをあつかう役所である。

さらにその北側に、「根谷古長屋」、「根谷新長屋」、「御小姓固屋」がつづき、北の塀にそって「柿原二番固屋」、「柿原一番固屋」の二棟の長屋がある。これらの長屋に住む者については、表（一四〇ページ）を見ていただきたい。

なお、東御殿と庭園の間に、「馬場口長屋」と「定府《じょうふ》小屋」がある。そのさらに西側の長屋は、駕籠《かご》部屋である。定府の者（つねに江戸藩邸で勤務する者）は、馬の調教師らである。近所に馬置があり、道路に並行して馬場も作られている。

長屋の広さ

これまで説明してきた御老中固屋以下の部分が、藩士の居住地区である。長屋の面積は、たとえば御中間一番固屋が、三間の梁に桁行が四十四間半で百三十三・五坪（約四百四十一平方メートル）、御中間二番固屋・同三番固屋が、三間半に桁行二十五間で七十五坪（約二百四十八平方メートル）といったところである。

藩士の地位によって、割り当てられる長屋の面積に差がある。

この絵図では、はっきりしないが、鳥取藩の規定では、留守居役の長屋が間口十二間（二十一・六メートル）、番頭長屋が間口七間（十二・六メートル）で風呂付きなのに対して、馬廻《うままわり》の番士や近習《きんじゅう》は、間口二間（三・六メートル）、鑓奉行《やりぶぎょう》や表小姓らは間口九尺（二・七メートル）で風呂もない。これは、いずれも二階建ての場合である〈元禄十三年〈一七〇〇〉三月「御普請方御条目」〉。

一般に足軽や中間などは相部屋（「相宿《あいしゅく》」という）で、便所もついていなかった。藩士でも、屋敷に余裕がない場合は相宿のことが多い。

鳥取藩の場合、長屋の奥行を三間とすれば、間口七間の番頭の小屋は、建坪二十一坪。二階建てなら、地価の高騰した現在の東京でよく見る住宅と同じである。間口二間だと、一階部分は六畳に台所六畳のアパート、間口九尺だと、六畳に台所三畳の学生アパートなみの住居となる。

こうしてみると、広大な藩邸の一画に住む藩士や奉公人は二千人近く、現代なら五階建ての住居が二十棟ほどの団地に匹敵する。共同生活でにぎわっていたことだろう。しかし、単身赴任の武士が大勢住んでいるわけだから、ささいなことで大喧嘩もおこった。

藩邸内での大喧嘩

中でも、慶安《けいあん》元年（一六四八）におこった下屋敷での藩士の喧嘩は、なかなか壮絶なものであった。

十二月朔日《ついたち》、野田小右衛門の小屋を訪問していた吉賀作兵衛・篠川九十郎・江川一郎兵衛らと賀屋七郎左衛門とが喧嘩になった。よほど腹にすえかねたのか、吉賀は野田や江川と談合し、賀屋に意見書を突きつけた。いっぽう、篠川は、十二月三日の夜、児玉権兵衛の助太刀をうけ、喧嘩相手の賀屋の小屋に押しかけ、打ちはたした。このとき、篠川らふたりも二、三ヵ所ずつ浅手を負い、篠川の小屋へ引いた。

知らせをうけた藩当局は、篠川を相宿の者にあずけ、監視をつけた。残る者も、小屋の相宿の者か親類の者にあずけたが、篠川の仲間である福原七兵衛・伊藤勘右衛門・角野喜助の三人は塀を乗り越えて逃げていた。

小野太郎兵衛という者は、最初の喧嘩の仲間であったが、この夜は役務で大徳寺（現港区虎ノ門三丁目）におり、逃げてきた福原らの話を聞き、藩邸の命令に服そうと下屋敷にもどってきた。翌日、逃げた伊藤と角野が下屋敷にもどり、五日には、福原ももどってきた。

六日、藩当局の処分がいいわたされた。

篠川は、賀屋を打ちはたした当人であるから切腹。

児玉は、最初の喧嘩とは関係なかったが、三日の夜篠川に助太刀したためやはり切腹。

吉賀は、意見書の執筆をしており、かつ最初の喧嘩の相手であったので切腹。

江川・野田は、最初の喧嘩の仲間で意見書の談合に加わっていたが、三日の夜は事件のあとに現場に駆けつけたので「国退《くにのき》（江戸・防長両国からの追放）」を命じられ、他藩に奉公することを堅く禁じられている。

福原・伊藤・角野の三人は、最初の喧嘩の仲間で、三日の夜塀を乗り越えて逃げたため成敗されるはずだったが、立ち帰ったことを「神妙」と認められ、一命を助けられ「国退」。小野は、最初の喧嘩の相手であったが、三日の夜の神妙な行動により御咎めなしということになった。

喧嘩の理由はわからないが、相手の小屋に助太刀を連れて討ち入り、切り合いの末、斬殺一名、切腹三名、追放五名、無罪はただ一人、という結果になったのだから武士の喧嘩はすさまじい。こんな事件もおこるのが、藩邸の長屋であった。

長屋の規則

慶安四年（一六五一）七月二十日の下屋敷の諸規則によると、「御渡しの小屋」に関する規定は次のようなものである。「御渡しの小屋」とは、藩士各人に宿舎として割り当てた居宅部分である。

――御渡しの小屋は、大仕切り・建具までは藩のほうで用意してつくる。そのほかの住まいの細かい仕様は、自分で改装して使ってよい。ただし、長屋の柱や大床貫《おおとこぬき》（根太《ねだ》を支える材）などは切ってはいけない。

住人が替わるときは、藩からの設備のほか自分で直したものもそのまま小屋奉行に引き渡すことになっており、引き渡しのさい取り壊したりすることは許されなかった。現在の公団住宅とは反対である。

藩邸全体の掃除については、中間頭一名が掃除奉行に任命され、その者の指図で藩直属の中間が行うことになっていたが、小屋の前の掃除は、それぞれの者が行う。鳥取藩では、ごみを床下に掃き入れたり、行水の水を長屋の下に流してはいけない、と命じている。このようなずぼらな者も多かったにちがいない。

清水亭の記

さて、屋敷の東半分は、池を中心とした広大な庭園であり、北方は圓明院《えんみょういん》という寺院と天神社が祀られている。東側の道路はかなり高い所にあったが、それにそった形に馬場がつくられている。藩邸の周囲は、六百四十二間半、絵図の記載により六尺五寸を一間として、千二百六十六メートル弱である。

この谷を囲い込んでつくられた庭園は、立派なもので、いつしか評判になっていた。時代は下るが、第八代将軍徳川吉宗の小姓を務めた磯野政武は、この評判を聞き、いつか訪ねたいと思っており、安永《あんえい》初年（一七七二年ごろ）の秋、当時の藩主毛利重就に願って招待されることとなった。まさに、これまで見てきた絵図の成立したころのことである。このときのことを書いた『清水亭の記』という随筆がある。

政武と子の政共は、同じく招待された新見正恒と赤坂一ツ木の菩提寺で待ち合わせ、東御門から入り、案内の者に導かれて「得一亭《とくいちてい》」という茶室に入った。ここからはるかに見下ろす池には島があって、緑の木立の中に朱色の鳥居がたち、紅葉したもみじと色を競っている。池越しの木立のかなたには、赤坂の山王の御社が見える。

藩主みずからが接待

やがて、重就が出てきて、庭を案内しようという。重就の後について池の方に下れば、舟などがつながれており、橋を渡って島の祠《ほこら》に詣で、立ち帰って池のかなたに行けば馬場がある。

この馬場の南に評判の檜の並木が、屛風を立てたようにたっている。また、池の方にもどり、池を左に見て行けば、見上げるように大きく苔むした石燈籠が立っている。そこから、山の方へ上れば木立の向こうの眺望がひらけ、木立の中には稲荷の祠がある。

重就のいうには、これは昔からの鎮護の祠で、最近の火事のときもこの祠で火を止まらせる奇瑞があったという。ぬかずいて周囲を見ると、なるほど木々の枝は、表側のみ焼けたものが少なからずある。さらに山路を行けば、観世音の御堂がある。

ここから屋敷の方にもどって重就みずからの接待をうけ、和歌など取り交わし、暮れ近くなって、また庭に出た。

北の方のつづらおりの山路を上り下りしてはるかに行き、門を入れば、ひとりの僧が出迎える。そこには、「摩頂殿《まちようでん》」と書いた額のある建物がある。これが、圓明院で、不動尊を本尊とし、代々の藩主の位牌を祀っている。この寺は、もと真言宗であったのを、重就に志あって律院とし、「摩頂殿」の額もみずから筆をとったという。

ついには日も暮れたが、さらに奥に行けば、「菅神の社（天神社）」があって、定次郎の屋敷へは、幕が張ってあって行きどまりになっている。

引き返して、仙遊亭という東屋《あずまや》から池の方を見れば、ここかしこの燈籠の火影が、夕月の光とともに池に映っている。池のほとりの山際に、石で囲っているところがあり、これこそ池の水源で、清水が絶えることがなく、今年の夏の日照りにもこの池だけは涸れなかったと、重就が語る。この庭を清水というのもそのためであった。

ここを過ぎると、いまは涸れている滝の跡があり、ここから得一亭のともし火を見上げれば、星のように見え、月が雲の間に見えかくれしている……。

やがて、政武たちは、得一亭にもどり、三度四度にわたる饗応ののちに土産を持たされて帰っていくが、いまさらにおどろくのは、下屋敷の庭の趣向である。池には舟、島には鳥居、稲荷の祠や観音堂、さらに寺院や天神社までが含み込まれているのである。

4　江戸勤番の生活

彦右衛門、上屋敷の責任者に

すでに述べたように、正保《しょうほう》二年（一六四五）十一月二十三日、秀就とその正室龍昌院・世子千代熊は、上屋敷の作事のため、新築された麻布の下屋敷に移った。

これにともなって、桜田の上屋敷は、幕府や諸大名との窓口という限定された役目をもつ屋敷となった。そして、彦右衛門は、この上屋敷の責任者に任命されることになった。藩主が住んでいないとはいえ、上屋敷の最高責任者としてその管理を任されたのは、秀就の信頼の厚さを物語っている。

この年十二月朔日付で、彦右衛門に、上屋敷の法度書が渡された（『江戸御屋敷御箇条類』）。全九ヵ条からなるこの法度は、上屋敷に詰める番士への規定などが定められている。ついで、翌正保三年六月二十一日には、主に下屋敷を対象とした法度書が出された（同右）。

これらの法度によって、萩藩江戸屋敷の諸規則はほぼ明らかになる。藩主秀就の死去にともなって出された慶安《けいあん》四年（一六五一）七月二十日付の下屋敷諸規則十五ヵ条（『毛利十一代史』）等も参考にしながら、江戸屋敷の諸規則を概観してみよう。

藩士の門限

これらの法度でもっとも注意が払われているのは、藩邸の門の出入りに関する規定である。通行証は各宿舎の管理責任者が発給する。御表衆（秀就付の藩士）は組頭福原元房（相模守）、御裏衆（龍昌院付の藩士）は一門毛利就方、御部屋衆（千代熊付の藩士）は御傅役《おもりやく》椙杜《すぎもり》就幸、上屋敷に勤務する藩士は福間彦右衛門、諸手子（諸役職に付けられる部下）は都野小左衛門、上屋敷矢倉方（会計掛）は河村又右衛門が分担し、かれらの通行証で人と物の出入りを管理する。

「又内《またうち》の者」＝藩士の家来である陪臣《ばいしん》は、主人である藩士の発給する通行証で出入りする。

藩士の門の出入りは、朝六つ（日の出時）より晩六つ（日暮れ時）までである。門を出るときに通行証を門番に渡しておき、帰ったとき、門でこれを受け取り組頭（大組番士の長で、寄組より任じられる）へ返納する。

夜中にどうしても外出しなければならない事情があれば、組頭の福原元房に理由をとどけ、通行証を出してもらって外出する。ただし、夜でも緊急の用事のできる留守居役だけは、門限がなかった。

慶安四年九月二十日改訂の門出入りの規則（『毛利十一代史』）によれば、夜に入っても帰らない者がいたときは、門番が、あずかった通行証を藩の目付へ渡す。陪臣については、その主人の藩士に通行証が渡されることになっている。

門の出入りは厳重なものであり、藩邸の近所であろうと、藩邸前の町屋であろうと、門から出るときは、かならず通行証が必要であった。ただし、使者として出た者や藩主などの供に随行したものはこのかぎりではない。

私用の外出

藩士は、私用の外出を許されなかったわけではない。町風呂に入るため、あるいは私用のための外出は、一ヵ月に五度まで許すと規定されている。

しかし、だからといって、「湯女《ゆな》・傾城《けいせい》狂い」などは堅く御法度であった。このような場所は多額の金がかかり、身を滅ぼすもとであった。遊女を身請けするため、大名の地位を棒にふった者もいたのである。

秀忠大御所時代の風俗を描いた出光美術館所蔵の『江戸名所図屏風』には、大勢の湯女のいる風呂が、新橋から宇田川橋にいたる江戸湾沿いに描写されている。

大道寺友山の『落穂集』によれば、若年のころまでは江戸の町方の所々に「風呂屋」があったという。友山の若年とは、友山十三歳のとき丸橋忠弥の処刑（慶安四年）を見物したと書いているので、慶安・承応《じょうおう》のころ（一六四八〜五四）であったと考えてよい。

——風呂屋は、七つ（午後四時ころ）で終わるので、客は昼のうちに湯に入った。湯女たちも七つで終わり、それから身支度をする。日暮れ時分になると、風呂の上り場に囲った格子の間を座敷構えにし、金屛風などを引きまわし、火をともす。衣服をあらためた湯女たちは、三味線をならし、小唄を歌い客集めをする。

このような湯女風呂が何軒もあったが、家光は湯女風呂に遊女を三人以上置くことを禁じ、その後まもなく遊女を置くこと自体が禁止された。このため、江戸の「風呂屋」はことごとく潰れたという。

友山が『落穂集』を書いた享保《きょうほう》十三年（一七二八）ころには、増上寺の門前に一軒だけあったが、湯女を置くことは禁止されていたという。

同じ屛風に活写されているかぶきや操り人形などを見物しに行くことも、かたく禁止である。

また、剣術などをはじめとする諸芸の稽古は、藩士以外の者と師弟の契約をすることは禁止であった。しかし、藩士たちにとって、剣術や兵法などの稽古は必須のものである。それらの師匠を藩内に限るのは現実的でなく、まったく禁止してしまうわけにはいかない。だから、どうしても稽古しなければならないものについては、組頭の許可を得れば許された。

当時、兵法家としても名高かった由比正雪や鑓の名手丸橋忠弥らも江戸市中で塾をひらいており、かれらに弟子入りする藩士も多かった。このことが、ときには萩藩を窮地におとしいれることにもなるのだが、それはのちに述べる。

藩邸への訪問者

いっぽう、よそから親類が訪ねてくる場合は、親子・兄弟・婿・舅・叔父・甥・小舅・姉婿・妹婿・相婿（妻の姉妹の夫）までにかぎり許し、この場合、訪問される者が上司に願書を出して、あらかじめ許可を取っておく必要があった。

願書には、本人との続柄を明記し、もしなにかあった場合には自分の責任とすることを書く。願書を受け取った上司は、内容を改め家老に提出し、やっと最終的な許可がえられるのである。諸芸の師匠、斎《とき》坊主（法事などに来る僧）、医者なども、この規定に準じている。

しかし、いつも前もって訪問を知らせてくるとはかぎらない。その場合、まずその訪問者を門の番所にとどめておき、門から訪問の相手先の家臣へ知らせ、その家臣が目付の許可を願い通行証をもらって門番に提出する。これで、ようやくその訪問者を門内にいれることができた。

また、家臣へ他藩の者より使いがくる場合は、その藩のしかるべき証明書を持参するか、その藩からもうひとりそえて使いはふたり出すようにしてくれ、とつたえておくことが望ましいとされている。

ただし、支藩や毛利一門の家臣の来訪については、名字と訪問先をたずねたうえで通し、旗本あるいは親戚の藩よりの使者はそのまま通すことになっている。幕府直参の旗本の権威たるや、たいへんなものである。

町人の藩邸内出入り

藩邸内に二千人もの町をつくっているのであるから、日常生活のために、用達《ようたし》の町人の出入りは頻繁であったと思われる。かれらは、おもに御殿に付属する大きな台所に出入りする。増えるにまかせては不都合もおきやすい。そこで、町人については、正保三年に調査し、このとき許可された者以外の出入りは禁止した。

そのほかに個々の藩士の注文をうける町人や細工人は、各屋敷の責任者の通行証で出入りすることになった。

慶安四年の規則では、矢倉方（会計掛）あるいはその町人・職人と関係する部局より定札（パス）を発行し、責任者が表に署名し、門番物頭の裏書きをもらって渡される。藩士の親類の町人、または私用を申し付けた町人や細工人には、その藩士が定札を出し、署名をしたうえで門番の物頭の裏書きをうけて渡すことになっている。

藩邸内で必要な物資はそろうとはいっても、閉鎖的な生活を余儀なくされている以上、出入りの町人も必要であっただろうから、これらは手続きさえ行えば許されたのである。

もちろん、一般の町人が勝手に門を入り、藩邸内で商売をするようなことはけっしてできなかったはずであるが、建前どおりにはいかないわけで、彦右衛門の『日記』には、そのような姿をしめす事件が記されている。

もぐりの商売人

寛永十八年（一六四一）十二月六日のことである。外桜田の上屋敷内で町人三人が物を売っていた。八谷源太郎という藩士が不審に思い、たずねたところ、藩公許の用達町人鎌倉屋久兵衛の手代の者で、藩邸の台所で使った残り物を売っている旨を答えた。そこで、鎌倉屋の手代の者を呼び出して引き合わせたところ、このような者は知らないという。

「さてはまぎれ者め」

と追いかけ、逃げそこなったひとりだけを捕らえた。

尋問すると住所や家主の名をおとなしく答えた。そこで、穏便に先方へ引き渡すべきか、町奉行などにとどけるべきかということで、彦右衛門のところへ相談にきた。彦右衛門は、屋敷内で盗みや喧嘩、火付などをしたのでなければ、追い返すよう指示し、

――この屋敷の内へは、町の者に商売をさせておらぬ（「むざと町衆売り物させ申さず候」）。おそらくその方などは、さようのところをしらず、「参り候て売物仕り候へ、苦しからず」というようなことを教える者がいて、きたのであろう。今回だけは許すから、二度とくるな。

と申し渡して放免した。

厳重な門出入りの規定があるにもかかわらず、藩邸内になんらかの手段で紛れ込む者はいた。しかし、このように公然と商売をしていたのでは、不審に思われてしまう。出入りの用達商人の手代をかたって藩邸内に出入りするような者が多かったのであろうか。

彦右衛門の対応は、おどろくほど冷静である。

牢人の藩邸内居候

牢人《ろうにん》については、屋敷内への出入りすらいっさい禁止であり、居候《いそうろう》させるようなことはもってのほかであった。ただし、その家臣の親子・兄弟・婿・舅・叔父・甥については、上屋敷は彦右衛門、下屋敷は福原元房と相談のうえで、問題ない者については許可している。

この時期、牢人が大量に発生していたのは、すでに見たとおりである。本来は、きちんとした藩に勤める素姓の正しい武士であっても、運悪く牢人の憂き目を見るものは多かったのであろう。かれらの一部は、このように縁をたよって寄宿した。萩藩士の縁者にも牢人していたものがいたであろうが、藩当局はごく近親以外は藩邸内に置くことを拒否したのである。

この正保三年には、藩邸内の牢人の調査も行っている。このとき、許可をえない者は、親子であろうと藩邸におくことを許さないと述べているから、それまでは、内密に牢人を居候させていても黙認されていたのだろうし、短期の滞在はできたようである。しかし、これも、のちに述べるように、萩藩にとって困った事件のもとになるのである。

正しい風呂の入り方

長屋に住む中下級の藩士のために、藩邸内に共同風呂があり、これも規定にしたがって入ることになっていた。藩邸の共同風呂は、一ヵ月に三度ずつと決められている（慶安四年「条々」）。それ以外は、行水などですますことになる。

風呂の入り方は、時期はくだるが、たとえば宝暦《ほうれき》五年（一七五五）、熊本藩上屋敷の規定では、次のようになっている（『龍口御役所御旧記抜書』）。

①朝六つ時より五つ時（午前八時ごろ）まで、中小姓《ちゅうごしょう》以上。

②五つ時より九つ時（正午）まで、歩士《かち》。

③九つ時より暮六つ時まで、足軽以下陪臣共。

④入湯の面々は小唄・高声を禁ずる。女の入湯はかたく禁止。

⑤火の用心はとくに入念にし、湯銭を滞らせている面々は入湯させてはならない。

風呂は、階層別に朝から順番に入っている。藩邸の風呂に入るのにも「湯銭」がいったのである。

「中小姓」は比較的下級の武士であり、中級藩士以上について規定していないのは、かれらが長屋に風呂をもっていたからであろう。

鳥取藩の風呂は、長屋の各小屋の庇の外に雪隠といっしょにある。中級藩士の風呂はその程度のものだったのではなかろうか。

藩邸内の女たち

藩邸の長屋の各小屋には、竈《かまど》があった。これは食事を作るためである。単身赴任の藩士が自炊していたのかというと、そうでもない。

彦右衛門の『日記』には、藩士下女のことがよく出てくる。藩士たちには、下女を雇っていた者も多かったのである。藩士と下女の関係はどうだったか。

そもそも国元においても、下女は、一、二年もすぎれば「女房達奉公《にょうぼうだて》」をするようになる者が多かった。

藩では、「これ誠に人倫の次第を乱し恣《ほしいまま》なる仕方、甚《はなはだもって》以いはれざる儀なり」と批判している（萩藩「万治制法」）。もっとも、これは藩士を責めているのではなく、親しく召し使われているからといって主人になれなれしくなる下女を責めているのである。だから、主人にその気があれば、そのまま召し使ってもよかったのである。

なお、娘を藩邸に残して帰国している藩士もいたから、妻子同伴という者もいたのかもしれない。あるいは、その娘は、江戸でできた子供かもしれない。

定府《じょうふ》の者は、町屋に妻子をおいて通ってくる者と、藩邸内で同居している者がいた。長屋とはいえ、上級家臣なら現在の一戸建てほどの広さがあったから、これも可能である。

また、家族を江戸に呼んで、町屋に住まわせていた藩士もいた。

ただし、藩士は単身赴任の者が圧倒的に多いし、藩邸の多数を占める藩直属の中間や藩士の奉公人も、単身江戸に随行し、中間長屋や藩士の宿の小部屋につめこまれていた。御裏様付の下女たちは御裏の長局にいたから、女気は少なかったであろう。

同僚とのつきあい

食料品は、商人が出入りする台所で売っていたのだと思われる。下屋敷には「仲人《ちゅうにん》」といわれた出入り商人の長屋があるので、そこが購買部のような役割をはたしていた。仕立て物や日用品をあつかう役所があるのも、すでに見たとおりである。いちおうの生活は、藩邸内の施設でまかなえるのである（一六八〜一六九ページ表参照）。

藩士たちは、なにか祝儀ごとがあると、それにかこつけて酒宴をひらいた。しかし、それも度をこすと、喧嘩があったりしてよくない。

そこで、同僚を招いての宴会について、

①その献立は香の物を含めて一汁三菜。

②酒は三杯まで、盃は中椀より上は禁止。

③肴《さかな》（魚だけでなく鳥類も入る）は一種、菓子も一色《いっしき》。

と詳細に規定している。

同僚同士での進物のやりとりも禁止である。香典を出す範囲は、国元では親類に限るが、江戸では志次第、身分に応じてとされている。衣服なども、立派で高価なものは禁止と規定された。当時、幕府は奢侈《しゃし》をきびしく禁じていたので、いかに裕福でもそれぞれの身分に応じた衣服しか許されなかったのである。

藩士の勤番六編成

藩士は、どのくらいの間隔で江戸に出向いたのだろうか。

毛利家文庫には、寛永十六年正月に提出された「江戸御番手付立《ごばんしゅつけたて》」という申告書が十二通残っている。

これは、勤務割り当ての参考にするため、藩士にそれまでの勤務を報告させたものである。当時の江戸番手（警護役）の実態はよくわかっていないから、きわめて貴重な文書だということができる。

たとえば、寛永四年、萩藩では、藩士を六組の番手にわけ、六編成で順番に江戸勤番を命じた。この年二月、秀就は萩を出立したが、それに御供したのが一番手。

同年八月には、二番手が萩を立ち、十月にはそれと交代で一番手が萩に帰国している。

二番手の帰国は、翌寛永五年五月、六番手が江戸に向かったのが寛永十年八月であるから、七、八年に一度江戸勤番がまわってくる。一回の滞在期間は、平均十八ヵ月程度である。

しかし、桂吉左衛門という大組に所属する藩士は、寛永四年二月に秀就の御供をして江戸にのぼり、十一月に帰国したのち、寛永十年八月にはまた江戸にのぼり、翌年五月にもどっている。かれは、「六番手初《はじま》り候て、かくのごとく二通り江戸御番手相勤《あいつと》め申し候」と、自分が他人よりよけいに二回も勤めたことを強調している。

武士の務め

三浦元定（五百石）という大組士も二通り勤めたが、「六番手皆々通り申さざる内に、二通り罷り上り申し候」――六組の番手が藩士全員にまわりきらないうちに、自分は二回も勤めたと、不満を述べている。

現代では、会社の辞令ひとつでどこにでも行くというのが企業戦士の常識であるが、当時の武士は、同僚とくらべて不公平だと思ったら、よく藩に抗議した。

薩摩藩では、朝鮮出兵が終わって三十年たった後でも、当時のはたらきに対して約束の加増がなされていないと抗議している藩士がいる。三浦も、二回目の番手を命じられたとき、いやだと訴えたが、藩当局の受け入れるところとはならなかった。

そんな中で、飯尾元勝という五百石取りの大組士は、次のように、なかなか忠実に藩の役儀を務めている。

寛永九年正月、五番手の渡辺広組に加わり、大坂までのぼったが、必要なしということで、大坂より萩に帰った。これは、秀忠危篤との報を聞き、秀就が急ぎ参府の途についたが、江戸より必要なしとの命がきたためである。

寛永九年九月、秀就の御供として江戸にのぼり、同十年の暮れ、国元に下った。

寛永十一年、秀就の御供をして京都にのぼった。この年は、すでに述べた家光の上洛のあった年で、秀就は一度萩に帰国したあと、京都にのぼっている。

寛永十二年、江戸城普請のため江戸にのぼり、同十三年の春、帰国した。

寛永十四年暮れより、同十五年の暮れまで、三田尻《みたじり》（防府市）に詰めた。三田尻は萩藩の要港であり、島原の乱のときは幕府からの使者の船などが多数入ってきた。その応接役であろう。

このように飯尾は、寛永九年以降二年に一度くらいのペースで、萩を離れて勤務している。これだけはたらいていても、かれは、このあとすぐに江戸勤務を命じられている。藩士の中には病気などを理由に江戸勤番免除を願うものも多く、短期的に見るとなかなか負担を均等にというわけにはいかなかったようである。

藩邸における勤務

家老や留守居役は、宿舎が役所を兼ねているので、ふだんは自分の宿舎にいる。勘定方や右筆のような役職についている藩士は、それぞれの役所や御殿内の詰所で仕事をする。

番手として江戸に出張してきた藩士は、藩主が出あるくときの供をするほか、三日に一度ほど御殿内の警備にあたる。また、遠国や国元への使者としても、よくつかわされている。

麻布下屋敷の絵図を見ると、切手門・東御門などに門番所があるほか、藩邸内にも、御裏の入口や定次郎様御屋敷の向かいの庭園と圓明院とのあいだなどに番所がある。この番所への詰番もあった。

正保《しょうほう》三年の法度には、「当番の者は、その番所にきちんと詰めておれ。もし、番所を離れたり居眠りをしたら、その番頭まで処罰する」と規定されている。

当番の者は、番所にちゃんと詰め、「木屋《こや》ありき」すなわち藩士の小屋（宿舎）などをあるきまわったりしてはならない。当然のようであるが、そのような番士がいたからこんな規定ができるのである。また、屋敷近辺などの火事の際、当番の者は番所に詰め、非番の者はそれぞれの上司の所に集まるよう規定されている。

屋敷内の夜廻りの務めもあった。火の用心の取り締まりが中心であるが、毎夜毎夜、夜廻りの当番が、藩邸内をまわっていた。

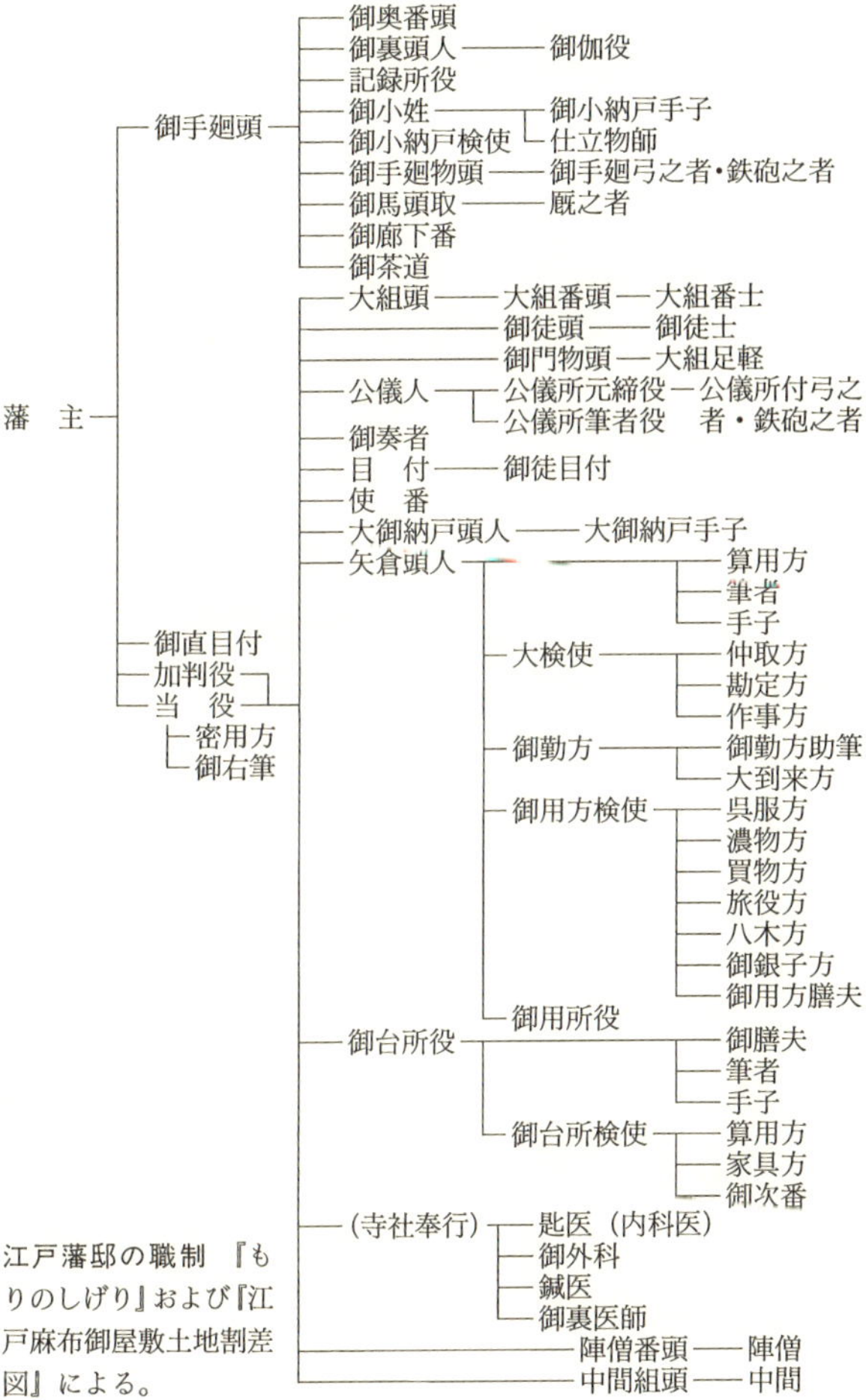
藩　主
御手廻頭
御奥番頭
御裏頭人
御伽役
記録所役
御小姓
御小納戸手子
仕立物師
御小納戸検使
御手廻物頭
御手廻弓之者・鉄砲之者
御馬頭取
厩之者
御廊下番
御茶道
大組頭
大組番頭
大組番士
御徒頭
御徒士
御門物頭
大組足軽
公儀人
公儀所元締役
公儀所付弓之者・鉄砲之者
公儀所筆者役
御奏者
目　付
御徒目付
使　番
大御納戸頭人
大御納戸手子
矢倉頭人
算用方
筆者
手子
大検使
仲取方
勘定方
作事方
御勤方
御勤方助筆
大到来方
御用方検使
呉服方
濃物方
買物方
旅役方
八木方
御銀子方
御用方膳夫
御用所役
御直目付
加判役
当　役
密用方
御右筆
御台所役
御膳夫
筆者
手子
御台所検使
算用方
家具方
御次番
（寺社奉行）
匙医（内科医）
御外科
鍼医
御裏医師
陣僧番頭
陣僧
中間組頭
中間

江戸藩邸の職制　『もりのしげり』および『江戸麻布御屋敷土地割差図』による。

役　名	任　　　務	身分・禄高
御手廻頭	藩主の護衛責任者、小姓・奥番頭などを統括する	1000石以上の寄組士
御奥番頭	殿中諸事一切を統括する、小姓より昇進	750石以下大組士
御裏頭人	奥向きの家老職代理、御奥番頭の次班	130石以下大組士
御伽役	藩主諸公子・姫の御伽役	120石以下大組士
記録所役	殿中記録所の事務を統括し、格式を調査す	1000石以下大組士
御小姓	藩主の御側に仕える役、始め御櫛役、順次御添肩衣役・御判紙役・御小納戸役・配膳役に昇る	大組士・その嫡子
御小納戸手子	藩主の衣服・日常の調度を司る役の下役	45石以下無給通士
御小納戸検使	御小納戸方の金穀物品の出納を検す	御小姓（？）
御手廻物頭	配下の手廻足軽を統括する	800石以下大組士
御馬頭取	藩主の乗馬を調教する役	100石以下手廻組士
御廊下番	重職の登城を報ずる役、鬼喰役（毒味役）を兼務	100石以下手廻組士
御茶道	殿中において茶の湯などの雑役を務める役	60石以下手廻組士
御直目付	家老・諸職の勤務を監察する、多く御奥番頭を兼務	1000石以下大組士
当役	藩政の最高責任者（筆頭家老）	一門、準一門、寄組
密用方	当役に直属し藩の儀式・系図などを調査する	100石以下大組士
御右筆	諸役の辞令・機密文書をあつかう	150石以下大組士
加判役	政務に参与し文書に加判する（家老）	一門、準一門、寄組
大組頭	大組士を八組にわけ、各組の長を大組頭と称す	1000石以上寄組士
大組番頭	大組頭の配下にあって、大組士を統率する	450石以上の大組士
御徒士頭	藩主行列の先衛士たる徒士を統率する役	1000石以下の大組士
御門物頭	大組足軽よりなる門番の責任者	大組士（？）
公儀人	江戸にて幕府・諸藩との折衝を担当する留守居役の補佐役	大組士
公儀所元締役	留守居役の補佐役	15石以下無給通士
御奏者	藩主に謁見する者の姓名を呼び上げ、儀式を司る	180石以下大組士
目付	藩士の勤務・行動を監視する役	350石以下大組士
使番	藩主の使命を伝え、また他藩への使者を務む	550石以下大組士

江戸藩邸の諸役Ｉ

役　名	任　　　務	身分・禄高
大御納戸頭人	藩邸の調度を管理する大御納戸方を管轄する	150石以下大組士
矢倉頭人	藩邸内の金穀出納、諸工事、諸需要品を管轄する	200石以下大組士
大検使	矢倉方の管轄する金穀物品の出納を監視する役	150石以下大組士
仲取方	金穀その他の物品を諸人に渡す役	不　明
勘定方	矢倉方の会計を司る役	不　明
作事方	藩邸の修理等を行う大工	国元より派遣の大工
御勤方	朝廷・幕府・一族への慶弔等に要する文書・物品を司る役、大検使の次班	60石以下手廻組士
大到来方	進物のうち主として大荷物を取り扱う役、また藩主の参勤・下向の時会計等の用務の大半を行う	士雇い
御用方検使	呉服方・濃物方・八木方・銀子方等を支配する	70石以下遠近付士
呉服方	進物・下賜用の呉服物を保管する役	35石以下無給通士
濃物(コマモノ)方	陶器・桶など器物一切を保管する役	35石以下無給通士
買物方	すべての買物を司る役	35石以下無給通士
旅役方	出役旅料（出張費）にあてる出米を司る役	20石以下徒士
八木方	米穀を保管する役	35石以下無給通士
御銀子方	現金出納をなす役	35石以下無給通士
御用方膳夫	御用方の料理を調進する役	不　明
御用所役	矢倉方の事務を一部代行するために設けられた役	120石以下大組士
御台所頭	藩邸の台所の主任役	120石以下手廻組士
御膳夫	藩主の料理の調進役	50石以下
御台所検使	台所の任務を監察する	60石以下無給通士
算用方	御台所の諸会計事務を司る役	60石以下無給通士
家具方	御台所の家具・器物出納の役	20石以下徒士
御次番	藩主の膳部を台所より鬼喰役まで取り次ぐ役	40石以下無給通士
陣僧頭	諸部局の書調役や助筆を務める坊主の取締り役	25石以下陣僧
中間組頭	藩邸の雑務に従事し、諸役の手子などに配置される中間の取締り役	40石以下無給通士

『もりのしげり』による。

江戸藩邸の諸役 2

藩士の家来

藩主の外出の際には、供をしなければならないが、その際、藩士は自分の家来に「不作法」のないようにときつく命じられている。

不作法の内容は、慶安四年の法度に、

①供するとき散り散りにならずまとまって歩け。

②他大名の供の者に知り合いがいたからといって供をはずして話したり、供先が町に近いといって店屋に入ったりしてはいけない。

③供先の家中に知り合いがいても私用で訪ねたりしてはいけない。

④門外で藩主を待っているとき、往来の妨げにはなるな。

⑤浄瑠璃や小唄などを大声でうなってはいけない。

などの規定が細かく書かれている。これをみていると、実際の行列をととのえる難儀ぶりがうかがえておもしろい。

一般の藩士は、若党・中間・小者といった武家奉公人を雇っている。かれらが挟箱《はさみばこ》や鑓をもって供をしたり、屋敷内で雑多な仕事に従事する。その最上級の「若党」＝侍は、両刀を差し、武士身分として扱われる。これら奉公人は、本来は自分の知行所の百姓を連れてきていたのだが、それがだんだん困難になり、一年契約で江戸で雇うことが多くなった。

江戸勤番の雇う奉公人は、あまり見苦しいと藩の評判にもかかわる。奉公人は安い給金の者を雇えというのが藩の基本方針であったが、江戸勤番の若党は「見掛《みかけ》よく、物を書き、算用をも心得、第一達者（健康）なる者」ならば恩銀（給金）百五十匁《もんめ》（約金二両二分）、中間は「男柄よく、第一達者にて道具などよく持ち、馬などよく取なやみ、中間の仕役心得たる者」ならば恩銀百四十匁で雇ってよいとされている（元禄八年〈一六九五〉正月晦日「覚」）。

しかし、あまり高い恩銀で雇えば、藩士の家計を圧迫することになる。藩当局は、みえをはらずに安い奉公人を雇うよう指導するのであるが、そうした場合、礼儀作法はなっておらず、供に連れていっても、居眠りをしたり、道で行きあった知り合いと大声で話をしたりするといった者になりやすい。そのうえ、逃げ出したり、他藩の奉公人と徒党を組むことすらある。藩主の体面を傷つけないように、これらの者たちを連れていくのもたいせつな任務であった。

藩士自身が、供の行列から外れたりするのももちろん禁止であるが、萩藩のこの規定は、藩士たちに家来の不作法を監視させることがその主眼であった。

藩邸周辺の辻番所

屋敷外での勤務として、藩邸周辺の警備にあたる辻番所がある。これは、主に足軽が務める。

寛永十七年（一六四〇）正月二十一日、上屋敷の前の辻番所に酒に酔って死んだ者があった。身元のわからない者であったので、町奉行にとどけ、帳面に付けてもらった。

そして、彦右衛門は、月番老中の阿部忠秋のもとに参上し、右の旨を言上した。

忠秋は、「一両日さらして、申し出があれば主人に渡せ。もし名乗りでなかったら捨てよ」と答えた。そこで、朝早くからさらしていたところ、実は幕府証人奉行の要職を務める酒井忠吉《ただよし》（七千石）の家来であって、これをその同僚が見つけた。萩藩は、その遺体を酒井忠吉の家臣福田一郎右衛門に引き渡した。

それにしても、名乗り出る者がなかったら、捨てよ、という老中の言にはおどろかされる。どこに捨てろというのだろうか。ただ、江戸においても屍は、「さりげなく遺棄」されていたという（『江戸藩邸物語』）。

ともかく、藩邸前の道路は、藩邸の管理責任が問われる場所であった。正保二年には、桜田の上屋敷に徒目付から、城廻《しろまわ》りの堀で魚釣りをしたり網をうったりすることは堅く禁止であることが通達された。藩邸前の堀でこのような者がいたら、たとえよその者がやっていても、その藩の責任となった。

江戸の町には、町ごとに木戸があり、夜は閉じられることになっていた。しかし、大名屋敷街には、木戸がない。そこで、辻番所をつくって、藩邸の周囲の秩序を維持していた。この辻番所は、藩邸側で設置した。小さい藩や旗本は、いくつかの屋敷が共同で辻番所を設置

表(1) 1000石未満

石高	人数	侍	甲持	鎗持	挟箱持	小荷駄	草履取	馬口取	鉄砲	弓
200	8	1	1	1	1	1	1	2		
500	13	4	1	2	1	2	1	2		
900	21	6	1	3	2	2	1	4	1	1

表(2) 1000石以上

石高	人数	馬上	鉄砲	弓	持鎗	鎗	旗
1000	23		1	1	3		
1500	23		2	2	3		
3000		2	3	3		5	
5000		5	5	5		10	2
1万		10	20	10		30	3
5万		70	150	30		80	10
10万		170	350	60		150	20

藩士の家中

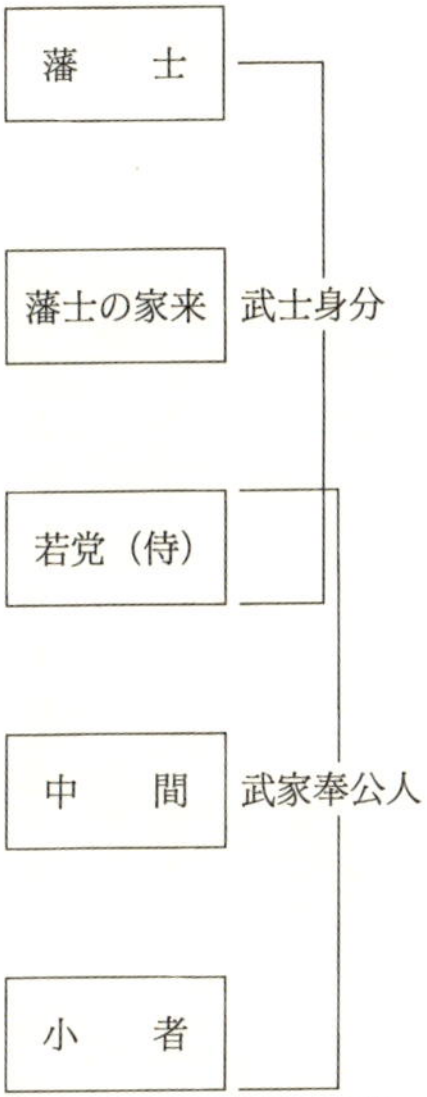

右図は藩士家中の階層を示す。藩士がかかえる人数は、大名家も幕府の軍制に倣ったから、たとえば萩藩500石取りの大組士なら若党、中間ら13人ほどの人数をやしない、3000石以上は騎馬の武士（家来）をもたねばならなかった。
表(1)　騎馬の武士（200石以上）一人が召し連れるべき人数。
表(2)　「馬上」は、部下に騎馬の武士を連れることをいう、「持鎗」とは主人の鎗、「鎗」は部下が使う鎗。空欄は、記載のないもの。

寛永10年2月幕府軍役令

し、辻番を雇った。

近代の交番のルーツ

正保三年十一月十九日、幕府から、麻布の下屋敷と松平光長下屋敷との間に、新たに辻番所を建て、辻番は萩藩側から出すようにと命じられた。萩藩では、急ぎ国元へ辻番所の番衆として鉄砲足軽十一人を派遣するようにと指示している。

慶安三年十二月十三日には、中屋敷辻番所の前で辻斬りを捕らえ、幕府から賞されている。

秩序維持に有効な施設で、近代の交番のルーツであるが、しだいに綱紀がゆるみはじめる。すでに正保三年の法度に、辻番所に売物を置いて往来の見物人の足をとめさせてはいけない、という規定がある。辻番所で、商売している者がいたのである。

これは、のちには辻番の既得権になる。また、川柳にあるように、「すは狼藉と　辻番は戸を押さへ」と庶民にひやかされるような辻番もいたし、遊女まがいの者を置いて商売していることもあった。まさに、「辻番所の中はヤミ」といったところである。

第四章　他藩との交渉

1　領民をめぐるトラブル

長門国の善右衛門

長門国に、善右衛門という男がいた。かれは、長門国を出て備前岡山に行き、そこで寛永通宝鋳造職人の助手としてはたらくことになった。

寛永通宝とはその名のとおり、寛永十三年（一六三六）五月に、幕府が鋳造をはじめた初の統一的銭貨である。以後、幕末まで鋳造され、流通する。鋳造は、はじめ、幕府直轄の江戸・近江坂本・京都建仁寺・大坂の四ヵ所で行われることになっていたが、流通するだけの量を確保できず、この年十一月二十六日、新たに諸藩に鋳造所を設けさせることとした。

このとき命じられたのが、水戸・奥州仙台・三河吉田・越後高田・信濃松本・備前岡山・長門・豊後中川内膳領（竹田藩）の八ヵ所の大名領である。

これらの地の鋳造所は、幕府直轄の鋳造所の不足をおぎなうために設けられたもので、隣

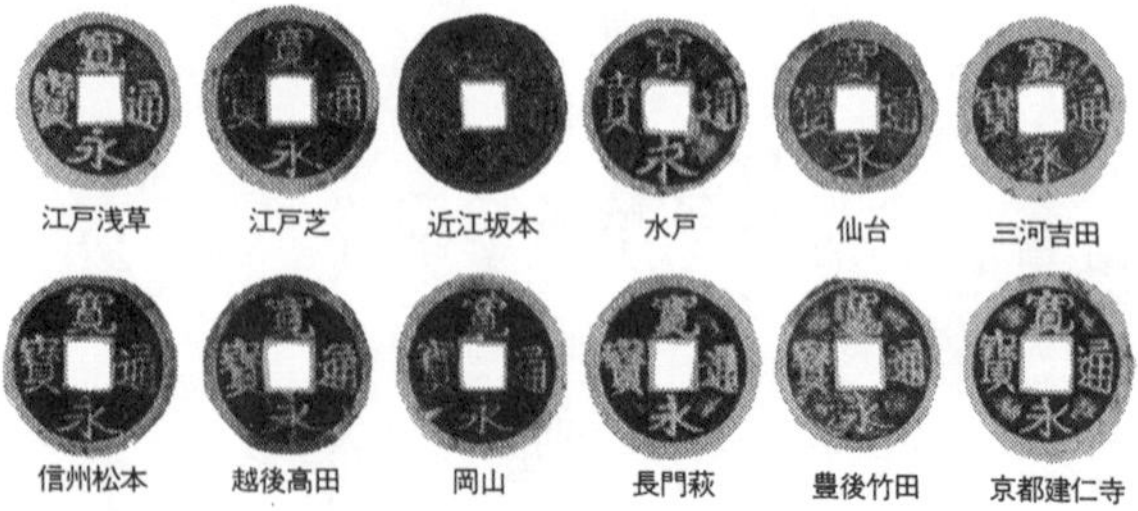

寛永通宝　当初は多くの藩領で鋳造された。鋳銭司郷土館所蔵

国より銭買いにきた者には、公定の割合で滞りなく売れと命じられている。ところが幕府は、寛永十七年十一月二十二日、「沢山に鋳出したのでもはや無用、諸国にての鋳銭は急《きっ》度《と》差し留め」と命じた。諸藩は、単に幕府の鋳造量の不足のためにだけ一時しのぎに駆りだされたわけである。

　岡山藩では、そのため鋳銭事業を中断せざるをえず、職人たちの手間銀も切り下げられた。さきの善右衛門は、そんな不満から銭鋳頭と争いをおこし、鋳銭を監視する藩の役人が仲裁に入っても納得しなかった。

　ひそかに岡山をぬけ出した善右衛門は、江戸にのぼり、岡山藩の行列をねらい、藩主池田光政の駕籠に向かって走り、目安《めやす》（訴状）をあげるという挙に出た。しかし、供先《ともさき》の者にさえぎられ、捕らえられた。

　しかし、困ったのは、岡山藩側である。国元での争いであればともかく、江戸に勝手に出てきて家老にもとどけず藩主の駕籠に直訴におよぶなどというのは常識はずれである。放っておくと、幕府に直訴するような不祥事もおこるかもしれない。それではいかにも外聞が悪い。

岡山藩の申し入れ

岡山藩ではしかたなく、山内主水《もんど》・能勢少右衛門の両名に萩藩の屋敷を訪問させ、率直に相談することになった。

寛永十八年六月四日、両名は、これまでの事情を話し、申し入れた。

「……国の者でしたら、なんとでも処罰できますが（「国中之者に候へば、何分にも仕置の道これあるべく候へども」）、長門国の者ですので、左様にもできません。この段、いかがしたものでしょうか。そちらの申し分もあるでしょうから、このようにお話しし、そのうえで双方の国のためよきよう、争いのないよう（「しょせん物沙汰《ものざた》これなき様」）にしたいと考えております」

両名を応接した彦右衛門は、「察し入り存じ候」と挨拶し、紛争の理非《りひ》はともかく、善右衛門の行動は不届きであると答えた。

ここで、注目すべきは、岡山藩側の、「長門国の者に候《そうらえ》ば、左様《さよう》にも相成《あいな》らず候」ということばである。他藩の者、しかも武士でもない一介の職人が、藩主にたいして常識はずれの直目安《じきめやす》を上げた場合でも、即座に岡山藩の法にてらして処罰することはできず、その出身藩の意向を打診しなければならなかったのである。これは、勝手に処罰した場合、出身藩との紛争を引きおこすことを覚悟しなければならなかったためであろう。

紛争を回避する智恵

山内主水らは、彦右衛門からどのようにしたいのかと聞かれ、「国元にて如何様《いかよう》にも沙汰《さた》仕《つかまつ》り、埒明《らちあ》け候様」にしたいと答えている。

この年六月六日、萩藩側は、次のように回答した。

「少将（光政）さまへ目安上げ候事、長門守（秀就）承り候はば只今にも成敗《せいばい》仕るべく候。左候《さそうら》はば、却《かえっ》て事大きに罷《まか》り成《な》る儀《ぎ》、互ひの御ため如何《いかが》と存じ、長門には申し聞《き》けず候。其方《そなた》にて早々御成敗仰せ付けられ御尤もに候。さりながら、是非とも理非を御聞きなさるべくと思召《おぼしめ》され候はば、備前へ遣はされ、たいけつ（対決）仰せ付けらるべく候。かの者理《ことわり》にて候とも、目安を上げ申す義とかと仰せられ、御成敗なされ下さるべく候。追失なされ候とも、一円此方にかまひこれなく」

――光政様に目安を上げたということを藩主秀就が知ったならば、すぐにでもかの善右衛門を成敗（処刑）してしまうでしょう。そうなると、かえって大きな事件に発展しかねませんので、互いのためどうかと存じ、秀就には言上しませんでした。そちらですぐにも御成敗を命じて結構かと存じます。事情を調査したいのであれば、かの者を備前へ帰して法廷で銭鋳頭と互いの主張を対決させてください。もしかれに理があっても、目安を上げたとかの理由をつけて御成敗してください。追放されようとどうされようと、こちらでは、いっこうにかまいません。

彦右衛門は、この件を秀就にはつたえず、家老と相談のうえ、事件がなるべく拡大しないように、すなわち二藩間の対立にまで発展しないようにと、岡山藩側に内々の処理をすすめ、萩藩側はそれを黙認することを暗につたえたのである。藩主秀就につたえてしまうと、秀就の性格からして即座に成敗してしまうだろうと考えた。もし、そんなことになれば、逆に紛争の当事者である岡山藩の面子をつぶすことになる。そこで、無益な他藩との紛争をさけるため、藩主ぬきで対応するという実例が、この交渉にしめされているのである。

あうんの呼吸

じつはこの萩藩回答は、『池田光政日記』に書かれていることで、彦右衛門の『日記』には出てこない。この時代稀有の好史料二点がそろうことによって、藩同士の意外な交渉過程が明らかになったのである。このときの池田光政の対応もおもしろい。

池田光政は、この報告を家老からうけた。この件に藩主が関与すべきでないという彦右衛門のナゾを理解した光政は、家老池田出羽に「私にはつたえてないことにして、返事をせよ」と命じている（「我等申し候は、出羽返事にも我等へ申し聞け候とは無用に候」）。

光政自身が命じた岡山藩の返答は、こうである。

――結構な御申し入れ、そのうちに光政にも知らせたならば、さだめて満足するでしょう。かの者の主張することについては、もう一度国にて対決を命じたいと存じております。こちらから命じてもなかなか同意しないでしょうから、そちらから(善右衛門に)備前へ参るように命じてください。

翌日、岡山藩から御礼のため家老が訪れ、萩藩も家老の児玉元恒を返礼のためにつかわした。そして、互いの了解のうえで善右衛門をひとまず備前に差し戻し、そこで処置をきめることにした。

藩と領民の強固な関係

このときは、わざわざ岡山藩から萩藩へ対応を打診してきたため、相互に「心置き無く御内談」できた。

この事例には、萩領民善右衛門を、岡山藩だけではいかんとも処置しがたいと考えているところに、藩と領民の強固な関係がよくあらわれているといえよう。ただし、それは領民を保護しようというものではなく、領民にたいする権利をめぐって、藩あるいは藩主の面子の維持ということこそが問題になっていたのである。意図的に藩主が表に出ないのも、そのためであった。

彦右衛門が、この件を秀就に本当につたえていなかったかどうか確証はない。萩藩も藩主が知らないことにして、事件を内々に処理しようとしたのかもしれない。しかし、「秀就につたえたら、すぐに成敗してしまうだろうから」という理由は、意外と正直に事実を語っているのではないかと思われる。

また、交渉にあたっての基本姿勢が、あくまで無益な紛争を回避するということであったことがわかる。いちおう通告をうけてさえいれば、ふとどきな領民がいかなる理由で成敗されようとかまわなかったのである。これは、将軍の御膝元である江戸で自藩の安全をはかろうとした場合、交渉にあたる留守居役のもっとも重要な心構えではなかっただろうか。

福島正則の横紙やぶり

藩は、他藩で罪をおかした領民にたいして、それほどまでに強い権利を主張しえたのであろうか。

この問題を考えるうえで、『福島大夫殿御事』に記されている次のエピソードが参考になる。この史料は、有名な福島正則（当時広島藩主、のち改易）の言行を、比較的近くにあったものが書きとめたもので、当時の武士の気風がよくあらわれている。

――備後尾道ににせ金づくりの名人が六人おり、京都銀座の大黒屋常是《じょうぜ》のところににせ金を両替にきた。のちに常是はにせ金だと気づき、こんどきたら捕らえようと気をつけていた。三年後、そのにせ金づくりがきたので、これを捕らえ、取り調べたところ、福島正則の領分尾道の者だと白状した。そこで、京都所司代の板倉勝重にその旨報告した。

所司代が、正則にかの者どもを処罰するようにと告げたところ、正則は、「常是は町人の分際《ぶんざい》で我等領分の者を理不尽《りふじん》に搦《から》め捕《と》り、板倉殿へとどけるとは憎き奴」と考え、所司代には、来年江戸にて埒《らち》を明けるので、常是にかの者共をあずけるとだけつたえた。

そして、正則は、常是よりきた使者に、にせ金の状態をたずね、「百目の白がね（銀）に五十六匁の白がね（五六パーセント）しか含んでおらず、そのほかはみな赤がね（銅）でした」という答えを聞くと、「それでは常是が吹いた銀のなかを調べ、少しでも赤がねが入っていたら常是も同罪にはりつけにかけさせるよう、板倉殿へ伝言せよ」といい渡した。

これを聞いて常是は、「さてさて正則殿は内々荒々しい人だとは聞いていたが、これほどまでとは……」とおどろき、「それならにせ金づくりどもを正則殿へ返したい」とわびを入れたが正則は受け入れなかった。肝を消した常是は、所司代に泣きついた。正則は、所司代の調停を受け入れ、にせ金づくりたちを引きとった。

その後、だれもが、さすがの正則も引きとったにせ金づくりをはりつけにするであろうと考えていたが、処罰もせず所の者にあずけ、他国へ出さないよう命じただけであった。

幕府権力の優越と限界

このように、にせ金づくりというような重大犯罪にたいしてさえ、幕府はその者を処罰することはできず、その領主に通告して処罰させていたのである。そして、その領主が処罰を命じない場合は、幕府から処罰を要求することもできなかった。

もちろん、これは、幕府が外様大名にたいして気をつかっていた慶長《けいちょう》期の話で、正則という個性的な大名が一方の当事者であったという特殊な事例であるが、成立当初の幕藩関係とはこのようなものであり、領主の領民への権利は強大なものであった。

銀のなかに若干の銅が含まれているのは、精錬技術上当然のことであるが、それを根拠に本当のにせ金をも正当化させ、「赤」を「白」にいいくるめて自己の面子を立てようとした福島正則の行動にはどぎもをぬかれる。

藩は、他藩の者にたいする支配権を持たず、幕府は藩を異にする事件について裁判権を留保していたといわれている。刑事事件は原則として幕府の評定所で裁かれ、民事事件でも藩同士の話し合いがつかなければ、評定所に出訴された（石井良助『江戸時代漫筆』下）。

これらの事実は、幕府権力の優越の根拠となるものであるが、それが諸藩に受け入れられたのは、じつはこの節で見たような個々の藩に領民にたいする強い権利があるがゆえに、かえって調停者としての幕府が必要とされたという事情があったからではないだろうか。福島正則の行動は、その幕府権力の限界をはしなくも暴露しているといえよう。

寛永期、家光の親政時代になると、幕府の意向を戦々兢々と見守っている大名ばかりになるという感じがあるが、一皮むけばそのような荒々しい面が出てくる可能性もまた否定できないのであって、諸大名たちは、紛争回避のためにも、他国の者にたいしては扱いを慎重にしなければならなかったのである。

2　隣の御屋敷とのトラブル

藩邸の境界

江戸藩邸は、他の大名の藩邸に接しており、両者の間で紛争がおこることもよくあった。藩邸と藩邸とは、延々とつづく白壁の土塀が境界になっている場合が多いが、道路や他の藩邸に面する長屋を境界にしている場合もある。このほうが敷地を有効利用できるし、藩邸の防衛上も好ましい。

すでに述べた麻布下屋敷拝領後、普請に着手したとき、第一番目に境界になるべき長屋が建てられている。また、萩藩が従来の中屋敷を幕府に引き渡したときも、中の建物はすべて壊し、面二方の長屋だけを残せと命じられているが、これも、中屋敷の二面は長屋が境界になっていたためであった。

藩邸と藩邸が接する境界線では塀や長屋を共有することはなく、互いの塀や長屋の接する空間には、路地があったり、排水のための溝が掘られている。

その長屋は、境界であったので、いきおい藩の規制がきびしかった。たとえば鳥取藩では、窓ごしに道路を行く商人から買い物などをしてはいけない、とか、見苦しい物が見えないように、などと藩士に命じている〈貞享三年〈一六八六〉四月二十一日「御屋敷中御法度」〉。

萩藩の上屋敷のように、長屋の隣が他の大名の屋敷であった場合は、窓すらふさがなければならなかった。寛永十三年（一六三六）、萩藩と仙台藩伊達家は、仲介人を立てて談合のうえで、境目の長屋は双方とも窓なしにすることをきめている。

窓のない長屋

しかし、実際に居住する者にとって、窓がないというのは、蛍光灯どころか電灯もないこの時代には不便この上ない。そのため仙台藩の長屋に住む者たちは、いつのまにか部屋ごとに窓をつけて、あろうことか壁をぶちぬいて戸口までつけていたのである。

萩藩側は、約束どおり長屋には窓をつけていなかったので、十年の間まったくそれに気づかなかった。正保《しょうほう》三年（一六四六）になって、上屋敷の改築にあたって長屋を取り壊してみると、なんと仙台藩邸の長屋に窓や戸口まであけていることがわかった。しかし、相手の落ち度であるからといって、すぐに抗議したのでは話がこじれかねない。

彦右衛門は、慎重にことを運ぶため旗本の桑島吉宗に調停を依頼し、仙台藩側に申し入れてもらった。このようなとき、第三者としてたよりにされるのが、旗本である。

五月二十五日、桑島吉宗は、仙台藩家老の茂庭周防と古内主膳に会い、萩藩の意向を申し入れた。

「先年の約束のことは、いまさらとやかくいわないそうだ。萩藩邸の内部が見えない窓はかまわない。萩藩では長屋を取り壊したあとには塀を建て、その上に矢ぎりをし、邸内が見えないようにするつもりである。ただ、矢ぎりは、風のためそれほど高くはできないので、その上から邸内が見える窓だけはふさいでくれとのことである」

仙台藩との折衝

仙台藩当局には、まったく予想外のことであった。

茂庭らは、「屋敷のうちを見まわりもせず、無念《ぶねん》なように思われるでしょうが、かの長屋の窓があいているというようなことはゆめゆめ存ぜぬまま無作法をし、申しわけない」と恐縮し、了承した旨を答えた。

その翌日、仙台藩から使者矢野甚左衛門がつかわされてきた。

矢野「ことごとく窓はふさぎます。ただ、勝手を申すようですが、すべて窓をふさぐと長屋が暗くなり、中で暮らしている者が難儀《なんぎ》しますので、長屋の陰で屋敷が見えない窓はふさがなくてもよいようにしてもらえればありがたいのですが。もちろん見える窓は、仰せのとおりすぐふさぎます」

彦右「先年の取り決めどおり窓をふさぐと、難儀するということはもっともです。この方の長屋の陰で屋敷が見えない窓はかまわないので、矢ぎりの上からこの方が見える窓だけふさいでください」

矢野「矢ぎりはこちらのためにつくるのですから無用なもの。そのような御心づかいはかえって心苦しいので、塀より上の分はこちらからふさぎます」

彦右「それならば矢ぎりはつくりません。塀の上から見える窓だけふさがせてください。また、申し入れたように、境目にあいた戸口は残らずふさがせてください。境目に人が出入りすれば、悪いこともおこりかねないので、この段は堅く命じてください」

矢野「相心得《あいこころえ》ました。その戸口は、すぐに命じてふさがせます」

　このようなやりとりの後、甚左衛門は帰っていった。

　長屋の窓については、各藩とも苦労している。

　鳥取藩では、元禄《げんろく》十三年（一七〇〇）の条目で、「御長屋の窓の儀、くらく窓これなく叶《かな》はざるところこれあり候《そうらわ》ば、吟味《ぎんみ》の上あけ遣はすべく候、窓にても自分にあけ候儀、停止」と藩士に命じている。

　仙台藩でも、藩士の意向をくんで、萩藩と交渉したのである。

　しかし、門の出入りがわずらわしいからといって、勝手に長屋に戸口をあけ出入りするなどもってのほかである。これは、双方にとって好ましくないものであった。

南長屋の窓

この前年の正保二年閏五月には、上屋敷の南隣にある黒羽藩邸と交渉が行われている。黒羽藩から、「萩藩邸の南長屋の窓は、先年話し合いのうえでふさいでもらったのに、窓があいている。これをふさいでくれ」との申し入れがなされたのである。

萩藩でも、外長屋に住む者たちは、勝手に窓をあけていたのだった。そして、それ以上に問題になったのが、やはり戸口であった。萩藩邸のほうから長屋に戸口をあけ、さらに両藩邸を仕切っている溝に板を渡し、出入り自由になっていた。

黒羽藩の使者は、「先年も毛利方より溝をとおってこちらの屋敷に駆け込んだ女などもいて難儀をしたので、これもやめてもらいたい」と強く申し入れた。

彦右衛門は、「窓は板囲いにてふさがせたのですが、またこちらの下々の者が勝手にあけたのでしょう。申しわけありません。溝の上の板の件はまったく知りませんでした。すぐに板をのけ、出入り口はふさぎます」と回答した。ついでに、「黒羽藩側の長屋にも萩藩邸側を向いている窓がひとつあります。その窓からの視線に難儀しているので、ふさいでください」と申し入れた。

黒羽藩側は、これを了承し、一件落着した。

萩藩では、長屋の窓の外側に板囲いをし、内側に格子を打ちつけて対処している。

このように、隣の屋敷とのトラブルにおける彦右衛門の交渉の姿勢も、自分の正当性をいいはるのではなく、妥協点をさがすやりかたである。伊達家にたいする寛大な申し入れも、前年の自藩の不祥事により、ありうべきことと達観していたためであろうか。

それにしても、意地の張り合いこそが武士道であるかのような事件がいくらでもあったこの時代でも、他家との交渉にあたるような立場にある藩士たちは、本当にスマートである。これも、紛争回避こそが御家のためという江戸の作法を身につけたエリートならではの行動様式なのであろうか。

3　武家奉公人の「走り」

虎之介をめぐる争い

寛永十九年（一六四二）四月二十五日、備後福山藩主水野勝俊の家臣関口木工左衛門《もくざえもん》から、萩藩士南方《みなかた》長介のもとへ「付届《つけとどけ》」がきた。

「付届」によると南方の小者虎之介は自分の「走者《はしりもの》」であるというのである。その後、彦右衛門のところにも、同じく関口木工左衛門より、「虎之介を相違なく差し戻せ」との書状がきた。

「小者」とは、武家奉公人の階層のひとつで、中間《ちゅうげん》よりも下の召し使いである。

「走者」というのは、武家奉公をしている期間中に主人のもとから出奔（「走《はし》り」とか「欠《かけ》落《おち》」という）した者のことで、雇い主の武士はかれを見つけしだい取り返すことができる。その場合、現在の雇い主に「○○は自分の走者である」ということを告げ、返還を要求する。これが「付届」である。もちろん、逃げた奉公人が相手のところにいることを確認したうえでないと、このようなことはできない。

どこの藩でも、奉公人を召しかかえるときは、必ず請人《うけにん》（保証人）が必要であった。雇った者がじつは走者だったというようなことが、よくあったからである。

もうひとつの事情

虎之介の請人は、萩藩士児玉半内の家来信常《のぶつね》辰介の中間孫右衛門という者であった。孫右衛門を呼び出してたずねたところ、「虎之介は走者ではなく、ことしの二月二日にまちがいなく暇を取っている」と答えた。二月二日は、江戸の奉公人の出替わり日で、この日契約の更新が行われ、継続して雇うか暇をやるかするのである。

孫右衛門は、つづけて次のような事情を打ち明けた。

——水野家の関口木工左衛門へ虎之介が奉公に出たときの請人は、幕府証人奉行酒井忠吉様の家臣成瀬清左衛門の中間市郎兵衛という者でした。じつは請人の市郎兵衛は虎之介と「若道知音《にゃくどうちいん》」を結んでいましたが、こちらの御屋敷に参ってから関係が切れたので、私が虎之介と「若道之申合」をしました。それを市郎兵衛が聞きつけ、私を討ちはたそうとしているということを聞き、私は諸家で奉公している道具持ちの中間らをたのんで対決の準備をしました。

その後、市郎兵衛からのいいがかりもないので、中間たち三、四十人を館屋町の虎屋へ招いて祝いの振舞《ふるま》いをし、そのうえで、もし市郎兵衛がなにか仕掛けてきたら、この三、四十人の者どもが堅く加勢しようと申し合わせております。こんど難くせをつけてきたのは、虎之介を私の手元から引き離そうとしてのことであるにちがいありません。

かぶき者のネットワーク

「若道知音」とは、「衆道《しゅどう》」すなわち男色のことで、孫右衛門のような「かぶき者」の同志的連帯をささえたひとつの条件でもあった。この虎之介は、見目麗しい美少年であったのだろうか、市郎兵衛と孫右衛門が虎之介をめぐって争ったというのが、この事件の真相であった。

寛永期には、「かぶき者」と呼ばれる男伊達たちの集団がいくつもできていた。三千石の旗本水野十郎左衛門成之を首領とする「旗本奴《やっこ》」、口入《くちいれ》稼業（奉公人斡旋業）をいとなむ幡《ばん》随院《ずいいん》長兵衛を首領とする「町奴《まちやっこ》」の抗争は有名である。

「かぶき者」の主体は、武家奉公人であり、奉公する藩とは関係ないネットワークができていた。一介の武家奉公人である孫右衛門ですら、一声かければ三、四十人の徒党を組むことができたのである。かれらが本気になって抗争をはじめれば、藩としても押さえがたいし、幕府ですら手を焼いていた。

彦右衛門の危惧

彦右衛門がよく注意して見たところ、萩藩邸の裏門のあたりには、他藩の道具持ちらしき者が、ふたりずつ張りついてそれとなく監視していた。「道具持ち」とは、鑓《やり》や挟箱《はさみばこ》など武士の道具を持つ中間のことである。

――これはたいへんだ。もし、虎之介を関口木工左衛門のところに差し戻したら、孫右衛門の一味によってかけ留められる（殺される）などというさわぎにもなりかねない。このまま返すわけにはいかない。

彦右衛門は、思案のあげく、相手方の福山藩留守居役阿部忠左衛門のところに使者をつかわした。

「水野様と秀就は親密な仲ですので（「美作守様、長門守御意《ぎょい》を得候御事にござ候へば」）、少しも如在《じょさい》はございません。関口殿から事情を聞き、召し戻すべきだとお考えなら、あなた様から一筆そえて下されば即座にかの走者を渡します」

このように申し入れをした使者は、その後内々に事情を話した。

大名の間で、「御意を得」る、つまり交友があるかどうかということが、このようにお互いの関係上重要なことであったことがわかる。忠左衛門は、木工左衛門にたずねたうえで返事をすると答えた。

福山藩留守居役の内談

その後、忠左衛門が、彦右衛門宅を訪問した。忠左衛門は、彦右衛門の丁重な申し入れに礼をいい、次のように語った。

――たしかに虎之介は、ことし二月二日に関口木工左衛門から暇をつかわされていました。そのとき、虎之介を前の請人に返せばよかったのですが、そうしなかったのでその請人から「いはれざる儀にて候条、請人手前へ相渡し候へ《そうら》」とクレームがつきました。困った木工左衛門は、弱輩であったため、いっそ走者だということにして取り返そうとしたのです。小ざかしく、なんとも「無念《むねん》なる儀」でございます。こういう事情ですから、木工左衛門のほうは少しもかまいはございません。かの虎之介は、いままでどおり御家中に召し置かれようと、暇を与えようと、そちらしだいでございます。

走者だというのは、木工左衛門のうそだったのである。あるいは、市郎兵衛らのグループにおどされ、どうしてよいかわからず、そのような手段に出たのであろうか。

翌日、彦右衛門らは、虎之介の処置について談合し、

「右の若道出入りある者の儀に候へば、罷《まか》り居《お》り候《そうらえ》ば、とかく一大事仕出《しいだ》すべく候」

——南方長介が召し使ってもよいのだが、問題のある者であるから、このまま置いておくと一大事をおこしかねない。

ということで「追捨《おいすて》」ときまり、暇を与え請人の孫右衛門に渡した。そして、当の孫右衛門自身にも、暇をつかわすことにした。

気軽に走る武家奉公人

藩邸でもっとも頻繁におこり、他藩との問題にもなったのが、武家奉公人の「走り」である。しかも、その奉公人は、孫右衛門のように、一筋縄ではいかない者が多かったのである。

奉公人たちは、現在の主人が気にいらないと、使いに出た先などからぷいと出奔する。かれらは、江戸に仲間もおり、人宿《ひとやど》（口入屋）にいけば再就職先をさがしてもらえたから、気軽に「走る」のである。請人には、仲間がなったり、人宿の主人がなってくれる。いまでも、アパートの保証人に、不動産屋がなったり、知り合い同士でなったりすることがあるから、それほど不自然ではない。

たとえば、寛永十八年十一月二日に藩邸に立ちもどってきた孫助という奉公人は、萩藩士のもとを出奔したあと、ほかならぬ萩藩の奉公人が請人になって津和野藩士安藤半兵衛に奉公していた。孫助は、以前出奔したとき問題があったので、彦右衛門が安藤半兵衛に連絡のうえ、取りもどして成敗している。

広い江戸のこと、かれらが元の主人に見とがめられることは少なかっただろうが、見つかった場合は藩同士の紛争になりかねない。そこで、返還交渉には留守居役があたることが多い。相手藩の留守居役等に知り合いが多く、返還交渉の作法を知っているので、スムーズに戻されるからである。

すでに述べたように、Aという武士に奉公していた者aが走り、Bという武士に奉公していたとき、AからBに付届を行い、それが明白ならば返還するということが一般に認められていた。彦右衛門の『日記』から、もう二件だけ事例をあげておこう。

［事例1］同十四年四月晦日、六百石の大組士南方《みなかた》元俊の中間が、若年寄朽木《くつき》稙綱《たねつな》の屋敷にいたので、付届けた。朽木側では請人がいたのでかかえていたのであるが、南方元俊の中間であることにまちがいないことを確かめたうえで差し戻した。

［事例2］同十六年四月十一日、「江戸の勤番の生活」の節で登場した五百石の大組士飯尾元勝の下人が、広島藩浅野家中の辻弥一郎のところにいることがわかり、二度付届け、返された。

譜代の奉公人の場合

それでは、その奉公人aが、主人Aに奉公する以前、Bの譜代《ふだい》奉公人であったというような場合はどうなるのであろうか。

萩藩大組士中山権八の草履取りの原助という者は、国元で権八が召しかかえ、江戸に連れてきた者であった。しかし、じつは延岡藩有馬直純家中の有馬万介という者の譜代の奉公人で、有馬領から走って萩藩領にきていた者であった。

寛永十二年七月朔日、有馬万介の家来が、江戸の路上で原助とばったり会った。ここで会ったが百年目というわけで、原助を捕らえ、延岡藩邸に連れ帰った。

翌日、有馬万介の使いの者が権八のところにきて、「手前の譜代の奉公人を捕らえ、よく聞いてみると、最近は御手前様に奉公しているとのことでしたので、使者にてお知らせします」と申し入れた。

中山権八は、「藩に問い合わせたうえで返事します」と答え、組頭の山内就時《なりとき》（寄組）に相談した。その後、家老の井原元以と阿曽沼就春、および彦右衛門にも連絡され、対応策を検討した。寛永十二年のことであるから、彦右衛門もまだこのようなことに精通しておらず、ふたりの家老の意見で、中山権八に、次のように申し入れさせた。

「路上からすぐに連れ帰ったことは少し不首尾には存じますが、このような件ではだいたいのきまりもありますので（「か様の儀は大躰の御沙汰もござあるべく候条……」）、追ってこちらの家老の者どもに報告して、交渉することにします。それまでは、かの原助はそこもとにあずけおきます」

奉公人を取り返す作法

両家老の指図で、使者は彦右衛門の部下が務めた。

「大躰の御沙汰」があるといっているのは注目すべきであろう。すでに、譜代の走者返還の慣行ができていたのである。

ただし、この時点では権八の奉公人であり、「預け置く」と申し入れている。こうしておくと、相手の管理責任を追及することができるのである。

すると、有馬万介方より使者がきて、

「毛利家家中の者に奉公していたことをまったく知らず、日暮れも近かったためとりあえず屋敷に連れ帰ったしだいです。不作法の段については深くおわびしますので、なにとぞ穏便に解決していただきたい」

と弁解の申し入れがあった。

現在の主人に付届しないで屋敷に連れ帰るという行為が不作法であることは、双方ともに共通認識であった。萩藩としても、原助が、有馬万介の譜代の者であることは明白であったので、有馬側が下手《したで》に出ている以上返却するのが得策であった。

このように、自分の奉公人で逃げて他家へ奉公していた者を見つけた場合は、いったんは返し、そのうえで交渉して取りもどすというのが一般的な作法であった。これも、他に事例がある。

譜代の走者

承応《じょうおう》元年(一六五二)十月十一日、広島藩主浅野光晟の家中友田新左衛門の下人平十郎という者が走り、縁をたよって萩藩上屋敷の長屋にきた。平十郎は、元来萩藩士粟屋半左衛門の譜代の者で、走って新左衛門にかかえられていた者であった。

彦右衛門は、

「このようなときは、友田新左衛門方へこちらより知らせ、いったん返したあとで、元来粟屋の譜代の者であることを申し入れ、取りもどすよりほかはない」

といい、その手続きをへている。

つまり、Aという武士の奉公人aが、じつはBという武士の奉公人であり、走ってBのところにもどった場合、Bはいったん A に a を返し、そのうえで交渉して再び a を返してもらうのである。走者は返還するというのが当時の慣行であり、とくに「譜代の者」という関係が重視されていた。

請人のない奉公人

寛永十六年十一月二十一日、彦右衛門は、中屋敷番の林小左衛門を同道し、幕府大番士成瀬重治（五百石）の屋敷に出かけた。事情は、こうである。

成瀬家の下女だった者が、萩藩の中屋敷にいるということで、付届があり、林小左衛門は返還しようとした。しかし、成瀬側は、すぐには受け取らず、「この下女は請人があって抱えられたのであろうから、その請人を知らせるように」と要求し、それまで萩藩に預けおかれた。

この下女は、この年五月に萩藩士林加兵衛という者が召し抱えたのであるが、加兵衛は国元に帰っていた。そこで、江戸に残っていた加兵衛の娘にようすをたずねたところ、じつは請人はないという。そこで、彦右衛門は、成瀬側に次のように申し入れた。

「内々萩藩では、請人のない者を召し抱えることを堅く禁じているのに、このような仕合《しあわせ》、加兵衛の不作法はまことに申しわけなく、弁解の余地もありません。まずはかの下女を受け取ってください。もし毛利家中に請人やかの下女をそそのかした者がいるということであれば、いつでもお知らせください」

このように低姿勢に出ても、すぐには受け取ってもらえず、起請文を出したうえで閏十一月九日にやっと受け取ってもらえた。幕府もたびたび請人のない奉公人の雇用を禁止していたので、請人のない者を召し抱え、その者が走者であった場合は困ったことになるのである。

走者は返還するという慣行があるとはいえ、すんなり実現するためには、大名同士が「御意を得」た仲かどうかが、けっこう重要な要素になっていた。だから、相手との良好な関係がないと、返還交渉もうまくいかない。

奉公人返還拒否

慶安《けいあん》三年（一六五〇）の萩藩大組士信常就実《のぶつねなりざね》の下人の返還は、感情的に行きちがって難航したケースである。相手は、幕府奥高家《おくこうけ》大沢基将《おおさわもとまさ》である。かれのいいぶんは、次のようなものである。

――かの者は、親基重のときから大沢家で召しかかえている。そのことを知っていながら、先代には付届をせず、私の代になり、喪もあけないうちに（基重の死去はこの年五月二十六日）返還を要求するのは、私をかろんじているように思える。よって、断じて返すことはできぬ（七月六日条）。

彦右衛門は、いいぶんを告げにきた使者をとおして、基将を熱心に説得した。

「お怒りはごもっともです。しかし、代替わりだからとて、走者の沙汰を差し置くということはございません。親の跡をその子が受け取り、その家を支配するときは、親の代よりの家《け》人《にん》であっても、他家から申し入れられれば、いつものとおりに沙汰しなければなりません。

確かに見とどけたうえでそちらに付届をしようと考えているうちに、基重様が死去なさり、遠慮して一日二日と申し入れが遅れてしまいました。死去のあと、だいぶ日数もたち、藩主秀就は近日帰国の途につき、信常もその供をして帰国することになっております。そこで、江戸にいるうちに返還していただきたいと、申し上げたわけです。かの走者は、国元より欠落した者であり、国中の仕置の第一のことでありますので、なにとぞ差し返してください」

使者たちは、もっともないいぶんと思い、基将につたえることを約束して帰っていった。

結局、この彦右衛門の説得が、功を奏することとなった。基将は、当時三十二歳、家督を継いだばかりでいささか気負っていたようである。しかし、走者が返却されるためには、互いの良好な関係がなければスムーズにいかなかったことがわかる。

人沙汰御法度

天正《てんしょう》十九年（一五九一）八月二十一日、豊臣秀吉は、武家奉公人が町人・百姓になることや、百姓が田畑を捨てて賃仕事などに従事することを禁止するとともに、「侍《さむらい》（若党《わかとう》）」以下の武家奉公人の走りを禁じた。そして、そのような者を他の武士が召しかかえることを禁じ、前の主人に返すことを命じた（『毛利家文書』）。いわゆる「身分法令」である。

これは、全国統一が完成してはじめて実現しうる性格の法令である。戦争にあけくれている当時の武士にとって、奉公人の確保は不可欠のことであったから、この法令は歓迎されたであろう。石田三成も、この法令をうしろだてに、他家に奉公した百姓の「人返し」を命じている（高木昭作『日本近世国家史の研究』）。

この方針は、徳川幕府になっても基本的に維持されているようである。

たとえば、寛永十五年十二月十三日、熊本藩主細川忠利は、父親の忠興に「他国の者であっても、届けがあれば返していいます」と答え、八代の隠居領から走った奉公人を返還している。

彦右衛門の『日記』にも、「大躰人沙汰御法度」（奉公人の帰属をめぐって争うことは幕府の禁止事項）という文言がよく出てきており、いちおうの慣行ができているのである。

しかし、見てきたように、走者の返還は、交渉のうえでなされるのであるから、相手藩との良好な関係がないと実現できない。

走百姓の返還協定

武家奉公人は百姓の徴発によるのであるから、この慣行の成立には、各藩同士の百姓の走りをめぐる処理のしかたと密接な関係があった。

日本中世社会には、「百姓居留の自由」という原則があり、年貢さえ納めていればどこに行こうと自由であった。

しかし、領主は、百姓を土地へ縛りつけようとし、一揆《いっき》と呼ばれる在地領主連合の協約などでは、百姓の相互返還が規定されている。

だが、互いに独立した領主同士では、百姓は取《と》り得《どく》であった。江戸幕府開設以後も、耕作者確保のため、領内に他国者を招致するような藩があった。徳川秀忠も、「(走者の多寡は領主の政策の良し悪しによるのだから)走らせ損、取り得にせよ」といったことがあるらしく(元和九年十二月二十三日細川忠興書状)、秀吉の意図した百姓の土地緊縛や武家奉公人の返還強制は、必ずしも一般に実現していなかった。

そこで、領内の百姓の「走り」をめぐって、慶長《けいちょう》から元和《げんな》・寛永にかけて、相互返還協定が、いくつかの藩の間で結ばれていく。互いに走百姓を優遇していると、長い目で見たとき領主に不利になるからである。

隣同士である津和野藩と萩藩も、それぞれの領内の走者に苦慮し、相互に返還することを協定している。そして、この協定は、江戸の奉公人の走りにも適用されるものであった。

萩藩の走者返還規則

また、藩内でも走者の返還についての規則が定められている。これは、家臣間の走者についての紛争の凍結をめざしたもので、萩藩では寛永六年三月十二日、寛永四年の熊野藤兵衛の調査以前の人沙汰は一切禁止と命じている(『御法度書控』)。しかし、武家奉公人についての諸家臣間の紛争は、その後も頻発した。そこで、慶安四年十月二十日、江戸の三家老より国元の家老に与えた「人沙汰条々」で、体系的に定められることになった（『古記録』）。これによると、家臣間の人沙汰は、武家奉公人の帰属をめぐって、その者が譜代かどうかが争点になっている。しかし、「譜代」というのも、さかのぼっていくときりがない。そこで、寛永四年の検地時にかかえていた者を「譜代」とする、と確認している。

そのほか、その走った者がいるところを知りながら放っておき、奉公人が必要になってちゃっかり付届を行い、その権利を主張するというような場合は、現実にかかえている者の権利を認める、というような規定がある。なかなかかんたんにはいかないものである。

また、「走者の付届があったのに、現在かかえている家臣がなにかと弁解し差し返さないうちにその者がまた走った場合は代わりの人を出すように」という規定もあり、付届があればすぐに返すという慣行が即座にできたわけではなかった。

しかし、大原則は、走者はもとの主人に返す、その場合の権利は「譜代の者」にたいする者がもっとも強く、寛永四年の調査を基準に「譜代」を定める、というものであった。

江戸藩邸という租界

江戸という町は将軍の御膝元であったが、その中で割き与えられている大名屋敷は、それぞれの領地のミニチュアという本質を持つ。

たとえば、追われる者が、見ずしらずの屋敷に駆け込み保護を求める慣行があったことからわかるように、一種の聖域（サンクチュアリ）であった。町奉行所の者がその中に立ち入れなかったことは、時代劇などでもよく出てきておなじみであろう。

藩邸内での刑事事件は、藩邸に排他的な裁判権があり、治外法権が認められていた。つまり、一種の「租界」である。そのような藩邸間の交渉は、国元での交渉と同じく、互いの信頼関係がないとスムーズな解決は望めない。また、各藩領においては、走者の帰属について紛争がおこっていたのである。いっぽうでそのような慣行が生きている以上、交渉して走者を取り戻す必要があり、そのための窓口となったのが、彦右衛門のような留守居役であったのである。

一言つけ加えておくと、藩邸に駆け込んできた者を保護するという慣行は、緊急避難的な行動に適用されるものであり（笠谷和比古「近世武家屋敷駈込慣行」）、使いに行った先から逃亡し、他の家中に奉公しているといったような者に適用されるものではなかった。

この節で見てきた若党・中間以下の武家奉公人の走りなどは、それらの駆け込みとは別の論理で裁かれるべきものであったのである。だから、付届があれば返したが、返還を要求する場合は、駆け込んだ者を取りもどそうとする交渉と同じく、細心の注意が必要であったのである。

第五章　町人と江戸藩邸

1　江戸藩邸と町奉行支配

萩藩士の逮捕

江戸藩邸が、自律性をたもち、町奉行の管轄下にないことはすでに述べた。とはいえ、藩邸が江戸にある以上、藩士と町人との紛争はいつでもおこりうることであったから、町奉行とのかかわりは小さくない。藩邸当局としては、波風をさけてできるだけ藩士が町に出ていかないよう規制を強めるのであるが、思いもかけないところから問題がおこっている。

寛永二十年（一六四三）三月二十八日、町奉行神尾《かんお》元勝と朝倉在重《ありしげ》から、御用の儀があるから出頭するようにと、彦右衛門のもとに急な知らせがとどいた。彦右衛門が急いで元勝のもとに出頭すると、次のような意外な事件を告げられた。

「きょう、すりの訴人《そにん》（密告者）があり、目黒に同類《どうるい》（共犯者）がいるというので番所（町奉行所）の者をつかわし、訴人の指示で武士をひとり捕らえた。どこの家中の者かと糾明したところ、萩藩士三戸《みと》彦右衛門という者らしい。貴殿にかの者のいいぶんを聞いてほしい」

彦右衛門には不審な事件であった。たしかに三戸彦右衛門という者が毛利家中にいる。しかし、かれは代々毛利家に仕えており、「りちぎ（律気）第一の者」であって御裏様付の番《ばん》衆《しゅう》を命じているほどの藩士である。用もないのに門外に出るようなこともなく、すりの仲間としめしあわせて悪事をはたらくなど考えられないことであった。

強盗の嫌疑

奉行の言によれば、訴人新五左衛門が六年ほど前、古河（現茨城県古河市）の寺で強盗をはたらいたが、そのときの共犯がこの九兵衛（三戸のことをさす）であったこと、また古河では九兵衛が関孫六の銘のある脇差を盗んだことで訴えられていた。しかし、三戸は名を九兵衛などとはいわず、古河などへ行ったこともないはずである。

彦右衛門は、三戸に引き合わせてくれるようたのんだ。そこで元勝は、彦右衛門を三戸に引き合わすことにした。

彦右衛門は、

「不慮の仕合《しあわせ》、案外の儀に候、御公儀にてか様なる儀に相候段《あいそうろうだん》、不足《ふそく》に相ならず候、申しわけあるべき」

――御不運でありましたな。幕府から嫌疑をうけたことは武士の不足にはならない。申し分があろうから述べてみなさい。

とことばをかけた。

三戸は、興奮したようすで（「きほい（気負）申したるていにて候」）、彦右衛門の顔を見て、

「備前殿（神尾元勝）も御出《おいで》にて、三戸申分聞召《もうしぶんきこしめ》され候、勿論《もちろん》、右訴人の申し懸《か》け、存《ぞん》じ寄《よ》らず……」

――元勝殿もおいでになって、私のいいぶんを聞いてください。かの訴人のいいがかりなど身におぼえのないことです。

と申し立てた。

三戸が興奮するのも無理はない。見知らぬ者から、「あいつが九兵衛という共犯だ」といわれただけで、縄目の恥辱をうけたのだから。しかし、武士であっても、町の中でおこった陪臣の刑事事件は町奉行支配（担当）である。評定所で裁かれるのは、大名・旗本だけである（平松義郎『近世刑事訴訟法の研究』）。

そこで、彦右衛門は、元勝に交渉した。

「この三戸は毛利家の家来の者に相違ありませんので、私にあずけてください。召し連れて帰ります。そして申し分や起請文などを書かせ、明朝持参し御目にかけます。かりに申しわ

けが立たず、処罰されるとしても、判決が出るまでの間は私が責任をもってあずかります」

元勝ももっともだと考え、明朝必要な書類などをととのえ持参するようにと命じ、訴人の新五左衛門のほうも明日呼び出すから、かの者のいうことも聞けと告げた。

そこで、牢屋で「羽交付《はがいづけ》（うしろ手に腕を交差させ鳥の翼を閉じたように縛りあげる方法）」にされ、罪人たちといっしょにされていた三戸彦右衛門を請け取り、もうひとりの町奉行朝倉在重の所に行って事情を説明、三戸の両腰（大小刀）なども受け取って藩邸に戻った。そして、江戸家老国司《くにし》就正と毛利就方へ事情を話し、三戸は同僚の御裏番衆に預け、大小の刀は就方にあずけおいた。

糾　明

翌二十九日、彦右衛門は、三戸が代々毛利家の家臣であることや実父・養父の名の書付《かきつけ》、江戸勤番にきた年とそれ以後の勤務の書上《かきあげ》、訴人とまったく関係のないこと、古河での夜盗をしたり脇差を盗んだ事実はないことなどを起請文にした書類をととのえ、三戸をともなって、まず朝倉邸に出頭した。

そのさい、奉行邸の門の内でまた「羽交付」にした。不本意ながら町奉行の裁判に容疑者を出頭させるときの作法（「御公儀御奉行衆御沙汰聞召《きこしめ》され候刻《きざみ》、か様の者召し出され候作法」）であったからである。そして、直接三戸から申し分を述べ、用意した書類を見せ、彦右衛門が事情を説明した。朝倉は、事情はわかったから早々神尾邸に行くよう指示、そこで訴人と対決することになった。

元勝は、彦右衛門同席のもとで、新五左衛門の申し分を聞き、詰問した。

「昨日《さくじつ》目黒では、人ちがいをしたのであろう。共犯の者ではないと、いまいい直せ」

「なんと申されようと、昨日お捕らえになった九兵衛は、共犯にまちがいございません」

新五左衛門も強情である。しかし、元勝は、人ちがいは明らかだと見きわめたようであった。

「貴殿は三戸を召し連れ、帰ってよろしい。追ってこちらより指示するから、そのとき参られよ。それまでは、よくよく念を入れてあずかっておけ」

と彦右衛門に指示した。

判　決

四月三日、両町奉行から呼び出しがあった。彦右衛門が元勝邸に参上すると、次のような申し渡しがあった。

「三戸彦右衛門儀、弥以《いよいよもつて》訴人新五左衛門申し分御究《おき》めなされ、御沙汰これあるところに、申し掛け筋なき儀に候、三戸申しわけ余儀《よぎ》なく聞召届《きこしめしとど》けられ候間、かの三戸彦右衛門儀、御赦免なされ候、この上は、少しも御公儀より御かまひこれなく候」

三戸の、すり仲間だという嫌疑は晴れ、「御赦免」されたのである。

判決のあと、元勝は彦右衛門に、次のようにいい聞かせている。

「三戸がこの件を恥じたりしないように（「少しも迷惑に存ぜざる様に」）いい聞かせておきなさい。よくある人ちがいである（「人違ひにて、か様の儀、事にこれある儀に候」）。幕府から両腰を取られ縄をかけられたことが侍の不足にならないことは、多くの先例もある。そのように心得て、秀就殿も嫌疑が晴れたうえは従来どおり召し使うように」

武士が、他人に縄をかけられるというのはこのうえなく不名誉なことである。しかし、こと幕府の尋問のとき縄をかけられることは、「侍の不足」にはならないというのである。それは「作法」であった。しかし、三戸がたえがたい不名誉に感じて自害するとかの行動が予測されたし、秀就が「嫌疑をうけるような者は召し放ちだ」という可能性もあったのである。

冤罪《えんざい》であったにしては「赦免する」などとずいぶん傲慢なように聞こえるが、元勝のことばはそのへんを配慮したものであった。しかし、三戸にとっては、「事にこれある儀に候」ではすまなかっただろう。

南と北の町奉行所

二人は次に朝倉邸にまわり、同様の申し渡しをうけ、藩邸に帰った。この時期は、家光に

南北町奉行所『寛永図』 呉服橋の番所（奉行所）はのちに中之番所となるが、やがて廃止され、鍛冶橋に新設された番所が北町奉行所となり、常盤橋の番所は数寄屋橋に移転して南町奉行所となった。『武州豊島郡江戸庄図』東京都立中央図書館東京誌料文庫所蔵

よって合議制がきびしく義務づけられていた時代であり、双方の町奉行から判決をうけなければならなかった。といっても、両町奉行が別の場にそろって合議するというわけではなく、嘆願したほうが両方の奉行宅をまわらねばならなかったのである。

これは、女手形（女性の通行手形）を証人奉行に作成してもらうときも同様で、彦右衛門は、ひとりひとりの奉行宅をまわり、判形《はんぎょう》（花押）をうけている。

当時、町奉行宅は、呉服橋門内と常盤橋門内にあり、近接していた。いまの東京駅八重洲口のあたりである。武家屋敷街である大名小路（現在の大手町一帯）の東辺に位置し、堀を渡れば町人地である。

慶長《けいちょう》期より長く町奉行を務めた島田利正までは、その私邸が奉行所であって、寛永八年

（一六三二）その屋敷が新任の町奉行堀直之に与えられ、呉服橋番所（南）になった。また、牧野信成の屋敷が、寛永八年同じく町奉行となった加々爪忠澄に与えられ、常盤橋番所（北）となった。神尾・朝倉はかれらの後任である。

のち、鍛冶橋門内に新設された番所が北町奉行所になり、「中之御番所」と称されていた呉服橋番所は廃止され、常盤橋番所が数寄屋橋に移転して南町奉行所になる（所理喜夫『徳川将軍権力の構造』）。

大名正室の役割

彦右衛門は、藩主が帰国中であったので、事件の経過をまず御裏様（秀就室龍昌院）に報告、ついで両家老にも報告し、三戸へも赦免の旨をつたえ、両腰（大小刀）も毛利就方より渡された。

余談ながら、大名の正室というものは、藩主帰国中においては、江戸屋敷の最高責任者ともいうべき地位にあった。諸大名の江戸屋敷絵図を見ると、かならず裏御門につづく奥方の居所に、玄関・式台・対面所といった来客を応接する設備がある。これもその権威ある地位をよくしめしている。

とくに毛利家の場合、秀就の正室は、家康次男の徳川秀康（越前家）の長女で、二代将軍秀忠の養女として秀就に嫁いできたということもあってか、萩藩江戸屋敷においては、かな

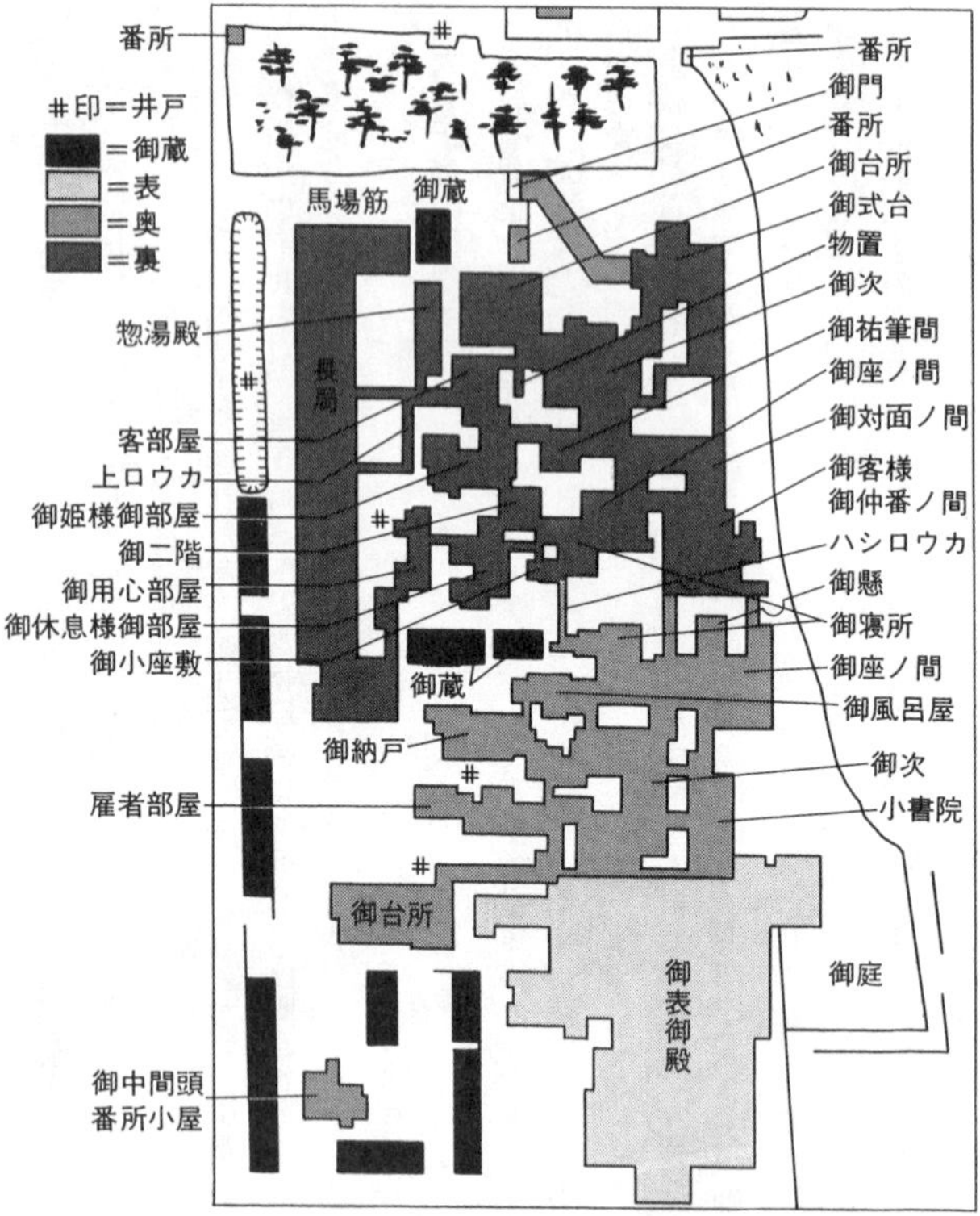

萩藩下屋敷、御殿部分図
『江戸麻布御屋敷土地割差図』部分
毛利家文庫　山口県文書館所蔵

り重要な役割をはたしている。御内書（将軍の手紙）なども、国元に送る前に一覧している
し、春日局ら江戸城大奥の責任者や縁戚の越前家の諸家とも積極的に贈答品のやりとりなど
を行っているのである。

さて、三戸にとっては不幸な事件であったが、ここに留守居役の役割が如実にあらわれて
いることを見ることができよう。

まず、藩士が町奉行などに捕らえられたとき、真っ先に通報されるのが藩邸の窓口たる留
守居役であり、留守居役はその経験にものをいわせてうろたえることなく奉行と交渉し、藩
士を守るため行動するのである。三戸にとって、藩邸に引き取られたことは、非常に幸運な
ことで、罪人と起居を共にするというような屈辱からいちおう免れることができた。

また、彦右衛門は糾明の際「羽交付」にするというようなルールも知っており、幕府の慣
例をやぶって責任を問われるようなことも回避できたのである。

家臣下女の放火事件

翌寛永二十一年六月七日、彦右衛門は、また町奉行神尾元勝から呼び出された。すぐに参
上したところ、元勝は龍ノ口（江戸城和田倉門外の地域）の評定所に出仕しており、家臣に
いいおいていた用件は次のようなものであった。

――今朝十五、六の女が火付《ひつけ》（放火）をしたということで、町の宿主と五人組が連行して

きました。貴殿の家中のもののようです。御家来より火付が出たなどと噂が立てば聞こえもわるいし、さいわい町より宿主が連行してきましたので、「町沙汰の仕置《しおき》」を申し付け、右の女は牢《ろう》に入れております。事情を尋問したところ、奉公がいやになり(「奉公にたいくつ仕《つかまつ》り」)、家に火をつけて焼け死のうと思いつめての犯行とのことでした。共犯者などもないとのことなので、その身の罪科のみにとどめておきます。

彦右衛門は藩邸にもどると、家老に報告し、秀就にも言上、すぐに町奉行のところに秀就の使者としておもむき、丁重に御礼を言上した。

元勝からも、「御念を入れられ御使下されかたじけなく」との返事がきた。

犯人の下女は、萩藩士小川長九郎の母親の下女であった。長九郎は、国元から身寄りのない母親を江戸に呼びよせ、町屋に住まわせていたのであろう。その母親と折り合いがわるかったのであろうか、十五、六の少女が奉公がいやでたまらなくなり、家に火をつけ自殺をはかろうとまで思いつめたのである。よほどのことであろう。

町奉行は、萩藩の外聞を傷つけないようにと「町沙汰の仕置」、つまりまったくの町人の事件として処置した。藩の関係者とはいえ、町暮らしの下女のやったことで、そのうえ単独の犯行であればことをあらだてる必要もなかった。

火付は重罪である。天和《てんな》二年(一六八二)、十七歳だった八百屋お七は、寺小姓生田庄之助あいたさに火付をして江戸引きまわしのうえ火あぶりになった。後の慣行では十五歳以下なら罪一等を減じられる。この下女の行く末が案じられるが、彦右衛門の『日記』には、それ以後なにも書かれていない。

このほかにも、神尾元勝は萩藩にたいしてかなりの便宜をはかっている。これは、町奉行としてというよりは、以前からの友好関係によると思われるが、一般に重大な被害さえ生じなければ、おおむね藩邸側に立って物事を処理するようにしていたようである。

渡辺権八の殺人

同年十月二十三日の夜、萩藩士渡辺権八という者が、屋敷内にて四左衛門という細工師を殺害したとの届け出があった。その座敷にもうひとり長井九一郎という藩士も同席しており、しかるべき理由のあったことも証言した。

殺された四左衛門という者は、元来萩藩の国の者で、家中にて籠などの細工を生業とし、萩藩では牢人分にて（扶持は与えないで）召し使っていた。さいわい他の家中とのかかわりもなく、権八に不作法なる儀を仕掛けてきたから是非なく殺したというので、別条はなかろうと、彦右衛門はそのままにしていた。

町方の論理

すると、月がかわった十一月五日になって、瀬崎源左衛門と名乗る牢人が彦右衛門を訪ねてきて、次のように抗議した。

――私の所に宿していた四左衛門が、御屋敷に出かけたまま帰ってきません。聞いたところによると、渡辺権八殿に殺されたといいます。たとえいずれの国、いずれの御屋敷より出た者であっても、いま現在町宿《ちょうしゅく》をしている者になにかあれば、その宿へ知らせるのがきまりであり、そのことはよくご存じのはずです（「当分町宿に罷り居る其者に出入ござ候へば、その宿へ御かかりなされ候儀、一天下の御作法・御定目《ごじょうもく》のところ、淵底《えんてい》御存じなされ候」）。たとえお国の者（萩藩の領民）であろうと、いったんは宿へ知らせてくださるべきです。もちろん、なにか事情があって成敗されたものでしょうが、「この首尾をもつて御殺し候条、その心得仕《つかまつ》り候《そうら》へ」と宿へとどけることは作法というものです。私ごとき者（「私式風情《わたくししきふぜい》なる牢人者」）だから知らされなかったとしたら、心外なことです。昨日、権八殿に事情をたずねたところ、御留守居衆が承知しているのでそちらに問い合わせるように、とのことでした。どうしてもこのことはうけたまわっておくつもりです。

瀬崎という牢人者がねじこんできたのは、町宿している者の処置については、その宿に知らせることが「一天下の御作法」であったからである。彦右衛門も、その作法については「紛《まぎ》れなき儀」でありますが、事情を知らなかったのでなんとか「思召《おぼしめ》し分けらるべく」――聞きわけてください、と説得している。たしかに、そういう慣行があったのである。藩邸と町は、意外に密接な関係があったことがよくわかる。

瀬崎にねじこまれて、彦右衛門は、意外な真実……というよりも、むしろよくある事件の顛末《てんまつ》を話した。

「愛欲」のもつれ

四左衛門は、四、五年前には細工人として藩邸内におり、藩邸から出て町に居住するようになっても、権八などが目をかけて出入りさせていた。ところが四左衛門は、権八に「衆《しゅ》道《どう》」の関係を結ぶようせまるようになった。

しかし、萩藩では、慶長《けいちょう》十三年（一六〇八）五月十三日、「衆道」の関係を結ぶことを禁止し、

「もしかくし候て知音《ちいん》仕り候《そうら》はば、聞き立て、双方同罪に申し付くべき事。これ以前より知音のものなりとも、今日より義絶すべき事」

と命じていた。

彦右衛門の『日記』にも、大身小身によらず、衆道を申し結ぶことは悪事も出来《しゅったい》するからと内々かたく禁止していたと書いている。

権八は、四左衛門にたいして「左様《さよう》のところを存じ、分別《ふんべつ》罷り成りがたき」と拒絶していたのである（もちろん、これは権八が四左衛門を拒否するための方便かもしれないが……）。

ところが、くだんの二十三日の夜、権八宅に長井九一郎が居合わせていたところに、四左

衛門がやってきて、

「内々私存寄《ぞんじよ》りのところ申し上げ候ところに、御分別ござなき段、迷惑致し候、今においては外聞《がいぶん》失ひ申し候条、権八殿御手にかかり、身躰相果《しんたいあいは》て申すべく……」

――内々私の思いのたけを申し上げておりましたが、受け入れてもらえず、悩んでおりました。今となっては外聞をも失いましたので、権八殿の手にかかって死のうと思います。

と理不尽なことをいい出した。

町奉行は不介入

権八は、「いはれざる儀」といい、また同席していた九一郎も「か様《よう》の道（衆道）は左様申すものにてはござあるまじく……」となんとかなだめて調停しようとした。しかし、四左衛門はもはや前後の見境いも失い、いきなり刀をぬき放ち、権八に切りかかってきた。やむなく権八は、彼を切りとめた……。

彦右衛門は、事情を話して瀬崎源左衛門を返し、十日には「我等のところへ御足労をかけて申しわけなかった」と謝意をつたえ、十一月十六日には仲介人を立て、互いに証文を取り交わして一件落着となった。

このような場合は、町奉行は介在していない。藩邸は、治外法権の「租界」であり、家臣らに対する処罰や藩邸内での町人の手討《てう》ちに関しては、認められたことだったからである。

しかし、町には町の側の論理があったのであり、それが藩邸側の行動を強く規制したのである。

2　町方の者との紛争

藩の検断権

前節で見たように、いかに藩の身内に近い関係の人物であろうと、その時点で町宿している者については、ことのしだいをその宿に知らせることが「一天下の御作法」であった。この認識は、町に居住する者にも、藩の留守居役にも共通していた。これは、意外な事実である。

そうだとすれば、藩邸の関係者が町に出ていった場合、藩の検断《けんだん》権（警察・裁判権）はかなり制約されることになる。たとえば、藩邸から欠落《かけおち》（出奔）した者にたいして、藩邸側はどのような対応を強いられたのであろうか。

萩藩家臣毛利治部の家来山内五左衛門という者が、藩邸から欠落した事件の処置を見よう。

正保《しょうほう》三年（一六四六）四月二十七日、欠落していた五左衛門が、江戸京橋二丁目の横丁、狩野右京屋敷の裏門の前にある八百屋神左衛門という者の家に宿しているという確かな情報があった。

彦右衛門は、町下奉行（与力か）の辻二郎右衛門に使者を立て、

「これから八百屋のところへ人をつかわし、その真偽をたずね、もし走者《はしりもの》五左衛門がいれば宿主の八百屋にあずけおき、引き渡すようであれば受け取るから、その旨をふくんでおいてほしい」

と申し入れた。実際の行動をおこす前に、町奉行所に内々に報告し、あとで面倒がおきないように配慮しているのである。

藩の足元を見る町人

この件は、町奉行神尾《かんお》元勝と朝倉在重《ありしげ》の耳にとどき、両奉行は相談のうえにて彦右衛門に次のように告げた。

「紛れなきようすのようであるから、この報告だけでかまわないのであるが、毛利家の者が行ってたずねたならば、実際には走者がいても知らないとしらをきるかもしれない。もし、いても、藩邸の者ではやりにくいこともあるかもしれないので、毛利家の者をつかわす必要はない。奉行所の同心をつかわし、宿主を召し寄せたずねてやろう」

そして、両奉行が、八百屋を呼んでたずねたところ、「山田五左衛門という牢人なら、請人があって宿を貸しています」と答えたので、「その者は、毛利家中の欠落者《かけおちもの》だから、早々

に渡せ」と命じた。

さっそく、八百屋は、町の者と協力して五左衛門を奉行所に連行してきた。五左衛門は両腰（大小刀）を取り上げられ、彦右衛門の使者へ引き渡された。

江戸の町人というものは、大名家の者が何かいってきてもかならずしも誠実な対応をしないものだと、町奉行は考えていたようである。

実際、藩邸のほうでも、幕府の御膝元である江戸の町であまり紛争をおこすことは好まなかった。それにつけこんで町の者が藩邸からの使者を体《てい》よく追いかえすことはありえたのである。ここで、町奉行が、わざわざ自分から同心を派遣することを申し出ているのは、そのような例がほかにも多かったからであろう。

つまり、藩邸は、町奉行所に報告しさえすれば、走者を町屋から連れ戻してもいいのだが、現実には奉行所の力を借りなくてはうまくいかなかったのである。

下女をめぐるいいがかり

寛永十四年（一六三七）閏三月二十日のことである。当時、町奉行は加々爪忠澄と堀直之であったが、両奉行より使いの者がきて、

「ご家中の南方《みなかた》壱岐守（元俊）の下女のことについて、田所町の権兵衛という者より目安《めやす》が差し上げられた。内証《ないしょう》にて相済むほどの儀であれば（示談にできれば）、済ませてもよいと

思う」

と告げ、町人の目安を見せた。目安とは訴状のことで、訴状を当事者に見せるのは、町奉行の格別の配慮であった。

権兵衛は、下女の返却を要求していた。しかし、南方にたずねてみると、下女をかかえたときのいきさつは口入れの者がよく知っており、やましいところはなかった。じつは、旧冬以来権兵衛から下女の返却を要求されており、南方は給金を上げてでも雇っておきたいと説得していたのである。幕府に訴えられるような筋合のものではない。

しかし、「御公儀、御事多き半《なかば》、彼等《かれら》式《しき》の儀、御公儀沙汰に仕り候儀如何敷《いかがしく》」――あんな手合いのために忙しい幕府の手をわずらわせるのもどうかということで、相談の結果、示談で済ませようということになった。

したたかな町人

翌日、彦右衛門は、両奉行所（役宅）に参上し、事情を説明して、内済の方針を告げた。これを聞いた加々爪忠澄は、次のように語った。

「一段尤《いちだんもっと》もの申し様に候。何《いずれ》の道にも成程《なるほど》の儀ならば、内証《ないしょう》にて澄（済）み候ても然《しか》るべく候。さりながら、町人ぞんぐわい（存外）我《わが》ままなる儀取《と》り計《はから》ひ申し候はば、左様《さよう》にはいはせ申しまじく候」

――示談ですむにこしたことはないが、町人が藩邸側の弱みにつけこむことは許さない。というのである。二十五日には、下女を権兵衛のところへ引き渡し、この件は落着した。寛永十四年は、すでに述べた家光の病気のため、幕閣がピリピリしていた時期である。萩藩としては、このようなときに、下女の差し返しについて、町奉行所で争いなどはおこしたくなかったのであろう。そうすると、町人としては、藩邸との争論はかなりやりやすい。御公儀へ目安を上げるというようなことをちらつかせれば、藩のほうが譲歩したと思われるからである。

まして町奉行とのルートの細い小藩では、町人のいいなりになるようなこともあっただろう。加々爪の配慮は、そのあたりの事情をよくしめしている。

武家社会と武家奉公人

武家奉公人の多くは一季・半季者（譜代でない者。一年または半年ごとに契約を更新する）で補充され、武家屋敷においては、乗物かき（かつぎ）・水汲・薪はこび・米つき・茶づくり・縄ない・草履づくりなどの単純労働に従事し、労働力の質の点で見ると、町方の奉公人（日傭《ひよう》）となんら異なるものではなかった（吉田伸之「日本近世都市下層社会の存立構造」）。

ここで見てきたような下人・下女といわれる階層は、まさに日傭であって、他の武家屋敷や町へ欠落を繰り返している。

伊勢《いせ》安濃津《あのつ》藩藤堂家の城代家老が編纂した藩史『宗国史』にも、「他家中へも罷《まか》り出《い》で候哉、或《あるい》は町方に奉公、日用などいたし」とあるように、これは寛永期あたりから一般的な状況になりつつあった。

武家社会の日常に欠かせない奉公人たちは、当初は大名や旗本の領内から雇われた農民であったのだが、しだいに江戸や城下町に流入して専業化し、滞留するようになった。国元での奉公人の供給が枯渇していくにつれて、かれらの給金が高騰しはじめ、幕府でも対策をせまられた。

寛永十六年三月六日には、評定所に諸家の留守居役を集めて、中間《ちゅうげん》・小者の給金は高い者で一年に金二両二分、並の中間・小者は二両、その下は相対次第《あいたいしだい》とさだめ、定《さだめ》より高く中間などをかかえた場合、その主人を罰する旨を命じている。これは、当時の武士たちが、高い給金を出しても「男柄のよい、達者な者」を雇おうとして、家計を圧迫していたからである。

武家奉公人となった者は、欠落した場合でも町方に奉公には出ず、他の大名家や旗本の家中に召しかかえられていることが多い。まさしく武家奉公人の売り手市場が自然と生まれ、転職が可能な状況であった。前章で見たように、欠落して他の家中に雇われている者は多く、しかも、それはたまたま見つかった場合に記事として残っているのであるから、欠落する者はいくらでもいたであろう。

武家奉公人の気負い

町方の奉公人と労働力の質は同じとはいえ、若党として武家奉公する者は、武士身分の末端であることをそれなりに誇りに感じ、名字を名乗ったり、〇〇家中の者であると自己主張をしている。

萩藩士村上監物がかつてかかえていた市郎兵衛という若党《わかとう》（若党は「侍」ともいい、武士身分で武家奉公人の中では最上級である）が、慶安《けいあん》三年（一六五〇）二月十一日、浅草にて手傷を負いながらもすりを捕らえた。このとき、かれは、自分が松平長門守（毛利秀就）家中の者であると町奉行に名乗っている。萩藩では、これを聞き、暇を取った以上、家中を名乗ることは今後いっさい許さないとかたく申し付けている。

「万治制法」（一六六〇年に制定された萩藩の基本法）には、「一季おりの者、近年又家来《またげらい》の中間・小者、何れの主人としても赦免《しゃめん》なく我と名字を名乗り、若党奉公を仕廻《しまわ》」る者が多くいることが指摘され、これは「甚以不謂儀也《はなはだもっていわれざるぎなり》」と厳禁されている。又家来《またげらい》すなわち陪臣の奉公人ですら許可なく名字を名乗って、自分は若党の奉公をしていると公言する者がいたのである。

薩摩藩でも、寛永十三年四月二十六日の「物定《ものさだめ》三十五条」において、藩でかかえた小者のうち、料理小番・次の包丁人・台所付などの者は、武士にまぎれ名字を名乗ることを禁じており、また、小者や中間で、名字を赦免されていない者は、藩の日記などに名字を書いてはならぬ、と命じている（『薩藩旧記雑録』）。

ある詐欺牢人の話

もうひとつ、町奉行が介入した事件を見よう。

正保《しょうほう》四年（一六四七）八月、六百石の大組士南方《みなかた》就康は、牢人の岡野平左衛門という者に刀を売却することになり、南方左兵衛を使いに出して、刀一腰・脇差一つ・小《ちい》さ刀《がたな》一つを渡した。ところが、岡野は、いつまでたっても代金は渡さないし、刀も返さない。どうやら、刀はもう岡野のところにはないようであった。

岡野の態度は誠実さを欠き、就康もこれではとても内密には取り戻せそうにないと思うようになった。さりとて、かの刀・脇差は「大分之《だいぶんの》道具《どうぐ》（高価なもの）」で、このまま捨てておいて損をするにもしのびない。そこで、かれは彦右衛門に、町奉行へ願ってなんとか取り戻してほしいと相談を持ちかけた。

この年十二月二日、彦右衛門は、馬喰町《ばくろうちょう》の三郎右衛門という岡野の宿主のところへ使者をつかわし、いままでの事情を説明した。そこに岡野も呼び出して、いろいろ話したところ、はたして、岡野が詐欺をはたらいていたことが明らかになった。

使者の南方左兵衛が、「宿主の才覚で、刀・脇差を取り戻してはもらえないか」と打診したところ、宿主の三郎右衛門は、「御尤もには御座候へども、大分之道具取拵《とりこしらえ》、請け合ひ申す儀中々《なかなか》罷り成《な》るまじく」――なにせ高価なものでございますので……と請け合うことはできないとしぶった。

そこで、左兵衛は、「この事件が解決するまで平左衛門を宿主にあずけおくから、逃げたりしないようにせよ」といいおき、同席していたその町の牢人横山源右衛門という者を証人に立て、藩邸に帰った。

至難のかけひき

彦右衛門は、町奉行神尾元勝の家来椎木庄兵衛に使者をつかわし、事情を話した。椎木は、「何より安き儀に候」――お安い御用です、と軽く請け合い、穿鑿《せんさく》して取り戻すから、五日に岡野の宿所を知っている者を番所（奉行所）までこさせるようにと告げた。

五日、彦右衛門は、岡野の宿所を知っている南方就康の家来ふたりと彦右衛門の使者を番所までつかわした。すると、椎木は、すでに岡野と宿主らを召し出し、糾明して刀・脇差を質屋から取り戻したことを告げた。

七日、ふたたび椎木の呼び出しがあり、使者をつかわして刀と脇差を渡された。小さ刀はもう質流れになっていたのであろう、代金にてきっと支払うようにと岡野に申し渡し、宿主等の請状もとってあることを告げられた。ともかく、これで一件落着となった。

町の宿主は、萩藩の使者には請け合いかねるといい、町奉行所が乗り出すと、あっさりと質屋から刀を請けもどしている。詐欺牢人岡野平左衛門にそのような金があったとも思われないので、これは宿主らが立て替えたのであろう。いかにもしぶとい。藩邸の者が、町の者と直接交渉するのは至難のわざで、やはり留守居役を介し町奉行所に取り扱ってもらわないとうまくいかなかったことが、この事例でもよくわかる。

したがって、彦右衛門は、町方の紛争については、ことにつけて町奉行の援助と指示を仰いでいる。

江戸にきた藩領民

寛永十九年七月九日には、大和屋三郎兵衛という町人が、連日門外にやってきて、理不尽な訴訟をした。藩邸側では、内々にいろいろと説得したが、なんといっても聞かなかった。あまりに「無躰《むたい》に」毎日門外に立っているので、彦右衛門はついに町奉行に報告した。すると、町奉行はそれを聞きとどけ、かの大和屋を呼び寄せ、縄をかけて、落着した。

万事この調子であるから、その相手がたとえ国内の者であっても、その処置について、町奉行の内諾を得るようにしている。

三田尻（山口県防府市）の町人藤井長三郎が女敵《めがたき》を討ったが、そのやり方が不届きだということで「国退《くにのき》（防長二国からの追放）」の刑に処された。すると、長三郎は江戸にのぼってきて借家を借り、藩邸の門外で直目安《じきめやす》をあげ、国への帰参を嘆願した。直目安とは、本来の訴訟ルートを経ずに上級の者へ訴えをあげることである。このような外聞にかかわるような所業はあまりに不届きだということで、藩では処罰したいと考えた。しかし、一時とはいえ江戸の町屋に住んでいるので、正保二年六月二十一日、彦右衛門は町奉行の内意をうかがうことにした。

もちろん、このような例での町奉行の回答は、「尤もに候、まづは御公儀よりの御かまひ少しもこれなく候条、何《いず》れの道にも心次第」というもので、萩藩ではかの長三郎を中屋敷の牢《ろう》に入れ、のち成敗（死刑）している。

普請人夫の雇用

ほかにも、町奉行の援助をうけなければならないことは多かった。のちに述べるように、慶安《けいあん》二年（一六四九）、萩藩は、地震でくずれた内桜田門口の桝形《ますがた》等の普請をかって出た。

このとき、「町日用《まちひよう》の石切《いしきり》」六十人を雇いたいと考え、美濃屋勝次郎のかかえている人夫を雇わせてほしいと、町奉行神尾元勝のところに嘆願に行っている。石切り人夫を国元から派遣させる手間と費用を考えると、江戸で雇ったほうがよい、ということなのであろう。

しかし、彦右衛門が「此節《このせつ》は、町奉行衆より仰せ付けられず候へば、石切雇ひ申す候首尾相調《あいととのわ》ず」と言上しているように、人手不足のこの時期は、町奉行から命じてもらわないと、藩が石切り人夫を雇うことすらおぼつかなかったのである。元勝は、「美濃屋を召し寄せ、さようはからうよう命ずる」と答えている。

このようなとき、他藩も普請手伝いを命じられており、人夫を確保することは困難であった。その足元を見て、町人らもなかなか藩の要請をうけなかったのであろう。そこで威力を発揮するのが、町奉行の口添えであったのである。

3 寛永の大飢饉と江戸藩邸

連年の異常気象

寛永十年代を通じて、九州地方には不作が続いていた。島原の乱勃発の原因のひとつは、この不作であった。

寛永十八年（一六四一）から翌年にかけて日本全国をおおった凶作は、十九、二十年と連年におよぶ大飢饉となった。このときの餓死者は、五万人とも十万人ともいわれる。そのため、この大飢饉は、幕府に深刻な影響を与え、その後小農民保護を基調とした法令が出され、農民の夫役《ぶやく》（労働徴発）が姿を消すといった政策の転換がはかられることになった。

この凶作は、東北では伊達領の田地四十五万石、最上領の田地十万石が流れるという大洪水、あるいは蝦夷駒ケ岳や荊田岳の噴火による降灰などの影響、大風・冷害といったことが原因であり、五畿内・中国・四国地方では、旱魃《かんばつ》があり、虫害が発生している。それぞれの地域で原因はちがったが、その中心は異常気象であった。

凶作は牛の大量死から

九州から萩藩領にかけての凶作の原因は、寛永十五年夏からはじまる大量の牛死である。この牛の疫病は猛威をふるい、八月下旬には筑後久留米藩の牛が全滅し、豊前でもばたばたと死につつある。肥後熊本藩領でも、久留米境から牛が死にはじめた。熊本藩に薬がとどいたころには、すでに牛は一頭残らず死んでおり、薬はあっても使うべき牛がいなかった。

西国では、牛が耕作の動力であったので、その牛がいなくなると人力で耕すしかなく、生産力が大幅に低下することは目に見えていた。事実、寛永末年の連年の異常気象もあいまって、凶作がはじまるのである。

熊本藩では、寛永十五年の作柄はよかったのでまだましであったが、萩藩では不作にも悩んでいる。

寛永十六年正月六日、彦右衛門は、藩領の牛がことごとく死に、加えて不作でもあったので、この件を幕府に報告すべきかどうかを黒田・細川・小笠原といった九州諸藩の留守居役へ問い合わせたが、どの藩も報告しないとのことであった。彦右衛門は、このことを親しい旗本などに話し、そこから老中につたえてもらい、自然と家光の耳に入るようにするという方法をとることにした。

これも、留守居役のテクニックのひとつである。

江戸に流入した萩の飢民

寛永十九年にピークになるこの大飢饉により、江戸では米価高騰のため大量の飢人《きにん》が発生し、地方からも飢えに瀕した多くの農民が流入してきた。そのため、幕府は、江戸の食糧不足を案じて、諸藩の飯米《はんまい》（江戸での消費分）は国元から江戸に廻漕《かいそう》するよう命じているほどであった。

同二十年二月五日、品川東海寺の僧沢庵《たくあん》が熊本藩主細川光尚に報じたところによると、飢人が日本橋に集まってきており、夜木戸を閉めたとき数えてみると六百六十人にのぼり、毎日五人三人と死んでいるということである（『沢庵和尚書簡集』）。

沢庵がこれを報じた二日後、町奉行から彦右衛門へ手紙がきた。「御領内の飢人、御渡し有るべき」との内容で、彦右衛門が町奉行のところに出頭したところ、

「日本橋へ（萩藩邸から）一人差し出し、（萩藩出身の）飢人請け取り申すべく」

——日本橋まで飢人を受け取りに家来を差し向けよ。

ということであった。

さっそくふたりの部下を日本橋につかわしたところ、飢人四人を渡された。うちひとりは萩新町の者、ひとりは宇田（現阿武《あぶ》郡阿武町）の者、ひとりは福川（現新南陽市）の者、ひとりは下関の者であった。そこで、福川の者は下松《くだまつ》藩の毛利就隆の屋敷に、下関の者は長府藩の毛利秀元の屋敷に渡し、ふたりを芝宇田川町の中屋敷に収容した。いまの難民返還の対処とにている。

十一日にも、町奉行から先日渡し残した飢人を渡すとの連絡があり、もうひとりを受け取った。この者は、生まれは山口で岩国で育ったものだということなので、岩国領主の吉川広正に渡そうとしたが、確かに岩国の者ともわからないということで受け取りをしぶり、結局中屋敷に収容した。

江戸に流入した者が、生活できなくなったときの受け入れ先は、その出身藩の江戸屋敷であった。一国の大使館のようなものである。藩の側でも、そのような者がいるということは藩の「無仕置《むしおき》（失政）」であり「恥」であって、受け入れざるをえない。

このとき町奉行から飢人を渡された藩は、中国・四国地方にまでおよび、萩藩が例外だったわけではない。これらの飢人は、結局のところ国元に返され、親類や村などにあずけて扶助させるようはからわれるのである。

その後、町奉行からこのような指示はなく、萩藩としても一息ついた。しかし、飯米の廻漕を解除されるのは、四年後の正保《しょうほう》三年（一六四六）十一月十三日のことであった。この日、老中松平信綱は、諸家の留守居役を呼び出し、「先年江戸にて米を買うことを禁じたが、いまは江戸の米が安価であるので、諸国の米は領内で売却し、必要な分は江戸で買うように」と命じた。いかにも幕府本位の、虫のいい命令である。

飢人集団藩邸に物乞い

寛永二十年の飢人の引き渡しは、飢饉による特別な措置であったが、江戸にはこの時期、大量の下層民が発生しており、かれらはいつでも飢人になりえた。飢えたかれらは、物乞いとなり、集団をつくって藩邸に押しかけ、次のような難題を持ちかけている。

正保二年六月三日、秀就の世子千代熊の袴着の祝いが藩邸で行われたが、その翌日、門外に多くの飢人が集まってきて、御祝儀をくだされという。「罷《まか》り帰るべき通《とお》り重畳《ちょうじょう》申し聞《き》け候へども、多勢《おおぜい》参り、兎《と》角《かく》何にても下されず候はば罷り帰るまじく」――「帰れ、帰れ」と何度もどなったが、ぞろぞろと大勢集まってきて、「なにかもらわないと帰らない」といいはる。

なんでも、池田光仲殿（鳥取藩主三十二万石）は、みなに祝儀として銭二十貫を与えたそうで、そんな先例もあるからといって飢人たちは帰ろうとしない。藩邸では、祝儀など少々与えたとしてもたいした額ではないし、このような者への慈悲にもなるか（「彼等式へ御慈悲にても候条」）と考えた。

彦右衛門は、飢人に祝儀をつかわした例はこれまで聞いたことがなく、もしつかわして、以後江戸の例となり他藩から批判をうけるようなことになってはよくないからと、町奉行神尾の与力椎木庄兵衛まで使いを出して相談させた。

椎木は、「代《だい》一銭も遣《つか》はし申されまじき筈《はず》に候」と答え、次のように助言した。

――先年、町奉行は、（浅草の）弾左衛門に、「祝言事《しゅうげんごと》について、物乞いや飢人が侍屋敷《さむらいやしき》へ参り、祝儀をねだったりしてはいけない」と堅く申し渡しています。だから、藩邸の門外に飢人など集まってきたら、「町奉行へつたえたら、弾左衛門に告げたということなので、弾左衛門がくるまで待っておれ」といってください。そうすれば帰るはずです。もしそれでも帰らなければ、もう一報もらえれば、本当に弾左衛門に仕置《しおき》を命じます。

そこで、彦右衛門は、そのように集まった飢人たちに申し渡したところ、効果てきめんで、飢人たちはすべて帰っていき、二度とくることはなかった。

彦右衛門は、その威力に感心してその日の『日記』に、「以来か様《よう》の儀《ぎ》有るの時の心得の為《ため》と存じ、ここに書き付け置き申し候事」と記している。

浅草の弾左衛門

弾左衛門は、関東の被差別民の頭のひとりである。「弾左衛門」の名がはじめて確かな史料上にあらわれるのは、慶長《けいちょう》十年（一六〇五）であるが、それ以前から武蔵に在地したと考えられている。家康に仕え、慶長・元和期にかけて、相模や伊豆の有力な被差別民の頭を支配下に入れ、寛永年間までに武蔵・相模・伊豆の頭となった。

『弾左衛門由緒書』には、

「午未飢饉の時、岩槻町の御欠所雑物《ごけっしょぞうもつ》下され候。大火事の節、御金御米を頂戴仕り候。丸橋忠弥品川にて磔《はりつけ》に行《おこな》われ候場所にて、石谷将監《いしがやしょうげん》（貞清、町奉行）より金子頂戴仕り候」

という記述がある。

丸橋忠弥らの幕府への陰謀計画（由比正雪事件）が露見し処刑されたのは、慶安《けいあん》四年（一六五一）であり、弾左衛門がそのころ処刑などの実務に関与していたことがわかる。それから考えると、午未飢饉の午は寛永十九年、未は寛永二十年であることにまちがいない。

また、大道寺友山の『落穂集』によれば、家康が関東に入国したとき、日本橋周辺は茨原《いばら》の中に地高き所があって弾左衛門の屋敷があり、家康は彼を元鳥越（現台東区鳥越）に引き移したという。

通説では、弾左衛門の物乞いなどに対する支配は、慶安四年にはじまるとしており、十七世紀末から十八世紀にかけて強化されるという。しかし、入国当初から家康に仕え、寛永の大飢饉のころ活動しているのは明らかで、この時期江戸では飢人の取り締まりをもしていたのである。

それにしても、日本橋のたもとで死んでいく物乞いの姿や、江戸城に隣接する萩藩邸に飢人がぞろぞろと集まってくるという寛永期の町の雰囲気は、たとえば、家光の治政を賛美するために製作された華麗で端正な『江戸図屛風』（国立歴史民俗博物館所蔵）などではうかがいえない。このころの江戸は、まだまだ貧しく、殺伐としていたのである。

第六章　御家のために

1　福間彦右衛門の日常

彦右衛門の家族

福間彦右衛門の家族構成はどのようなものだったのだろうか。江戸の生活は単身赴任だったのだろうか。あるいは、国元から妻を呼び寄せていたのだろうか。

彦右衛門の日記には、私的な記述はまったくないのでわからない。しかし、『福間文書』に福間家の家譜があり、それらの疑問は氷解する。

彦右衛門は、国元にいるとき、佐武彦右衛門尉という者のむすめを娶っていた。そして、三人の女子をもうけている。

寛永十年（一六三三）二月、四十二歳のとき、江戸留守居役に抜擢され、その後二十数年にわたって、国元へ帰ることもなく江戸に常駐することになる。このような場合、妻子を江戸に呼ぶことも可能だったはずであるが、彦右衛門の場合は単身赴任だった。

藩主秀就は、江戸に出てきた彦右衛門に、江戸で妻を迎えることを勧めた。彦右衛門は、河内国丹南郡狭山を領する一万石の大名北条伊勢守氏治の家臣井手内匠《たくみ》仁茂という者のむすめを娶った。

このあたりが現代と違うところである。ただし、彦右衛門は、町人出身の女性を妾とするのではなく、領地は少ないながらも名門大名の家臣の娘を正妻に準ずる形で迎えた。

ちなみに北条氏治は後北条氏の一族で、天和二年（一六八二）に幕府の大番頭《おおばんがしら》となり、のち五代将軍綱吉の御側を務める。その子氏朝は、伏見奉行、奏者番、寺社奉行などを歴任している。

彦右衛門は、井手氏のむすめとの間に二男二女をもうけた。彦右衛門の跡継ぎとなる政経は、寛永十一年（寛永十七年とする史料もある）八月朔日に生まれた。幼名を彦三郎といい、のち市平、ついで五郎左衛門と名を改めている。もう一人の男子は夭折した。

国元の妻佐武氏のむすめは、ずっと国元で暮らし、寛文十三年（一六七三）八月七日に没した。年は七十六歳であったという。

一方の江戸の妻井手氏のむすめは、寛文三年以降、彦右衛門が国元で暮らすようになったのちも江戸に暮らし、宝永二年（一七〇五）二月七日に没した。こちらは白歳という長寿である。

江戸留守居役という任務は、江戸においてさまざまな交際をこなしていかないとならないので、家内を取り仕切る妻が必要だった。その場合、国元から妻を呼び寄せるよりも、江戸の生活に慣れた女性を二番目の妻に迎える方が職務のためには望ましいという判断があったのだろう。

藩主秀就の期待

秀就が、留守居役である彦右衛門にどのような行動を期待していたかについては、寛永十九年七月二十六日付判物（『福間文書』）がある。これは三ヵ条の定書で、宛名は彦右衛門である。

箇条

一、其方事、公儀《こうぎ》向聞合《むききききあわせ》等、万《よろず》緩《ゆる》みなく心遣ひ仕る儀、肝要《かんよう》之事。

一、公儀向相替《あいかわ》る儀共これ有るにおいては、国司備後守（就正）申し談じ、節々申し越すべき事。

一、ために相成る儀においては、何事に寄らず存じ寄る所、用捨《ようしゃ》なく国司備後守相談せしめ、聞き届け然るべき儀をば萩に至り注進を遂ぐべき事。

以上

寛永十九

七月廿六日（毛利秀就花押）

福間彦右衛門尉とのへ

これは、二日後に江戸を出立して国元へ帰る秀就が、江戸に残し置く彦右衛門に心得を申し渡したものである。

第一条では、彦右衛門の任務として、「公儀向聞合」を緩みなく心遣いすることを命じている。留守居役の仕事としては、幕府関係の諸事における情報収集や問い合わせなどがやはり最も重要な任務であった。

第二条では、幕府において何か変わったことがあれば、江戸留守居家老の国司就正と相談して、国元へ報告するようにということである。決して一人では判断せず、就正との相談や、国元の藩主への報告を義務づけているのである。

第三条では、藩主のためになることならば、どのようなことについても自分の考えを就正と相談し、藩主の耳に入れるべきことは萩に注進するようにと命じている。

このように秀就は、国元にあっても江戸の情勢に心を配っており、自分の裁可を得るよう命じているのである。江戸時代初期の大名が、いかに江戸の政治情勢に気を遣っていたかがわかる指示である。

ちなみに、同日付で、国司就正にも三ヵ条の定書を与えている（『萩藩閥閲録』）。こちらは主に江戸屋敷の取り締まりを命じたもので、留守居家老と留守居役では明確に役割分担があったことがわかる。

国元からの秀就の指示

それでは、国元へ帰った秀就は、万事を彦右衛門に任せ切りだったのだろうか。そうではなかった。寛永期ごろまでの大名は、自身幕閣や諸大名との交際に心を配っている。その姿は、『福間文書』に残された彦右衛門にたいする藩主秀就の書状から浮かび上がってくる。

秀就は、国元へ帰ると、彦右衛門に書状を送り、次のように指示している（年不詳九月五日毛利秀就書状『福間文書』）。

「私は、先月晦日にこちらに着いた。気分も良いので安心せよ。言うまでもないことだが、公儀向きを万端聞き合わせるのが肝要である。変わったことがあれば申し越せ」

また、少し後のことになるが、将軍家世子家綱が病気になったとき、秀就は老中への見舞いの使者を派遣し、彦右衛門に次のように告げている。

「使者として熊谷彦右衛門を差し下したので、江戸家老と相談し、見舞いの任務が首尾良くいくように老中へ訪問させてくれ。また、内々世話になっている方々（「内々申し談じ候衆中」）へも書状で申し入れたので、中を見て、文体がよければ差し出してくれ。そうでなければ、判紙に書き直してくれ。このほか、書状を出した方がいい方がいれば、これも判紙で作成し、差し出してくれ」

書状を送るべき幕閣の有力者にたいし、適切な書状を送るため、江戸屋敷には「判紙」が置かれていた。「判紙」とは、秀就の花押のみ書かれた書状用紙である。これに、彦右衛門が指示して、右筆が字配りよく文字を入れれば秀就の書状が作成できた。

その文体や送るべき相手は、彦右衛門が点検、選定して、秀就の書状が然るべき文体で、然るべき相手に送られることになるのである。

この判紙の枚数は厳重に管理され、使用記録が残されている。もし、書き誤ったときも、その反古が残され、決して破って捨てたりすることはない。山口県文書館「毛利家文庫」には、書き誤って反古となったり使用されなかった判紙が何枚も残されている。

国元にいる大名には、幕府や諸大名からさまざまな書状が送られている。それらに適切に応えることは大名の義務であった。

将軍や将軍世子が病気だと聞けば、老中まで見舞いと容態を問い合わせる使者を派遣する必要があったし、病気が重かったり長引いたりすれば、格の高い藩士を使者に指名して、直接見舞う必要があった。御三家や親しく交際している大名にたいしても同様である。

これらの知らせは、萩藩の江戸屋敷に託されることが一般的だが、直接国元へ送られることもあるから、秀就は自分のところへ来た情報を彦右衛門に知らせ、適切に処理させることが必要だったのである。

留守居役の日々の任務

彦右衛門の日記を見ると、どの日もさまざまな役務をこなしている。決まった休日はないが、まったく記述がない日もあるので、休息する日もあったのかもしれない。しかし、多くはたまたま書き残すべき事柄がないだけで、休日というわけではなかったと思われる。

彦右衛門は、藩主が江戸にいるときはそれこそ秘書役として忙しく働いている。藩主が国に帰った後は、比較的暇にはなったとは思われるが、日記を読んでいると気が休まる暇はなかったようである。

たとえば、寛永十九年七月二十八日に秀就が江戸を立った後の彦右衛門の動きは、次のようなものだった。

翌晦日には、さっそく老中阿部忠秋を訪問し、秀就の八朔祝儀の献上の可否について尋ねている。秀就は、在国の時には八朔祝儀を献上していなかったが、今年は家綱誕生後初めての八朔祝儀なので、太刀馬代を献上したいと考えたのである。しかし、例年献上する先例がなければ必要ないとのことであった。

次いで、秀就が暇乞いの音信物を託していたので、それを方々に届けた。

八月朔日から三日までは、記述がない。藩主帰国後ということで、彦右衛門の貴重な骨休めとなったかもしれない。

しかし四日には、前日が家綱の誕生日であったため江戸城で老中へ祝儀の振る舞いがあり、その祝儀として、いつも世話になっている老中松平信綱へ一文字の腰物と「伯耆かたつき」と呼ばれる茶入れを進上している。

このように、江戸城の行事には絶えず気を配っていなければならないのである。

五日は記述がない。これは、休日というよりもたまたま書き残すような事柄がなかったためであろう。

六日、支藩下松の毛利就隆が帰国の途についたので、暇乞いのため参上している。

七日も記述がない。これも珍しいことで、秀就帰国直後は比較的仕事が少なかったことが知られる。

八日には、将軍家より秀就室へ鷹の鶴を下賜され、上使が派遣されてきた。彦右衛門は、その応対をした。

十日、旗本で書院番士の市橋長吉の子元松が旅中に病気にかかったことを知り、見舞いに参上した。また、取次の老中松平信綱の用人妻木求馬《もとめ》の妻が出産したので、祝儀のため参上している。

十一日、萩出身の禅僧哲首座《しゅそ》を国元へ下すか南禅寺末寺に置くかにつき協議をするため、芝の金地院に赴いた。しかし、金地院が留守であったため、帰ってきた。

十二日、秀就の嫡子千代熊が青山の屋敷へ移ったので、供をした。この日と十三日には、金地院を訪問し、哲首座の処遇について協議をしている。

十四日、小笠原吉左衛門（不明）へ、秀就の暇乞いとして袷《あわせ》三つを贈った。また、妻木求馬宅からの所望で、国産の白炭を贈った。白炭は萩藩から将軍家への献上品となっており、世話になっている有力者の家来からはこのような所望もよくある。

この日、老中は、薩摩国で海外から潜入した宣教師が捕縛されたことにともない津々浦々にて緩みなくキリシタンの穿鑿を命じるとの奉書を発給した。彦右衛門は月番老中の阿部重次に呼ばれ、奉書を渡され、確かに国元へ送り追って御請けを提出することを言上した。

翌十五日、彦右衛門は、この老中奉書を飛脚で国元へ送った。また、この日、秀就が尾張津島へ到着したとの知らせがあり、寺社奉行松平勝隆への書状が託されてきたので、彦右衛門が勝隆宅まで持参した。さらに桑名藩主松平定綱の屋敷に火事があったので見舞いに訪問した。

煩雑なので、これ以降は省略するが、八月の『日記』で以後記載がないのは、十七日、二十日、二十一日、二十八日の四日である。

九月になると、朔日の記述はないが、その後は連日記載がある。とくに重陽の祝儀関係の仕事が多い。

九月七日には、国元から、秀就が無事到着したことを知らせる使者が江戸に到着した。そうすると、方々へ使者を同道して挨拶し、秀就の帰国祝儀を届けなければいけない。七日から十三日までは、連日使者を連れ歩いている。十二日には、老中阿部重次より使者登城を命じる奉書が到来し、翌十三日に使者を城に同道している。

結局、九月二日から十五日まで、彦右衛門は連日仕事をこなしている。しかも一日に何項目もの記述が続くのがこの時期の特色である。留守居役は、忙しい時には、毎日のように何かしら用事があった。記述がなくても休日というわけではなかったのである。

秀就が参勤する予定の年の正月九日付け秀就書状には、彦右衛門にたいして次のようなねぎらいのことばがかけられている。

「去年以来相煩ひ、今にしかとこれ無く候へ共、毎日方々ありき苦労仕り候段、大義にて候。随分心遣ひ専一に候」

――去年以来病気にかかり、現在も完全には回復していないのに、毎日方々歩き回り苦労しているとのこと、大儀である。ずいぶん身体に気をつけることが大切である。

病み上がりであっても、相手がある仕事である。簡単に休むことはできない。体調が悪くても江戸の方々を歩き回り、藩のために働く彦右衛門だった。

2　諸家留守居役の連携

待望の将軍家お世継ぎ

寛永十八年（一六四一）八月三日巳の刻（午前十時ころ）、家光の側室お楽の方に、待望の男児（のちの家綱）が誕生した。家光はこのとき数えで三十八歳、病弱で養子のことを考えることさえあったので、この男児の誕生はひとかたならぬ喜びのなかに迎えられた。

御城から、この知らせがとどくと、秀就はすぐに登城のしたくにとりかかり、彦右衛門は、一足先に登城して、秀就を待った。江戸にいる他の大名も全員登城し、「御歓《およろこび》」のことばを言上しようとした。

この日、将軍家光の謁見はなかったが、秀就は、老中たちに「御歓」のことばをつたえに行き、大奥の春日局と英勝院には手紙で「御歓」をつたえた。そして、秀就は、翌日から連日、「若君様御機嫌御伺」のために登城している。生まれたばかりの赤子に御機嫌伺いもないものだが、他の大名も同様で、この祝儀を、いかに喜んでいるかを行動でしめそうとしていたのである。

誕生の祝儀

八月四日、彦右衛門は、他家の留守居役とともに老中阿部忠秋を訪問し、

「若君誕生の進物に御太刀《おんたち》・脇差、そのほか産衣《うぶぎ》や樽肴《たるざかな》（祝いの酒と肴）など用意しています。御老中方の指図しだいに進上致したいと思います」

と問い合わせた。

阿部忠秋は、「各様《おのおのさま》（他の老中）御相談の上にて」指示すると答えた。

七日、阿部忠秋より進物の指示があり、誕生の祝儀は御七夜に差し上げるようにということで、諸家の留守居役にそれぞれ書付《かきつけ》が渡された。

萩藩の進物は、太刀が和州包永《かねなが》、脇差が来国俊《らいくにとし》の銘のあるもので、鞘《さや》は全体に高蒔絵《たかまきえ》がしつらえてあり、葵《あおい》の紋がある。目貫《めぬき》・笄《こうがい》・小刀《ちいさがたな》の柄にも、赤銅《しゃくどう》に金で葵の紋、袋も今様の錦手《にしきで》の繻子《しゅす》で、やはり紋がある……というようなぜいたくな作りのもので、代金はそれぞれ金二十五枚と金二十枚。

産衣がまたふるっていて、十重《とえ》送ったが、そのうちの二重《ふたえ》は表が龍紋の白綾、四重は表が亀の甲の白綾、四重は松竹鶴亀のもようのある綸子《りんず》、いずれも紋所の葵を刺繍《ししゅう》し、裏は白羽《しろは》二重《ぶたえ》であった。

進物は、若君だけにではない。家光には、樽三荷《か》三種《しゅ》。これは、祝儀の酒で、形式的なものである。縁起物の昆布《こんぶ》や干鯛《ほしだい》も献上している。若君の生母には、銀子五十枚。大奥の上臈《じょうろう》に銀子十枚、乳人《めのと》に銀子十枚などのほか、大奥全体に銀子百枚を進呈している。老中たちに

も、樽肴を進上、御傅役《おもりやく》となった牧野信成にも樽を一荷二種進上している。

老中を招いての宴会

聞くところによると、こんどの若君誕生について、諸大名は、老中を招いてお祝いの宴会をしたいと、申し入れているらしい。八月十四日、彦右衛門は、松平勝隆のところへ使いに行った。萩藩でも、老中を招待したいと相談を持ちかけたのである。勝隆は、寺社奉行の要職にあったが、「心安き旗本」として萩藩の相談役を務めている。

勝隆は、彦右衛門の「来月三日ではどうでしょうか。(年寄)酒井忠勝殿は、その日においでになることになっています」ということばを聞き、口を開いた。

「こんどの誕生祝いは、まず、将軍家より料理を下され、祝儀の能などあってから、尾張・紀伊・水戸様の順に振舞《ふるまい》(祝宴)があり、そのあと、越前家、前田家など一門の大名の振舞がある。ほかの大名家からの振舞はそのあとだ。まだ、料理を下される日もきまっておらず、一門の方々の振舞の日どりも来月のはじめまできまるまい。忠勝殿は、とりあえず口切りの振舞として招き、その後、老中を招待すればよい。御老中へは、振舞をしたいが、一門衆の振舞のあとに招待したいとでも申し入れよ」

そこで、彦右衛門は、「それならば、御老中にお会いのとき、勝隆殿よりそのようにつたえてください」と申し入れ、藩邸に帰って秀就に報告した。

招宴日決定の綱引き

八月二十一日、彦右衛門は、ふたたび勝隆に使いに行き、

「忠勝殿が来月三日においでになるので、やはりこの日に御老中を招きたい。また、御老中のほか、どのような人を招けばよいでしょうか」

と申し入れた。

勝隆「御老中への案内は、来月朔日より十日の間で、都合のよい日をお知らせください、というようにせよ。そのうえで、他の招待者をきめればよい」

彦右「それでは、酒井忠勝殿との約束が守れません。三日にお暇があれば、手のあきしだいにおいでください、と招待してはどうでしょうか」

勝隆「酒井殿のことは少しもかまわない（「其段《そのだん》は少しも苦しからず候」）。昨日、御老中が相談して、だいたい大名家へ招待される順番をきめたのだ。尾張殿、紀伊殿、水戸殿のあと、越前の松平殿、加賀の前田殿においでになり、そのつぎに池田殿、浅野殿、毛利殿となっている。そうなると、御老中方がおいでになるのは、だいたい七日か八日であろう。私のいったように申し入れ、あとで、こういう事情でこうなりましたと、忠勝殿におわびすればよい。ところで、能は、軽い舞台を少し興行すればよい。振舞は、……」

勝隆は、老中の申し合わせを教えた。

彦右衛門は、招待する人のことなど重ねて指示してくれるようたのみ、藩邸に帰った。しかし、池田や浅野よりも順番が後というのが気にいらない。

そこで、秀就に報告のうえ、老中へ招待状を送ったが、招待状の文面は、勝隆の意に反して「来月三日の朝、御招待致したいと存じます。お時間がとれれば、お手すきしだいに……」というものであった。

翌日、老中から「三日は、お城で行事があるので、四日の朝にしたい」という返事があった。勝隆の助言を棚上げにした彦右衛門の予測があたり、一日ずれたとはいえ、諸大名に先駆けての振舞ができることになった。

九月四日朝には、予定どおり老中列席のうえ、めでたい宴会が盛大に行われた。毛利家のプレステージを高めるには、大成功であった。このように、相談を持ちかけたからといって、すべて指示どおりにしたがったというわけではなかったのである。

家綱の宮参り

この年十月晦日、諸家の留守居役は、呼び出しをうけ、老中阿部忠秋邸に集合した。忠秋は、留守居役全員に「若君様御宮参りの刻《きざみ》、御進物は、似合《にあ》ひく〳〵にいかにもかろき（軽）物差し上げ申すべし」と申し渡した。

それぞれの家格に応じて、軽い進物をあげよ、というのである。

彦右衛門が、「それならば、御太刀馬代《おんたちうまだい》、呉服、御樽肴などがよいのでございましょうか」と質問すると、「御樽肴、呉服、御太刀馬代などは進上してはならない。御道具の類がよかろう（「何にても御道具然るべし」）」と回答があった。

そこで、毛利家からは、高蒔絵・紋入りの腰物の筒（刀をおさめる筒）と豪華な挟箱《はさみばこ》を贈ることにした。宮参りのとき、家綱の行列を飾ることになるであろう。

ついで十一月十三日、彦右衛門は、「若君様の御宮参りにつき御供をしたいが、かえって差し出がましいことで、遠慮したほうがよいのかどうか」を松平信綱に問い合わせている。

信綱は、「公方様《くぼうさま》（家光）御ありき（歩）には違ひ申し候、若君様は初めての御宮参り、目出度御事《めでたきおんこと》に候条《そうろうじょう》……」と、さっそく月番老中に嘆願するようにと指示した。これは、老中たちの認めるところとなり、翌年二月九日に、警備などを命じられている。

このとき萩藩は、弓十・鉄砲十・鑓二十・馬乗十で警備を務めることを命じられた。

彦右衛門は、「西国大名は江戸に鉄砲を持ってきてはいけなかったはず」と考え、「今回は他家より借りて務めます」と、担当の老中阿部重次にとどけている。

萩藩が鉄砲を持っていないはずはないが、幕府もそのような法度の存在を忘れていたのである。加藤忠広改易の理由のひとつが、江戸に鉄砲を持ってきていたことであるから、この彦右衛門の慎重な対応は、たいせつな配慮であった。

諸家留守居役一同に

家綱の成長にしたがって、諸藩ともいろいろな進物をあげることになる。彦右衛門は、翌寛永十九年三月二十九日、松平信綱に、端午の兜《かぶと》（節句の飾り）を差し上げるかどうか、人形はどうするか、などを問い合わせている。

同年十一月十九日には、翌年の二の丸作事に、国産の銅一万斤（六トン）あるいは二万斤を進上するかどうか、慶安《けいあん》元年（一六四八）九月二日には、家綱が新しく住む翌年の西の丸作事に、銅一万斤、緑青《ろくしょう》千斤の進上の可否を問い合わせている。

これらの問い合わせは、萩藩単独のものであるが、家綱誕生のころから、「諸家留守居一《いち》同《どう》に」、すなわち諸家の留守居役が合同で問い合わせに行くという新しい形ができていることが注目される。

寛永十八年十月二十五日には、翌年の日光社参について、進物をあげるかどうかについて、老中阿部忠秋に、諸家留守居役一同に申し合わせて、問い合わせに行った。

翌年十一月二十二日には、家綱の髪置の祝儀につき、国元より使者を派遣すべきかどうか、進物は何がよいかを、諸家留守居一同になって信綱に問い合わせている。

正保《しょうほう》元年（一六四四）十一月三日には、同じく阿部忠秋に、家綱の袴着の時期などにつき内意をえるため、諸家留守居役一同に申し合わせ、参上している。

このように、いままでは個別に行われていた問い合わせが、諸家一同の申し合わせにもとづいてなされはじめている。このような動きが、後の留守居組合につながっていくのである。

留守居組合への発展

留守居組合の起源は、『武営政緒録《ぶえいせいしょろく》』や『落穂集』の記述をめぐる服藤弘司氏の考証があるが、ある事件をきっかけにとつぜん結成されたわけではないだろう。留守居役が合同で幕府に問い合わせに行くという慣行は、すでに寛永末年からあり、これがしだいに定期的な会合に発展していったものだと思われる。

留守居組合はいくつかあり、江戸城詰席の区別にもとづき、同席の大名の留守居役が仲間となって結成した「同席《どうせき》組合」がもっとも一般的である。それと並立して、国持大名の一、二家が中心になり、他席の小大名の留守居役を加えて結成された「小組《こぐみ》」、屋敷が近所同士ということで結成された「向組《むかいぐみ》」、親類の大名で集まった「親類組合」などの種類があった。

萩藩は、大広間に詰めることになっていたから、外様の有力大名が多い大広間席の留守居組合に属している。

組合仲間の寄合《よりあい》は、当初は藩邸の広間や書院を会場とし、順番に寄合を行った。その際、藩主が豪華な料理などを提供した。しかし、それは繁雑であったため、元禄《げんろく》ごろ（一六八八

〜一七〇三）になると、吉原や料理茶屋などを会場に使うことが多くなった。

留守居の多額の交際費は、藩から役料などとして給付されることになる。留守居組合の寄合では、大名さえも容易には口にできない一匹七両の初鰹を食するなどぜいたくのかぎりをつくし、幕府が留守居組合を一時禁止したときなどは、料理茶屋が何軒もつぶれ、吉原が不景気になったという。

小藩の留守居役は、このような交際費の捻出に相当苦労し、自腹をきって「その身も身上《しんじょう》取り続き難《がた》き様」になった者もいた。しかし、寄合に出ないと情報が入らないため、脱退することも容易にはできなかった。

幕府では、五代将軍綱吉が宝永四年（一七〇七）二月に緊縮令を出して以来、なんども留守居組合の寄合の取り締まり令を出している。荻生徂徠は、「諸大名の留守居一つに組合いて仲間と称し、酒宴遊興に主人の物を遣《つか》いてこれを主人への奉公と称す。さて公儀を鼻に掛けて主人の掟を用いず」（『政談』）となげいている。

このころには、すでに留守居組合が大名の手に負えない存在になっており、しかも強い批判の対象になっていたのである。

緊縮のかけ声腰くだけ

天明《てんめい》三年（一七八三）三月、徳島藩蜂須賀家では、留守居役の交際費を月十両から二十両に引き上げたが、翌年には冗費を極力さけるよう命じている。

通達の文章には、「その方ども類役《るいやく》つきあひに付き、不益《ふえき》の物入り多く、殊に近来は別《わけ》て遊里《ゆうり》等のつきあひにて、かれこれ風俗も乱れに相成る趣に候」とあるから、どのような寄合が行われたかはおして知るべしである。

萩藩でも同様のことに悩み、当時の藩主毛利重就《しげたか》は、同席の大名たちに、留守居役の寄合はかつての宅寄合《たくよりあい》のみにし、茶屋や遊里での寄合を禁止しようと呼びかけた。秀就の時代には彦右衛門という有能な留守居役をもっていた毛利家も、この時期には留守居役を藩命に服させることができなかったのである。

これを聞いた蜂須賀家では、好機到来とばかりに、「はなはだもつて同意」の旨を答え、自藩の留守居役に「茶屋・遊所等のつきあひはきつと制禁に及び候条、左様相心得《あいこころえ》、以後は内外ともに専ら質素の心得をもつて相勤《あいつとむ》べく候事」を命じている。

しかし、ふたをあけてみると、この呼びかけに応えたのは蜂須賀家のみで、他の大名はあまり積極的な姿勢はしめさず、腰くだけとなった。

そのため蜂須賀家でも、翌年、他家の留守居役と疎遠になってもまずいからと、「どうしても断れない場合は留守居役ふたりのうちひとりは遊里へ行ってもよい。ただし、こちらから誘うのは厳禁である」と、まったく骨ぬきの通達を出している（『藩法集徳島藩』）。

留守居役の様がわり

『親子草』(喜田有順著)という随筆には、薩摩藩主が留守居役を身持ち不埒《ふらち》だということで罷免しようとしたが、組合の反対を押し切って強行した場合、新役の者の組合加入を認めないなどの報復措置が予想されたので、不満ながらその干渉にしたがわざるをえなかったというエピソードが書いてある。これほど、留守居組合は大名にたいして力を持っていたのである。

享和《きょうわ》二年(一八〇二)十月には、諸大名の留守居役六十余名が、上野で十代将軍家治の十七回忌があったあと、吉原を惣揚《そうあげ》にして(借りきって)どんちゃん騒ぎをし、幕府大目付井上利恭から「急度《きっと》御叱《おしか》り」をうけるというような醜態を演じている(『森山孝盛日記』)。

これらの事件は、留守居役の職務が専門化し、みずからの地位におごったためにおきたものであり、その主たる任務が瑣末な儀礼の修得やどうでもいいような情報収集(徂徠は、「その聞き合はする事を見れば、何のへんてつもなき、箸のころびたるほどの事なり」と断じている)をこととするようになったため、しだいに腐敗していったことをしめしている。

しかし、彦右衛門の時代は、そのような既得権にあぐらをかいていられる時代ではなく、重要な任務は山積みし、さらに各留守居役が開拓者として、藩のためにはたらかなくてはならない時代だったのである。

3　正保国絵図の色分け

全国土の絵図作成命令

寛永二十一年（一六四四）十二月十四日、大目付井上政重・宮城和甫《まさよし》から、「御用の儀があるから明後日に評定場までくるように」との触《ふれ》があった。

十六日、彦右衛門が評定所に出頭したところ、諸大名家の留守居役が呼び出されており、その場で諸国の絵図作成を命じられ、絵図に書き込むべき細目を書いた文書を渡された。

翌日、彦右衛門は、井上政重の屋敷を訪れ、前日渡された文書ではわかりかねる部分を問い合わせた。政重からは、絵図担当の家臣上田勘助・惣山市之丞《いちのじょう》を紹介され、わからないことはこの両名に聞くようにと指示された。翌日、彦右衛門は、惣山らに問い合わせたうえ、まず阿武《あぶ》郡の絵図を作成し、それを政重に見せて意見を聞き、そのあとで国絵図を作成するという方針を国元に告げた。

国絵図作成は、江戸時代をとおして慶長《けいちょう》・元和《げんな》・寛永・正保《しょうほう》・元禄《げんろく》・天保《てんぽう》と六度作成が命じられている。これには、将軍が国土全体の絵図を徴収することによって、諸大名の領地にいたるまで将軍のものであることを再確認する意味がある。寛永十五年には、徴収した国絵図をもとにして、日本総図の作成をめざしていたといわれる（川村博忠『国絵図』）。

正保の国絵図にかぎっていえば、同時に徴収された城絵図とともに、大名の領国を丸裸にするという軍事的な要素が強い。また、拙著『寛永時代』でも述べたように、対外関係の責任者でもある井上政重に絵図作成の奉行をも兼任させ、沿岸の状態や航路などを詳細に記入させているところから見ると、当時緊張が激化していたポルトガル・スペインなど旧教諸国への軍事的対処という現実的な意味もある。

このような危機から、沿岸から見える異国船は幕府の指示にしたがわせるといった領海の概念や日本という強い国家意識も芽生えてきているのである。

おどろくべき注文

正保三年(一六四六)八月十一日、彦右衛門は、萩藩の絵図担当の江木次郎右衛門と加藤平兵衛を同道して、できあがった国絵図を持参し、井上政重邸を訪問した。政重は、一覧して「一段然《しか》るべく候」とほめたあとで、おどろくべき指示を下した。

「甲斐守殿(秀元)・日向守殿(就隆)領内、別色に仕《つかまつ》り候へ」

つまり、支藩領と本藩領とを色分けせよ、というのである。

彦右衛門は、ひそかに諸大名留守居役にこのような指示があったかどうか聞きあわせ、翌日、自分の判断で政重を訪問した(『万被仰出同窺』)。

「事情をくわしくうかがって、国元へも報告するために参上いたしました。最近他家のことなど聞きましたところ、一国を何人かの大名が領している場合は、領分ごとに色分けしているとのことでした。しかし、周防・長門両国は、秀就ひとりで拝領しており、御朱印も頂戴しております。秀元・就隆知行は、秀就が与えているもので、別色にするというのはいかがなものでしょうか」

一国に複数の大名領があれば、共同で絵図を作成した。その場合、それぞれの領地を明確にする必要があったから、色分けも当然である。しかし、朱印状にも明記されてない領地（「内証にて遣《つかわ》し置《おき》たる儀」）をなぜ色分けしなければならないのか、とつめよったわけである。

しかし、政重は、きっぱりと回答した。

「秀就殿の御本領がどこ、秀元殿・就隆殿の領地がどことわかるよう、色分けしていなければならない。昨日申し渡したようにせよ」

彦右衛門は、しかたなくこの件を国元に急報した。

読者には、たかが支藩領を色分けせよとの指示ではないか、あっさりしたがえばよいのではないか、と思われる方もあるだろう。しかし、長府・下松両家と深刻な対立状態にある毛利本家としては、他の独立した大名なみに領地の色分けを認めては、今後の両家の行動にも影響するであろう。両家の領地は、将軍から与えられたものではなく、あくまで本家がみずからの領地をさいて与えたものであることをしめさなければならなかったのである。

支藩との色分けは困る

これを聞いた秀就も、

「筑後殿（政重）仰《おお》せ分けられ案外に思召《おぼしめ》され、この儀御理《おことわり》仰せ上《あげ》らるべき」

――政重の説明を非常に心外なことと思い、これは撤回を願わなくてはならない、と考えた。

まず、縁戚の松平直基（越前家支流出羽山形藩主）と「心安き旗本」である阿倍正之に手紙を送って周旋を依頼するとともに、政重にも手紙を送って「御理《おことわり》」すなわち撤回の嘆願を申し入れた。

九月十九日、色分けの撤回を求めた九月朔日付秀就書状がとどいた。彦右衛門は、これを持参して、松平直基と阿倍正之を訪問した。さいわい、両者とも秀就の嘆願を支持した。

即日、彦右衛門は井上政重に秀就の書状を持参し、次のように口上を述べた。

「両国の絵図の記載を一色にしていただきたいと、秀就より申し越しました。もしこれが認められないのでしたら、吉川広正へ与えている領分も秀元・就隆同様に、色分けを命じてください」

しかし、政重の返事は、にべもないものであった。

「秀元殿と就隆殿は、将軍へ直《じき》の御奉公である。吉川殿は、秀就殿の御家来であるから別色にするわけにはいかぬ。秀就殿と同じ色に仕上げよ」
がっかりした彦右衛門は、この旨を国元に報告した。

二度の嘆願も却下

十一月八日、彦右衛門は、この日国元より到着した十月十八日付秀就書状と嘆願の書付《かきつけ》を松平直基と阿倍正之に見せ、同意をえた。

翌日、彦右衛門は、この二通を持参して、政重邸を訪問した。

書付は三ヵ条で、①色分け指示の撤回を求め、それが認められないなら、②境目のみ色を替えて線をひくか、③吉川広正の領分も同様に命ずるか、どちらかにしてほしいと記している。

第三条目の嘆願は、吉川家の扱いを両家なみとし、色分けが重大な影響をおよぼさないようにと意図したのであろう。秀就の書状には、阿倍正之に周旋を依頼した旨が書かれている。旗本の同意を取り付けたので、考え直してほしいということをつたえたわけである。

しかし、これでも政重の受け入れるところとならなかった。これを聞いた阿倍正之は、みずから政重邸を訪問して、内々に秀就の嘆願を認めてもらうよう説得したが、それもむだであった。

彦右衛門は、これを国元に注進した。松平直基は、秀就あての十一月十二日付書状で、

「松平信綱殿の考えは、萩藩支持であると阿倍正之がいっているので、おそらくはうまくいくであろう」と甘い見通しを語っている。

国元からは、

「阿倍正之殿を通じて取次《とりつぎ》の老中松平信綱殿に、政重に意見してくれるよう願え」との指示がきた。幕閣の実力者をとおして、大目付へ圧力をかけようというのである。

将軍直結の大目付

十二月十二日、依頼をうけた阿倍正之は、松平信綱に、政重に意見してくれるようたのみに行った。しかし、信綱の返事も、次のようにきっぱりとしたものであった(『万被仰出同窺』)。

——このことは、大目付政重殿より「如何《いかが》これあるべき哉」とたずねられれば、指図もしよう。しかし、政重殿よりなんともいってこないのに、こちら(老中)からそのようなことを申し入れることはできない。将軍様からこのような大きな任務を命じられたときは、その命じられた者が考えたとおりに行うことになっている(「その奉《うけたまわ》り候仁《じん》、存寄《ぞんじよ》り次第に相《あい》調《ととの》ふべき儀に候」)。困難な事情が生じたときは、その事情により老中が指図するのである。だから、この儀も、政重殿からの申し入れがないかぎり、こちらからはなんともできない。

寛永九年(一六三二)設置以来、将軍に直属して大名や幕閣を監察していた大目付は、寛

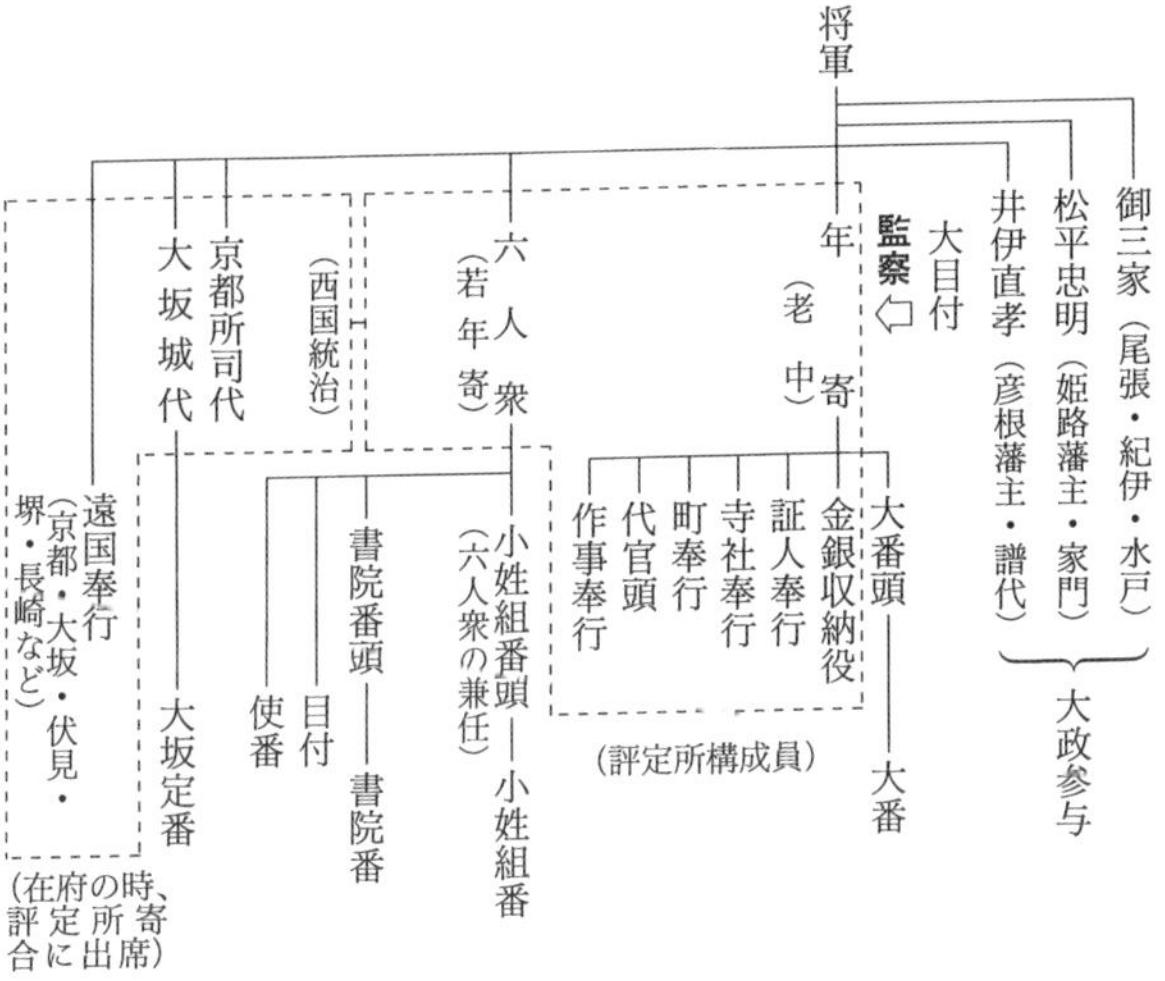

幕府中枢機構図（寛永10年代の想定）

永十五年の機構改革で老中の下に位置づけられたが、なお老中を介さず将軍に直結し、政重は、対外関係および宗門改めを担当、オランダ商館の長崎移転をはじめとする特命をうけて行動していた。軍事的な意味あいの強いこの国絵図の徴収も、同様の任務であって、かれの方針に関しては老中も手出しできなかったのである。

阿倍正之は、「これでは、もう手の打ちようがない。絵図ができしだい、提出するしかないだろう。もし提出がおくれると、政重殿がどう思うか心配だ」と彦右衛門を説得した。

翌年正月二十七日には、国元から、松平直基・阿倍正之・松平信綱のそれぞれにあてた手紙がきた。前年松平直基らが甘い見通しを語っていたので、国元では、まだ嘆願すればなんとかなると考えていたのである。

二月三日、彦右衛門は、国元より到来した嘆願の書状や家康・秀忠・家光三代の朱印状の写しを松平直基や阿倍正之のところへ持参して相談した。そして、そのうえで松平信綱に見せて再考をうながしたが、信綱は、先日政重への申し入れはできないと明言しており、それを受け取っただけであった。万事休すであった。

国絵図の完成

正保四年十一月八日、彦右衛門は、江木次郎右衛門を同道して、井上政重邸を訪問、ようやく完成させた絵図を絵図担当の惣山市之丞に見せた。しかし、またほかに注文がついて突き返された。

この翌年と推測される十月二十一日付井上政重書状によると、山や坂の道法《みちのり》、村々道筋など書き落としている所にも注文をつけており、なかなか政重の許可は出なかった。

慶安二年（一六四九）八月二十一日、彦右衛門は、『日記』に次のように書いた。

井上筑後守殿（政重）へ国絵図ならびに一紙（石高の書付）持参致し、惣山市之丞へ相渡し置き候。（中略）右の絵図大躰《だいたい》は頓《すぐ》に出来《しゆつたい》候へども、甲斐守殿（秀元）・日向守殿（就隆）御領分色分け御好《おこのみ》（注文）の分に調替《ととのえか》へ（作り直し）、その上書付にも色々御好候て、手間入り延引候て、如是《かくのごとく》候事。

萩藩としては、延々六年にわたって国絵図の作成に追われたわけである。彦右衛門が、このような恨みがましい日記をつけたくなる気持ちはよくわかる。

じつはどこの藩でも政重から難点を指摘され、なんども描き直していた。これは、部分的な修正にとどまらず、全面的な描き直しにつながることもあり、完成には長い時間がかかった。

しかし、このため、正保の国絵図は、それまでの絵図とちがい、飛躍的に統一性のとれた絵図となった。しかも、諸国の絵図は、江戸で清書され仕上げられたが、その際、幕府から国絵図の清書になれた狩野《かのう》派の絵師を紹介された。萩藩も、八田助左衛門という江戸の絵師に依頼して仕上げている。八田は、広島藩の絵図も清書していた。

大目付井上政重

政重とその絵図担当の家臣らの見識は、当代一流のものであった。政重は、西欧の地図にも精通し、武器などについても関心が深く、オランダ人に命じていろいろな武器や書物などを購入している。ポルトガル＝イスパニア連合軍による報復攻撃を幕閣が真剣におそれていた時期である。両国と敵対関係にあったオランダ人も、政重にいろいろと便宜をはかってもらっている手前、努力して政重の注文に応じようとし、代金もいらないというのであるが、政重は頑として聞かず、相応の価格を支払った。

寛永二十年十月二十二日には、政重はオランダ人に、幕府作成のイスパニアの根拠地マニラの大絵図二枚を見せ、軍事施設の位置と構造、港の入り口、諸船碇泊地の水深、主城の位置などを話している。政重は、さらに大砲・銃など火器の数量、兵員や住人の数などにも言及している。この絵図の出来栄えは、オランダ人も驚嘆するほど正確なもので、かれらは写してバタビア総督に送りたいと許可を懇願した。政重はこれを許可し、「多年マニラに住んでいた者をひとり宿につかわすから、かれからその地の事情を聞け」とすすめている（『長崎オランダ商館の日記』一六四三年十二月三日条）。

政重は宗門改め役をかねており、潜入した宣教師などの事情聴取はみずから担当し、転宗させた者はスパイとして活用するなどしている。かれの情報は、それなりの裏付けのある確かなものであった。文京区小日向《こびなた》にあったかれの下屋敷は、諜報工作の機能もかねたキリシタンたちの牢屋となっており、キリシタン屋敷と呼ばれている。

そうしてみると、秀就の嘆願など些細なことで、国家的な見地から絵図を作成している政重が受け入れなかったのも当然といえよう。

正保長門国大絵図

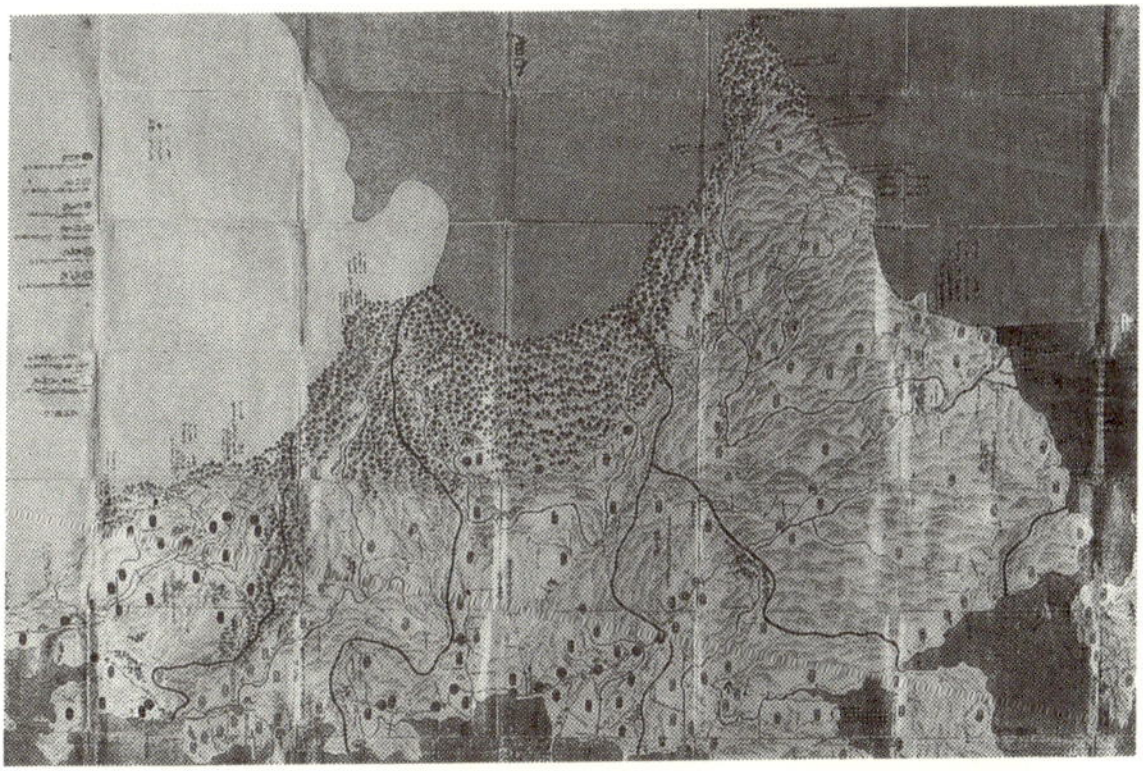

正保周防国大絵図　本藩・支藩領を色分けしてあるが、絵図中の色分け目録で、領地はすべて、本藩よりの分領であることを明記している。『防長両国大絵図』毛利家文庫　山口県文書館所蔵

国絵図の控図

正保の国絵図の原本は、明暦の大火で焼失した。さいわい、正保国絵図の控図が山口県文書館に残っている。淡い色彩で美しいこの絵図は、周防・長門の二枚あり、それぞれ一円に同色で塗られ、郡別に小判形の村の地の色が色分けされている。

しかし、本藩領の村は、村形の枠が黒で描かれているのにたいし、長府領は赤、下松領は緑で描かれている。図中の隅に書き込まれた石高・色分け目録には、長府領および下松領が本藩よりの分領であることを明記している。これは、萩藩の幕府へのささやかな抵抗であるように見える。

彦右衛門が、当時のメモなどをもとにまとめた『万《よろず》被仰出《おおせいだされ》同《どう》窺《うかがい》』には、「この絵図色分けの調へ様・石高以下の儀、絵図の控御《お》蔵本《くらもと》にこれあり候」と書いてあり、控図が提出図と同じ体裁のものであることがわかる。

絵師への支払い

この国絵図のほか、長府・下松・岩国の「三家居所の絵図」（城絵図）も作られている。これらの絵図も、すべて本藩の出費で作られており、秀元らに負担させようとはしていない。ここに、防長両国を一円に拝領していると主張する萩藩の確かな姿勢が見える。

絵図作成経費は、絵師八田助左衛門への支払いを当初五十両にしようとしたが、八田はあまりに安いと腹を立て、七十両で折り合っている。萩藩が、他藩の例を問い合わせたところ、松平光長の越後高田藩では、越後の国絵図二舗《しき》、高田の城絵図一舗、計三舗で小判五十五両であった。幕閣への進物には、金に糸目をつけない萩藩も、絵師への支払いをしぶっているのがおもしろい。

4　東大寺領没収の攻防

借銀に悩む萩藩

寛永十八年（一六四一）の暮れ、萩藩の借銀は七百貫目であった。米にすると、銀百目《もんめ》に四石の相場で現米二万八千石にあたる。萩藩の年収からみれば、家臣らへの知行を引いた実収が現米約十万石であることから考えて、払えない額ではない。しかし、国元に備蓄銀がないところにもってきて、寛永の大飢饉のため年貢米が入らず、特産である山代紙《やましろがみ》も従来ほどには売れないという予想外の事態があり、翌十九年の暮れには借銀が二千貫目（現米八万石）にもなった。

二十年の暮れからは少し年貢米も入り、二万石余は売却することができたが、大坂の米価が安値で、借銀の利子を払うのに精いっぱいであった。山代紙の売上げは八百貫目ほどあったが、この年から翌二十一年にかけての秀就の江戸参府で三千貫目ほどもつかい、財政赤字は解消の目安すら立たない。年貢の売却代金は借銀の利子に消え、山代紙の売上げは上向いているものの、年々の借銀を千貫目ほどに押さえるのがやっとという状態であった。正保《しょうほう》三年（一六四六）には、ついに江戸・京・長崎の商人からの借銀合計が六千二百貫目あまりにのぼり、このままでは借銀はさらに増大して、利子すら払えなくなるであろう（「御借銀出来申覚」）。ご多分にもれず大名財政の困窮ぶりである。

そこで、家臣からの意見を徴したうえで、家臣の知行や寺社領の二歩（二〇パーセント）を借り上げ、知行八百石以下の者や寺社から知行地を没収して、その代償として蔵米で年貢相当分を支給することにした。

ここで周防国内の東大寺領も没収の対象になったことから、東大寺が異議をとなえ、ついには寺社奉行、評定所をからめた紛争に発展していく。この幕藩体制の根幹にふれる争論の中で、留守居役彦右衛門の活動には、とりわけ注目されるものがある。

萩領内の東大寺領

周防国は、源平のむかし文治《ぶんじ》二年（一一八六）に、朝廷より造営領国として東大寺に寄進された。その後、大内氏に蚕食され、まったく有名無実化していたが、戦国時代末期に毛利隆元・輝元父子がわずかながら東大寺に「土居《どい》八町」を還付し、もとの国衙《こくが》（国司の役所）も、東大寺の一支院たる国庁寺となった。

近世初期の東大寺の寺領は、「東大寺領周防国衙」という。萩藩の古書物には「土居八町」とあり、萩藩が行った検地で、新高として九百石余が認められている。近世東大寺の寺領は周防国分をのぞいて二千石なので、これはかなりのウェートを占める。

ところが、萩藩は、正保三年の家臣の知行の二歩（二〇パーセント）を借り上げたのにともない、東大寺領も没収し、代償として米百石ずつを毎年大坂で支払うことにした。

そのため、藩は、東大寺へ使者を派遣し、「防長両国は、近年不作で財政が逼迫し、家臣の知行も借り上げたため、東大寺領も上知《あげち》したい」と申し入れた。

東大寺当局はそれに同意しなかったが、慶安《けいあん》二年（一六四九）の暮れまでは、大坂で米を受け取っていた。しかし、その間も二度にわたって、はっきり萩藩に抗議している。

萩藩では、二度とも、「国中惣並之仕置《くにじゅうそうなみのしおき》（藩内一律の処置）」であるからと、抗議を認めなかった。

東大寺の上訴

慶安三年（一六五〇）の春にいたって、東大寺は、使者（四聖坊・地蔵院）を江戸に派遣した。なんとしても、この領地を取り返そうとする決意であった。四聖坊らは、四月十六日、まず萩藩邸を訪問し、次のように告げた。

——領地を召し上げられたので、二月堂の牛王宝印《ごおうほういん》（護符、二九九ページ写真参照）の取拵《とりこしらえ》もできません。東大寺は「天下御祈禱《きとう》の地」なのに、祈禱もできません。このうえは、祈禱領を幕府より新地として与えてもらえるよう訴訟いたすつもりですが、いちおう、秀就様に申し上げておかないと問題もあるかと思い、お知らせしておきます。

これは、婉曲《えんきょく》な表現であるが、萩藩が寺領を返却しないかぎり、幕府の評定所にこの件を持ち出すというおどしである。応対した彦右衛門は、適当にあしらって両人を帰した。

五月十日、彦右衛門は、寺社奉行安藤重長に呼び出された。東大寺領の件である。四聖坊らは、萩藩側が誠実な態度をとらないので、評定所に持ち出すため寺社奉行に嘆願したのである。

寺社奉行の圧力

彦右衛門と寺社奉行の交渉経過は、こみいっているので、主な論点だけを取り上げよう。寺社奉行安藤重長は、東大寺の訴訟を評定所へは持ち出さず、「東大寺領を返却するように」と内々につたえた。しかし、彦右衛門は、それを拒否し、代償として米三百石を大坂に送るとの条件を出した（五月十五日条）。

そのときの論理は、次のようなものである（『覚書』二十二）。

「国中惣並に付て一旦召し上げ候寺領、誰よりの御指図《おさしず》もこれなく候には、差し戻し候事罷りなりがたく候、寺社御奉行衆より御指図においては、差し返し申すべく……」

——寺領は、藩の政策として国中一律に召し上げたのだから、寺社奉行の「御指図」つまり命令がなければ返せない、というのである。

しかし、寺社奉行は、「御指図」として返却させることには躊躇した。安藤重長の用人下阿部甚左衛門は、彦右衛門に次のように申し入れている（六月十四日条）。

「右京殿（安藤重長）・出雲殿（松平勝隆）御内証《ごないしょう》の御指図をもつて差し返し候様にも仰《おお》せ付けられ候て下され候様……」

このように、あくまで「御内証の御指図」にこだわっているのである。「御内証」の意味は、「長門守殿（毛利秀就）御心得《おこころえ》をもつて差し戻し候様にとの儀」（『覚書』二十二）つまり、事情をふまえ秀就の命令として返却するということである。しかし、その申し入れをうけた彦右衛門は、それを次のように拒否している（同日条）。

「（返却させるつもりなら）東大寺より御評定場へ差し出され、御公儀より御指図をもつて差し戻し申すより外は御座あるまじく……」

このように、評定所に持ち出し、そこで決定されたら返すというのである。彦右衛門は、評定所に持ち出されることをおそれてはいないのである。

幕府と藩の応酬

それでは、なぜ安藤重長は、萩藩に寺社奉行の命令として東大寺領の返却を命じないのであろうか。それについては、次の下阿部に告げたことばに明白である。

「この様子内証存《ぞん》ぜられざる衆、この寺領戻り申す筈にてこれなきところに、指図仕り差し戻し候などと御批判も候へば、如何敷《いかがしく》……」

事情を知らない人が、東大寺領は戻るはずがないのに、寺社奉行がむりやり命令して返却させたなどと批判されるのはよくない、というのである。幕府は、藩の「仕置（政治）」には介入しないという観念を見ることができる。

寺社奉行は、この件を老中に上申したうえで、萩藩に「御公儀御老中より御指図の上にて御差し戻しなさるべき」ことを告げた。その指図の内容も「内証にて」と念をおされ、次のような説明をうけている（七月四日条）。

――もし、表向きに老中の命令で寺領を返却したとなれば、老中にさえ訴えれば訴訟がうまくいくということになり、国中から幕府への訴訟人が多く出、「仕置《しおき》の破《やぶれ》」になるであろう。秀就殿が返却したということであれば、藩の者は「兎角《とかく》長門守殿分別《ふんべつ》ならでは相成らざる」と思うだろうから、「国中の締まり」にもなるであろう。

彦右衛門の交渉技術

幕府は、あくまで藩の政策に介入したという形をとらず、秀就の命令として寺領を返却させようとしているのである。この説明は、もっともらしいが、幕府の苦肉の説得である。

しかし、彦右衛門は、この論理にたいして次のように反論している（七月十六日条）。——幕府からの勧告で返却すれば藩の仕置にさわるまいとのことですが、私はそうは思いません。内証にて返却すれば、国中の寺社家がそれを例にとり、寺社領の返却を願うでしょう。東大寺領を返却した以上、それらの訴訟はおさえることができなくなります。東大寺の場合は幕府よりの命令でやむなく返却した、といえば、自国の者ですから、十人のうち五人までは幕府に訴えようとは考えないでしょう。だからこそ、内証にて返却することはできないのです。

話は、東大寺領の九百石のことではないのである。藩内一律の上知《あげち》というのは、かなり思い切った政策で、諸階層の不満をおさえるため、どこの藩でも藩内一律という形をとらなければならなかった。ひとつ例外を認めてしまうと、それぞれが例外を主張して嘆願してくる。

しかし、幕府の命令で、藩としても余儀なくそうした、ということであれば、藩内の者は、しかたがないと考えるであろう。彦右衛門は、寺社奉行や老中の勧告をあくまでしりぞけ、評定所での公的な命令という形に持っていき、すべてを幕府の責任にしてしまおうとしたのである。

そして、これにはもうひとつの側面があった。幕府は、藩の知行政策などの内政上のことについて、干渉することはなかったのである。老中たちもそのことは認めていて、あくまで内々の勧告をうけ秀就が命ずる、という形にこだわっている。彦右衛門は、その慣行を盾にして、どこまでも藩の方針を貫徹しようとしたのではなかったか。

秀就、合点す⁉

このようにして、事態は、膠着状態におちいった。すると、もうひとりの寺社奉行松平勝隆が、搦手《からめて》から攻めてきた。

勝隆は、七月二十日に彦右衛門を屋敷に呼び、次のように告げた。

「東大寺領は、やはり内証にて返却せよ。三人の御老中も、私と同じ意見である。昨晩、秀就殿が、私のところに帰国の御挨拶にみえたので、ゆっくりと雑談をすることができた。秀就殿は、私の説明を聞いて、合点したと仰せになった（「得《とく》と聞召届《きこしめしとど》けられ、御合点《おがってん》の由、仰せられ候」）。あさって二十二日の評定所の寄合に、東大寺の四聖坊らがきっと出てくるだろう。そのとき、寺社奉行の私は、事情をたずねられる。そのため、今日明日中に、よい返事を聞かせてくれ」

〈殿様がよけいなことを……〉と思ったかどうか——彦右衛門は、「今日明日中に返事をいたします」と答え、勝隆邸を出た。

彦右衛門は、麻布の下屋敷に行き、秀就に報告した。家老の梨羽就云と児玉元恒も同席した。

談合の結果、阿倍正之にたのみ、東大寺との直談を松平勝隆に申し入れるべきだときまり、彦右衛門が使いに行くことになった。彦右衛門は、正之に事情を説明し、勝隆へ直談してくれるようたのんだ。正之は承諾し、秀就から勝隆にさきの返事を撤回しておくよういった。

阿倍正之の直談

翌二十一日、阿倍正之から、彦右衛門にくるようつたえがあった。彦右衛門が出頭すると、次のように告げた。

阿倍「四聖坊らが、けさ松平信綱殿よりの紹介で、私宅にきた。四聖坊の話をはじめて聞いたが、あちらのいうことにも一理ある。証文くらべをすれば、秀就殿の敗訴は明らかである。年限をきめて、寺領を返却することにしたらどうか」

彦右「年限をかぎるのは無理です。一律にしないと、国の仕置が破れます。返すのは藩内の知行を全部返却するときにしたい」

阿倍「藩内一律に返却するまで待てというのでは、四聖坊らは納得すまい。知行の借り上げは世間の家（藩）にもよくあることで、だいたい五年ほどで返却している。すでに三年上知しているのだから、あと二年だ。だから年限を切ってもよいのではないか」

このようなやりとりのあと、彦右衛門は、藩邸に帰り、秀就や家老に報告した。交渉の余地ありと判断したのであろうか、四聖坊らは、二十二日の評定所寄合には出訴しなかった。

二十三日、彦右衛門は、阿倍正之に藩の結論をつたえた。

彦右「やはり萩藩の借銀返済が完了し、藩内の知行を一律に返すときに返却するということにしたい。それでも四聖坊らが納得しなければ、今年から五年と年限をきめて返却することでどうかと話してみてください」

二十五日、阿倍正之は、四聖坊らを呼び出し、

阿倍「五年後に返却するのではどうか」

ともちかけた。四聖坊らは、

四聖「五年では長い、三年にしてほしい」

と取り引きに出た。腹を立てた正之が、

阿倍「これでは調停もできぬ。もはや秀就殿も近日帰国なさる。そうすれば、この訴訟も中断しよう。それでもいいのだな」

と引導を渡すと、四聖坊らは、あわてて答えた。

四聖「御指図しだいにいたします」

ねばり勝ち

そこで、正之は、彦右衛門を呼んで四聖坊らとのやりとりを話し、次のように提案した。

「五年と年限をきめて返却することで済ませるか、あるいは、知行を藩内一律に返却するまで米三百石、このほかに代官の居屋敷《いやしき》分（国庁寺の寺領）として米五十石、都合三百五十石を毎年大坂までつかわすか、どちらかよいほうを選ぶように」

彦右衛門は、耳を疑った。それなら、最初に萩藩が寺社奉行に出した妥協案とあまり変わらない。

「それなら、米三百五十石のほうを選ぶでしょう。しかしながら、帰って相談し、そのうえで返事をします」

彦右衛門は、こう返事をして、藩邸に戻った。

この調停案は、当然のことながら萩藩の受け入れるところとなり、「毎年現米三百五十石、借銀返却ののち藩内一律に知行を返却するとき寺領も返す」という線で折り合うことになる。

九百石の寺領の年貢は、五公五民として米四百五十石。二割借り上げだと三百六十石。東大寺側にしても、多くはないが妥当な額であろう。

秀就は、この年七月二十九日付の判物《はんもつ》（花押を据えた書付）を証文として与え、四聖坊の願いにより、代替わり以後も判物をつかわすことになった。八月二日には、阿倍正之が、四聖坊と地蔵院を連れて麻布の下屋敷を訪問し、秀就に謁見させている。

留守居役の真面目

彦右衛門の忍耐強い折衝により、萩藩の方針は貫徹し、大坂へつかわす米の量を増やすだけで示談となったわけである。

幕府としては、藩の知行政策について強権発動はできず、藩側の納得のうえで藩からの命令の形で行っていた。彦右衛門が、寺社奉行や老中の勧告を拒否し、「御指図」でなければしたがわないと主張したことは注目すべきであろう。とくに、その慣行を盾にとって、藩の政策を変更させなかった意義は大きい。彦右衛門がいなければ、秀就は松平勝隆の勧告に屈し、一時は「合点」していたのであるから、そのまま承服させられていただろう。

服藤弘司氏は、「留守居が藩法の画一化、幕府法追随のうえで強い影響力を有した」とし、結論的に「確実にいい得ることは、大名留守居制が藩政上に与えた影響は、マイナスであった」と述べている（『大名留守居の研究』）。

のちの留守居役の堕落を見通した、氏の多面的な検討の成果は尊重されなければならないが、少なくとも大名留守居役は、彦右衛門のように幕府にしたがう姿勢を見せながら、あくまで藩の利益を最大限に実現することを追求していたことを見落とすわけにはいかないであろう。

第七章　二つの代替わり

1　秀就の死

大地震で石垣破損

慶安《けいあん》二年（一六四九）六月二十日夜、江戸にかなり大きな地震があった。彦右衛門は御城に急ぎ、藩主秀就も大手門前まで出馬した。彦右衛門は、大手門下馬札《げばふだ》前の広場で、幕府目付新見正信と花房正盛に会い、「長門守（毛利秀就）馬、下馬まで罷《まか》り出《い》で候」と申告した。大手門前の広場はどんどん混雑し、秀就は、出馬がつたわったことを知ると藩邸に戻った。

彦右衛門は、年寄酒井忠勝をはじめとする幕閣の屋敷を数軒まわり、「御屋敷、御堅固《ごけんご》に候哉《そうろうや》」と地震の見舞いを申し入れている。

この日の大地震は、マグニチュード七・〇、数日のあいだ毎日四十～五十回の余震があったという（『理科年表』）。江戸市中の町屋七百軒もが大破、薩摩藩邸では長屋が倒壊して下々の者が大勢圧死し、増上寺の石燈籠はたおれ、江戸城を取り巻く石垣なども破損した。

石垣修築を願い出る

そこで萩藩は、江戸城石垣の破損した場所の普請を命じてもらえるよう願うことにした。

六月二十六日、彦右衛門は、松平信綱の用人妻木求馬に、

「御《お》城廻《しろまわ》り御《お》石垣《いしがき》御《ご》破損所《はそんのところ》、御普請仰せ付けられ候《そうら》はば御《ご》馳《ち》走有《そうあ》り度《たき》の由、御訴訟仰せ上げられ度（と秀就が）思召《おぼしめ》し候」

――普請役を命ずるならわが藩へお口添えくださいと、役賦課《やくふか》をかって出た。「訴訟」ということばは幕府への嘆願を意味し、このような願いも「訴訟」といわれるのである。

妻木は、「尤《もっと》もに存じますが、信綱に内談するのは二、三日待って下さい」と答えた。

七月四日、信綱と内談し、その後、他の老中にも「訴訟」を申し入れ、阿倍正之や普請奉行の朝比奈正重にとりなしを願っている。

八月二十四日、幕府より正式に普請下命があり、江戸城内桜田門（桔梗門）台・外桜田門口平石垣・半蔵門口枡形《ますがた》の修築担当を告げられた。その後十月十一日、内桜田門の丁場《ちょうば》（分担場所）を受け取り、二十日に鍬始め、十二月五日に峻工した。

外桜田門口平石垣と半蔵門口枡形は、翌慶安三年正月十一日に鍬始めを行い、四月二十日に完成している。

あくまで萩藩が望んで行った普請で、普請の者への扶持方は、幕府より、十月一日以降一日につき二千七百人扶持（一人扶持は一日五合）が渡されている。

秀元、普請役分担を拒否

萩藩がかって出た普請であったが、支藩との普請役分担のことが再燃した。今回も秀元に協力を要請したところ、従来どおり分担できないとの返事であった。

そこで、本藩も譲歩し、普請の費用や人足は出さなくてもよいから、秀元も協力している姿を幕府に見せるため、形だけ、奉行の侍を五人ほど出すように説得したが、これも拒否された。そこで萩藩は、旗本の伊奈忠治と桑島吉宗に説得を依頼した。

慶安三年二月二十二日、両人は、秀元に普請役分担を申し入れたが、秀元は、「輝元の代から普請役は免除されているので、いまさら名ばかりでも協力できない」といいきった（「宗瑞代より御普請役仕り来たらず候間、今更仕り候事罷りならず候由、申し切り候」）。

これを聞いた秀就は、さすがに腹を立て、老中松平信綱のところへみずから出向き、次のように内証にて申し入れた（『覚書』九）。

——寛永十三年以来、秀元に公儀普請の分担を命じてきましたが、聞き入れません。私の家来の者がつたえても承引《しょういん》しませんので、御旗本の伊奈忠治殿・桑島吉宗殿にたのんで説得しましたが、これも拒否しました。輝元が普請役を免除したという証拠があるのかと問えば、

「左様《さよう》なる物もこれ有るべく候へども、夫迄《それまで》にも及ばざる儀に候。度々《たびたび》の御普請役仕らず候所、紛れなき証拠に候。その上、手前の知行の儀は隠居分に付、役儀《やくぎ》仕る筈《はず》にはこれなく……」

――いままで普請をしていないのがなによりの証拠と開きなおる始末。この隠居分というのも根拠はありません。このままにもしておけませんので、言上するほかはありません。この段、内々お含みおきください。

ついに、秀就は、家光への言上を決意し、その前にいちおう松平信綱まで話を通じておこうとしたのである。

しかし、信綱は、

「その輝元より御普請役を差し除くということを明記した書状などは、本当にあるのであろうか。これは問い合わせておくべきであろう。また、このことを普請中に言上するのは適当ではないので、遠慮してもらいたい。ことし普請が終了し、暇が出て帰国したあと、来春江戸に参府したときにしてもらいたい」

と答え、来春の参府を期して言上すべき口上の内容をしめしてくれた。秀就にしてみれば期待はずれの回答であったが、仕方なくこの指示にしたがった。

秀就、帰国す

慶安三年八月三日、秀就にとってはこれが江戸での最後の日になったのだが、帰国の途につくため屋敷を出た秀就は、玄関において彦右衛門に次のように語りかけたという（『福間氏　譜録』）。

「其方《そのほう》事、数年在役欠如《けつじょ》なく、数度に及んで忠勤の廉々《かどかど》、御忘却なく、御感《ぎょかん》に思召《おぼしめさ》る。然《しか》れば、来年御参府の上、知行千石に足し下さるべきの条、随分《ずいぶん》気分を厭《いと》ひ、当御留守相勤むべき……」

――その方は十数年にわたって江戸に勤務し、落ち度もなく、数度におよんで余を助けて忠勤をはげんでくれたこと、けっして忘れはせず、感じ入っている。来年余が参府したときには、千石に加増しようと思う。だから身体に気をつけ、今度の留守を務めるように――。

というのである。

いっぽう秀就は、次の参府のとき、十数年にわたった長府藩主毛利秀元との最終的な対決を決意していた。内心期するところがあってこのようなことばをかけさせたのであろうか。

これを聞いた彦右衛門の感慨は、いかばかりであっただろう。幼少時からそばに仕えてきた者として、これにすぎる喜びはないはずである。しかし、なんとなく胸さわぎをも感じさせる主君の厚意であった。この日彦右衛門は、いつもと異なり品川まで見送りに行った。

ライバル秀元の死

そのわずか三ヵ月後、慶安三年閏十月三日には、問題の長府藩主毛利秀元が、江戸で病没した。享年七十二歳であった。遺骸は泉岳寺に葬られた。

死の前日、死期を悟った秀元は、萩藩江戸家老のひとりである梨羽《なしば》就云に手紙を送っている（『甲斐守様末期御状之控』）。

「私儀、気分重《おも》り申し、本復致さず候。此分《このぶん》にござ候《そうら》はば、相果て申すべく候。和泉守（光広）・刑部少輔（元知）儀、申すに能《あた》はず候へども、拙者に相替らず御懇《おねんごろ》下さるべく候、万事の儀、本多能州（忠義）・稲葉美濃守（正則）へ申し置き候条、両人へ仰せ談じられ、然《しか》るべき様に頼み奉り候」

息子の光広と元知を、拙者同様懇意にしてくれというのである。万事本多忠義（光広の舅、陸奥白河十二万石）と、女婿で老中の稲葉正則に申しおいているとはいえ、やはり本藩の支持がないと息子の行末が心配であったのだろう。

秀就の気がかり

閏十月四日、椙杜《すぎもり》就幸と彦右衛門は、国元に秀元の死を注進した。その後、「もし、光広に直接（本藩の頭越しに）跡目相続が仰せ渡されてしまったなら、幕府に訴訟しても意味がない」と気づき、翌日、前もって訴訟することの重要性を飛脚で国元に告げた。

国元でこれを知った秀就は、十一月六日、とくに自筆で書状をしたため、彦右衛門につかわした（『福間舎人家蔵（史料）』）。

「今度継目《つぎめ》の儀、我等《われら》へ仰せ出されず、直様《すぐさま》（直接に）和泉守へ跡目仰せ渡され候へば、唯今より御朱印の内、彼等が知行は分《わか》り申し候様なり申す儀に候……」

――幕府が、自分でなく光広に直接跡目を申し渡したとしたら、長府領は本藩の知行ではないような形になる……。秀就は、阿倍正之を通じて松平信綱をたのみ、尽力せよ、と強調している。

同じ書状で秀就は、阿倍正之について、「物の当りはやき人（打てば響くような人）」なので、私の心配をすぐに理解して行動してくれるであろうとその才覚を評し、老中松平信綱については、

「我等儀は、何篇《なにへん》に付《つき》て伊豆守殿（信綱）を万事一筋に頼み候て罷り居り候へば、この段、御指南《ごしなん》をも請《う》け、御指図に任《まか》すべき儀に候間……」

――私は、万事信綱殿にたのんでいるので、この件も信綱殿におすがりするしかない。

と述べている。秀就が、たよりにする人脈がはっきり出ているのである。

とくに、たよりにする旗本の一番手にある阿倍正之を「物の当りはやき人」といっているのは興味深い。老中など然るべき地位にある人物をたのむときは、その厚意に依存するほか

はないが、旗本の場合は、地位がともなわないだけに的確な判断力と行動力が必要であったのである。

ライバル秀元が死してなお、朱印状の石高にこだわりつづける秀就の執念は、大名の存在そのものである知行のこととはいえ、両者の確執の深さを物語っている。

御公儀の手ぬかり

しかし、秀就からの返事がいまだ到着していない十一月十一日、秀元の長男光広の跡目相続が許された。このとき、光広の義理の兄弟である稲葉正則と永井尚征が城に召し出され、老中から相続を仰せ渡されたのである。

心配していたとおりになった。彦右衛門は、即座に阿倍正之に相談した。正之は、「私はうかつにも気づかなかったが、これは幕府の重大な手落ち（「御公儀大きなる御失念」）である」と、言下に信綱への申し入れを約してうごいた。

阿倍「支藩の光広の跡目相続は、本藩の秀就殿に仰せ渡されるべきではないでしょうか。今回のやりかたは、世間の批判をも招きかねません」

信綱「尤も至極である。なぜ光広方に直接仰せ出されるようになったのだろうか。いちおう確認しておくべき事柄であるから、来春の参府のとき、古来の証文など持参するがよいだろう」（『覚書』十）

跡目相続の申し渡しは、老中である信綱も当事者のはずだが、なぜか傍観者的ないいかたをしている。

十五日、彦右衛門は、迅速な正之の行動に感謝し、国元に通報した。

彦右衛門から、江戸での事情をつたえられた秀就は、その後送られてきた、文面づくりにまでおよぶ信綱の指示にしたがい、松平信綱あての内々の書状、松平信綱・阿部忠秋・阿部重次の老中あて一紙の書状、井伊直孝・酒井忠勝それぞれあての書状の計四通（いずれも十二月二十一日付）をしたため、送付した。これは、幕府への正式な嘆願になるべきものである。

秀就の病気

慶安四年正月十三日、正月のさまざまな儀式も終わって一息ついている江戸藩邸に、国元より秀就の病気を知らせる十二月二十九日付の早飛脚が到来した。

病状は、どのようなものだったのだろうか。

毛利博物館に、秀就の病状に関する侍医団の記録が残っており、薬の服用回数、食事の量と内容、大小便の回数、量、色などこまかに記されている。

これによると、秀就はかねて薬を服用していたが、慶安三年十一月中旬ころから量が多くなり（一日三包を三度）、十二月二十二日からは、一日に三包を五度服用することもあった。

そして、くだんの二十八日は、夜中にかけて続けざまに薬を五度服用している。

しかし、食はまだ太く、翌二十九日朝には、ごはん九十一匁（約三百四十グラム）のほか牛蒡《ごぼう》二切、焼いた蛤四つ、かまぼこ二切、干鯛四寸ほどをひとつ、豆腐の煮物少し、一、二、三の汁までを少しずつと吸物少しを食べている。四、五日はこのような調子であったが、翌四年正月四日の晩、酒を飲んだのがわるかったのか、次の日急にごはんの量がへり、おも湯などを食べ、菜にはほとんど手をつけなかった。

家光、名医を派遣す

文面から、かなりあぶない状態であることが推測されたのであろう、秀就の義理の弟松平直政は、江戸の名医をひとりつかわしたいものだと相談を持ちかけてきた。

藩邸当局とも相談のうえ、白羽の矢が立ったのは家光侍医団のひとり内田玄昌《げんしょう》（千里）である。玄昌の父元庵は、もと小早川秀秋に仕え、牢人の後幕府に召しかかえられた。玄昌は、駿河大納言忠長に付属され、忠長改易後蟄居、のち赦免された。

彦右衛門は、まず阿倍正之に話を持ちかけ、正之とともに松平信綱邸へ嘆願に行った。秀就の病状を聞いた松平信綱は、丁重な見舞いのことばを述べたあと、

「この節は、上様も御病気であり、よそにいる医者衆をも江戸に召し寄せている時節であるので、もし玄昌をつかわすことができないとなれば困ったことだ」

といい、尽力を約して、月番老中の阿部重次に嘆願するよう指示した。

彦右衛門は、さっそく阿部重次を訪問して事情を話し、酒井忠勝や阿部忠秋にも相談に行った。その後、登城し、重ねて重次に会見を申し込み、玄昌の派遣を願った。重次は、今日にでも家光に言上したいと考えていたが、諸般の事情で無理だと残念がった。

翌十四日、阿部重次より、急用があるから、早々登城するようにとの切紙《きりがみ》（通達）がきた。即刻登城したところ、重次から、秀就の病気の件は上聞に達し、家光は、「年も寄り候へば、気色一入《ひとしお》御心元なく」と心配していたという。玄昌の派遣もきまった。

玄昌は、萩までの道中、「御《お》公儀送早伝馬《こうぎおくりはやてんま》」で行くことが許され、呉服三つ、銀子三十枚が幕府より下賜された。国持大名の重病の際は、幕府が名医を派遣しており（たとえば、薩摩藩主島津家久の重病のときは、久志本《くじもと》式部を鹿児島へ派遣している）、このときの玄昌の派遣も、幕府が行っている。随行する者は上下二十五人、萩藩よりは井原元栄（筑前、元以の甥）をそえていくことになった。

しかし、玄昌は、江戸にかかえている病人が大勢いたので、すぐには出発できず、明後十六日の未明に江戸をたつことになった。

死との競争

正月十六日の未明、玄昌の出立と入れちがいに秀就危篤をつたえる使者が到着した。知らせをうけた松平直政は、この旨をすぐに老中までつたえるよう指示した。早朝、直政は、彦右衛門を同道して、老中三人にこれをつたえた。

いっぽう二日前の正月十四日には、秀就の十二月二十一日付書状四通を託された使者益田就固が、江戸藩邸に到着していた。秀就危篤の報に接した十六日の晩、彦右衛門はすぐに、ひとりで阿倍正之邸を訪問して、秀就の書状の到着を注進。正之は、「秀就殿が危篤ならば、光広の跡目問題は一刻も早く嘆願しよう」といい、彦右衛門を連れて松平信綱邸に急いだ。

信綱は、秀就使者の到着を知り、彦右衛門から事情を聞いたうえで、明朝月番老中へ秀就の書状をとどけるように、と指示した。

藩邸に帰って、彦右衛門が使者の益田就固に、「明日朝早く、阿部重次殿を訪問しましょう」などと話していると、追っかけ正之より切紙がきた。信綱の気が変わり、使者には自分がさきに会おうとしたのである。正之の切紙には、「明日、益田就固を連れ、まず信綱殿邸にくるように」とあった。

十七日早朝、彦右衛門は、就固とともに信綱邸を訪問した。信綱は、跡目問題を月番老中へどのような口上で申し上げればよいかを指示し、これを毛利光広にも聞かせ、松平直政にも申し上げておくように、と命じた。松平直政邸を訪問して事情を話すと、信綱殿の指示どおりにせよとのことであった。

その後、すぐ麻布の下屋敷に帰り、心配して待つ龍昌院（秀就正室）に報告。ついで、毛利光広邸を訪問し、応対した田代左京に、光広の跡目相続の件を幕府に告げることを知らせ、今後、秀就の手について普請役や軍役を務めるよう申し入れた。光広は、病気と称し、直接には会わなかった。

そのうえで、阿部重次、阿部忠秋、酒井忠勝、井伊直孝らを順に訪問し、用人を介して信綱の指示どおり口上をつたえ、秀就の嘆願書を手渡した（『慶安四年正月二十日益田修理亮覚書』）。

秀就死去

しかし、十七日戌の刻（午後八時ごろ）、秀就死去の報がとどいた。秀就は、すでに正月五日、萩城において不帰の客となっていたのである。享年五十七歳であった。

彦右衛門には、悲しみにしずむ暇はなかった。即座に松平信綱・阿部重次をはじめとする老中らにこれを報告、悔やみのことばをかけられた。

上屋敷では、老中そのほかよりの悔やみの使者が殺到、二十一日には上使として阿部重次が派遣されてきた。秀就の嗣子千代熊と縁戚の松平直政は、上屋敷に集まって応接した。秀就の正室龍昌院には、大奥年寄「いの井」が上使として麻布の屋敷へ派遣された。

松平直政は、秀就の死を知るや、いちはやく萩藩の家老たちに応急の指示を与えた。国元の締まりがたいせつであること、益田元尭・児玉元恒・梨羽就云の三家老は急ぎ江戸に上ること、権現様（家康）と井伊直政殿の起請文を江戸に取り寄せること、殉死や出家・遁世などは無用であること、などである（正月十六日書状『萩藩閥閲録』巻二十六　児玉外記）。

家康と直政の起請文というのは、関ケ原合戦後、大坂城を退去するにあたって毛利家の存続を保証したもの（慶長五年〈一六〇〇〉十月十日付、毛利博物館所蔵）で、『寛永諸家系図伝』編纂のとき担当の若年寄太田資宗《すけむね》が、「結構なる御書物、驚き入り存じ奉り候」と感嘆した毛利家の家宝である（『覚書』二十一）。

江戸藩邸の混乱

秀就の死によって、江戸藩邸は混乱した。

秀就に随行して萩に帰っていた家老梨羽就云は、直政の指示のとどく前に殉死した。三十八歳であった。

江戸の彦右衛門も殉死して秀就の恩に報いようとした。

しかし、いままでひとりで留守居役を務めており、藩の存亡のかかるこの時期に余人には代えがたいと、どうしても殉死を許されなかった。かれは、無念の思いをこめて小指を断ち、秀就の柩の下に納めた。

跡継ぎの千代熊は、まだ元服もしていない十三歳の少年である。

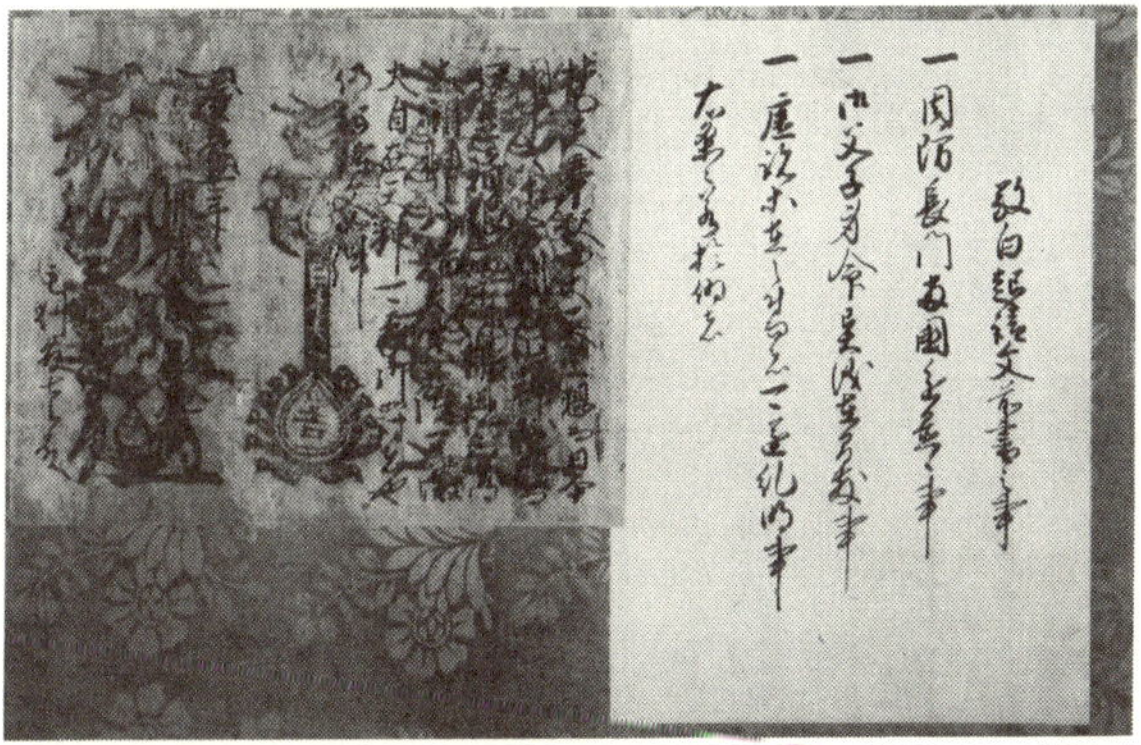

敬白起請文前書之事

一、周防長門両国進置候事、

一、御父子身命異儀在間敷事、

一、虚説等在レ之付而者、可レ遂二糺明一事、

右条々若於レ偽者、

梵天帝釈四大天王、想（惣）而日本国中六十余州大小神祇、別而伊豆箱根両所権現、三嶋大明神、八幡大菩薩、天満大自在天神、可レ蒙二御罰一者也、

仍起請文如レ件、

慶長五年

十月十日　家康（花押）

安芸中納言殿（毛利輝元）

毛利藤七郎殿（秀就）

徳川家康起請文　いわゆる起請文は、誓約の条文を列挙した「前書」（写真右）と熊野神社などの厄除けの護符である牛王宝印《ごおうほういん》の裏（左）に書く神文、神仏への「起請文（梵天帝釈……）」の二つの部分からなる。毛利博物館所蔵

とりあえず、岩国領主吉川広正を政務顧問とし、一門の者が交代で参府して江戸詰家老となり、児玉元恒（千六百石）・椙杜就幸（八百四十石）と合議して、諸事に対応することにした。江戸詰家老は次の三名の輪番である。

毛利宮内少輔就方（一門、阿川領主）　四千八百石
毛利右京進就頼（一門、大野領主）　三千二百石
益田越中守就宣（準一門、須佐領主）　八千八百石

これは、一門の結束を固めるための措置である。秀就死後の筆頭家老（当役）は児玉元恒で、この年二月より六月まで務めた。そして椙杜就幸が交代し、六月より明暦《めいれき》二年（一六五六）十一月に死去するまで務めている。

福間家の家宝

秀就の死によって、普請役のいざこざや毛利光広の相続問題などは、なにもかたづかないまま、どこかへふっとんでしまった。

しかし彦右衛門には、秀就から最後によせられた深い信頼と温情が、これまで以上に主家との絆を強めるものとなって思いおこされた。さきに紹介した十一月六日付の秀就の自筆書状の末尾には、

「申すに及ばず候へども、この儀、其方万事心遣《こころづか》ひ専一《せんいつ》に候。様子候はば（事態に変化があ

役　職	総人数	番　　割
奏者役	6人	3人　上屋敷 3人　下屋敷 (以下御次番まで八番編成)
大組番頭	3人	1人　上屋敷 2人　下屋敷
大組番士	27人	12人　上屋敷 (当番8人、非番4人) 15人　下屋敷 (当番10人、非番5人)
書院大小姓	3人	上屋敷のみ（当番2人、非番1人）
大組の物頭	3人	（組共に）
御次番	9人	番所3ヵ所（当番2人、非番1人）
右筆	3人	1人　上屋敷 2人　下屋敷 （三番編成）
茶道	3人	1人　上屋敷 2人　下屋敷 （三番編成）
矢倉方用人	3人	（三番編成）
馬屋方	3人	（三番編成）
伯楽	3人	（三番編成）
御手廻物頭	2人	（三番編成）
記録所用人	2人	（二番にて）
御小姓	2人	（この替は追って仰せ出さる）
目付	2人	（二番にて）
納戸方	1人	（二番にて）
馬屋方	1人	小林八郎兵衛（この節は定詰）
定詰の右筆	1人	八木甚兵衛
徒の者	30人	（二番にて）

以上107人。藩主秀就の死当時、応急に編成された番割。『毛利十一代史』による。このほか人数不明ながら台所衆・陣僧・御中間・鷹師などがいる。

江戸藩邸の番割（慶安4年）

れば）、追って申し越すべく候、この内証の儀、深く隠密《おんみつ》仕るべく候」

――この件はその方のはたらきにかかっている。

と彦右衛門への信頼を吐露している。実際、幕閣との根気強い交渉が必要な支藩との問題に関しては、彦右衛門をおいてほかにたよるべき家臣はいなかった。

彦右衛門にとって、秀就の絶筆となった自筆書状は、遺言とも形見ともいえるたいせつなものである。彦右衛門は、この書状を桐の箱に収め、箱の開閉部を紙で口張りをし、そこに花押を書いて封とした。箱の上には「大照院様（秀就）御書一通、右大事の物の事に候間、明《あ》け候て見候事堅く無用に候事」と書いた。内容もさることながら、秀就との情緒的なつながりを確認するものであるがゆえに、このような措置を講じたのであろう。

このため、その書状は、子孫すら長く見ることを許されなかった。はるか後の寛政《かんせい》九年（一七九七）七月、彦右衛門の子孫福間昌雄は、この書状は見ることを許されていないが、年々箱の裏をあけて風入れをしていることを知り、こっそりと見て写しおいた。のち、『福間舎人家蔵』と題簽《だいせん》のついた藩への提出書類にこの写しを加えたため、いまその内容がつたえられている。

さて、毛利家の代替わりは、一方で奇しくも将軍家の御代替わりと重なる。

内外の緊張によって、大名留守居役彦右衛門の経験と器量が、いっそう大きな役割をはたすことになる。

2　由比正雪の乱の波紋

家光の死

秀就が死去してまもない慶安《けいあん》四年（一六五一）四月二十日、将軍家光が病没した。享年四十九歳。世子家綱は、まだ十一歳の少年であり、幕閣は危機意識を強めていた。

この幕閣の危機意識を見すかした彦右衛門は、この将軍の代替わりに、外様の大名である新藩主の千代熊（のちの綱広）が、率先して誓詞《せいし》（起請文）を差し上げてはどうだろうかと考えた。諸藩をリードして行う意義も大きい。とりあえず信綱に、しかるべきように指示を願った。すると、「其儀《そのぎ》、一段尤《いちだんもっと》もに候。千代熊殿、又《また》、家老衆残らず御誓詞差し上げられ候て然るべく候」と、信綱も渡りに舟の大喜びで、「他の老中へも言上して、実現させるように」と指示し、その口上の内容や、藩主誓詞および家老衆誓詞の文章にいたるまで詳細に教えた。

これをうけて、彦右衛門は他の老中へもこの旨を嘆願し、全員の賛意をえた。

六月二十二日、千代熊は、叔父の出雲松江藩主松平直政とともに老中松平乗寿《のりなが》のところまで出頭し、誓詞・判形《はんぎょう》（花押を据えること）をととのえ、差し上げた。

家老十五人のうち、吉川広正・毛利就方ら五人は江戸にいたのでその日に判形し、残る家老は、国元より参府するついでに判形するよう命じられた。これは、当主が少年であったためである。のち、十二人までは判形をととのえたが、残る三人は、隠居や病死のためついに判形がととのわなかった（『覚書』三十二）。

代替わりの誓詞は、幕府から強制されたのではなく、藩側から提出を申し出、それを老中がうける形になっていたのである。信綱も、彦右衛門の申し出に指示を与え、彦右衛門のほうから他の老中への嘆願を行わせている。

また、彦右衛門の観測では、諸家の留守居役も同様のことを考えていたようであるが（「諸家にも其並《そのなみ》これある様に承り候」）、この件については、留守居役の間で合同の会合などは開かれていない。幼君の襲職という非常時でもあり、留守居役一同の寄合のような行動はひかえたのであろう。

由比正雪の乱発覚

家光の死後三ヵ月ほどが経過した七月二十五日、松平信綱の用人石川作左衛門が、彦右衛門に、内々の話があるといって、次のように告げた。

「じつは、最近正雪と申す牢人を捜索中ですが、行方知れずです。主人信綱の家来に正雪の知人がおり、どこで知りあったかとたずねたところ、千代熊様の屋敷（萩藩邸）ではじめて知りあったと答えました。貴家中には正雪の弟子（「正雪と師弟の契約仕りたる衆」）になって軍法稽古をしている衆が多くいるという噂がありますから、そう心得ていてください」

彦右衛門は、驚愕した。

「扨《さて》は其通《そのとお》りにてござ候哉、一円に存ぜず候ところに、御内証、近頃かたじけなく存じ候」

――ええっ、本当でございますか！　まったく意外なことで、内々に教えていただき、いつものことながらかたじけなく……。

と、とりあえず礼をいい、自分の一存にて、「屋敷内をひそかに調査してみます、もしまたなにかあれば内々に知らせてください」と答えた。

正雪というのは、いうまでもなく、家光死後幕政を批判して反乱を計画し、同志の密告により発覚して自殺した楠木流の軍法家由比正雪である。

四都呼応しての大計画

反乱計画は、次のようなものである。

正雪が牢人をひきいて駿府におもむき、久能山《くのうざん》を攻略して金銀をうばい、駿府城を乗っ取る、江戸では、十文字槍の名手丸橋忠弥を中心に幕府の火薬庫に火をかけ、急いで登城する老中らの屋敷に弓・鉄砲を射かける、また、大坂には金井半兵衛、京都には熊谷三郎兵衛らを出動させ、そこでも騒動をおこす、正雪は、駿府からこれらの行動を指揮する――江戸・駿府・京都・大坂と四方から呼応しての大計画であった（進士慶幹『由比正雪』）。

ただし、忠弥らも騒動をおこしたのち、駿府に合流するつもりであったらしく、久能山にたてこもり幕府の政策をあらためさせることが、正雪らの究極の目的であったと推測されている（尾藤正英『元禄時代』）。

老中松平信綱に、反乱計画の密告があったのが七月二十三日、密告者は信綱の家臣奥村権之丞の弟、八左衛門とその従弟、七郎右衛門らであった。その夜のうちに、江戸にいた丸橋忠弥は、南北奉行所与力二騎にひきいられた同心二十四人によって捕縛された。

そして、正雪がひそんでいた駿府に、幕府からの追手、新番（寛永二十年設置）の頭《かしら》駒井親昌らが着いたのが二十五日の未の下刻（午後三時ころ）、正雪は、翌二十六日の早朝に同志七人と宿で自殺した。作左衛門が彦右衛門に知らせたのは、幕府内でも機密事項に属する最新の情報であった。

このような者と師弟の契約をしている藩士が多く、しかもすでに幕閣の耳にも入っているのだから、彦右衛門があわてるのも無理はない。もし、反乱に荷担している者でも出たら、それこそ一大事である。家光が死んだばかりで、幕閣もピリピリしている。萩藩としては、そのような者がいた場合、さっそく捕縛して幕府に差し出さないと、藩自体があやうい。

信綱邸を退出した彦右衛門は、麻布の下屋敷に急いだ。そして家老の児玉元恒と椙杜就幸に、

「三ヵ所の御屋敷に正雪の弟子がいるかどうかを調査し、その者どもの行動を監視し、もし

正雪がしのんでやってきたら捕らえ、私のところへ極秘に知らせてください」

とつたえた。

金井半兵衛の探索

三日後の七月二十九日、松平信綱より彦右衛門へ切紙がきて、城へ急ぎ出頭するようにと命じられた。これを上屋敷の家老毛利就方につたえ、すぐさま登城したところ、信綱が直接引見して、次のように申し渡した。

――金井半兵衛と申す牢人が、二、三年間長門国に居住し、御家来へなじみの者が多くいるということだ。かの者は正雪の一味なので、捜査中である（「御穿鑿《ごせんさく》これある者に付て、御尋ねなされ候」）。もしや長門に参ることもあろうから、早々国元へ告げ、万一半兵衛があらわれたなら、捕らえて江戸に差し上げよ。

さらに、信綱は、長門国に「近付之者共《ちかづきのものども》」が七人いる、といい、七人の名を書いた書付《かきつけ》を渡し、念を入れてかれらを捜査するようにと命じ、半兵衛の人相書《にんそうがき》なども渡した。そして、「江戸の藩邸でも同様に、なじみの者がいてくるかもしれない。気をつけておき、もしくれば捕らえて差し上げるよう、屋敷の者にひそかに申し渡すように」

と告げた。

金井半兵衛は大物である。しかも正雪一味と関係のあった藩士は、ひとりやふたりではなかったのである。

城を退出した彦右衛門は、その足で麻布の下屋敷に向かい、家老たちへ、上中下の三屋敷に信綱の指示を徹底させるよう告げた。また、門番頭の面々にも、このことを告げた。

この金井半兵衛は、ひそかに大坂に潜入していたが、八月三日になってもはやこれまでと観念し、天王寺で長文の遺書を残して自害している。遺書には、自分にとって正雪は若いときからの師匠であり、計画を打ち明けられてしたがわざるをえなかったこと、一族の者は関係ないこと、父は計画を知らなかったが自害し、不孝この上もないこと、などが切々とつづられていた。

首謀者の投宿

この日（七月二十九日）夜四つ過ぎ（午後十時過ぎ）、また信綱より切紙がきた。御用の儀があるから、すぐに宿《しゅく》（信綱の屋敷）まで参上するように、との指令である。

夜中、またなにか緊急の事態が発生したにちがいない。急遽、信綱の屋敷に参上した彦右衛門に、信綱は直接会い、次のように申し渡した。

——熊谷三郎兵衛と申す牢人が、千代熊殿の中屋敷吉川広正殿（岩国領主）の家臣二宮三左衛門と申す者の所へ宿しているという情報が入った。この者も正雪の一味であるから、早々捕らえて差し上げよ。三郎兵衛は、今日七つ時分（午後四時ごろ）切り通しの光宝寺

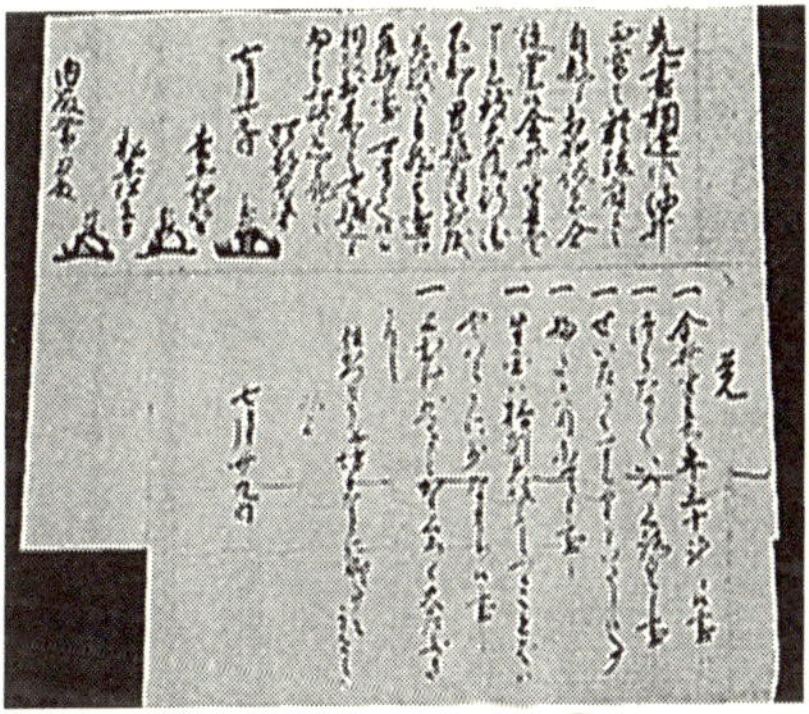

覚

一 金井半兵衛、年三十計ニ候事、

一 つらながく(面長)、いろくろく候事、

一 せいたかく(背高)、すらりといたし候事、

一 ふたかハ目(二皮目)にて候事、

一 生国ハ摂州大坂にて候へ共、ことばハ
やハらかに、少なまり候事、

一 上ひげ(髭)少有之、かミくろく大たぶさ
にて候、
但、かつそう(総髪)弁坊主なとに成候事も
可有之候。

以上

七月廿九日

老中連署奉書(写真内上部)と**金井半兵衛人相書**(写真内下部)
阿部忠秋、松平乗寿、松平信綱の三老中が連署し、全国に命じたもの。駿府で由比正雪が自殺した後、行方不明の共犯者金井半兵衛の手配を命じ、男ぶりなど注記した別紙が添付された。下の文がその内容。慶安4年7月　明治大学刑事博物館所蔵

で、三好宇右衛門という牢人と会っていたという確かな情報があったから、いま江戸にいることはまちがいない。

熊谷三郎兵衛も首謀者のひとりであった。しかも藩邸内にいるらしい。

彦右衛門は、即座に御請けをして、上屋敷に戻って毛利就方と内談したあと、麻布下屋敷の家老たちへは部下の天野藤右衛門をつかわして報告、自身は芝宇田川町の中屋敷へ急いだ（「私儀は指急ぎ中御屋敷へ参り……」）。

中屋敷に着いた彦右衛門は、吉川家の屋敷の門番所にいた今田助右衛門を召し寄せた。

彦右「御家中に二宮三左衛門と申す者がいるか」

今田「おります」

彦右「その二宮のところに熊谷三郎兵衛と申す牢人が宿《しゅく》をしているそうだが、それにまちがいないか」

今田「おりました。今朝、飯を食べてから外出し、まだこの屋敷に帰ってきません。三好とか申す牢人のところから、用があるということで使いの者がきたので、そちらに行ったようです」

熊谷三郎兵衛の行方

事実関係を確認した彦右衛門は、声をひそめて（「其時私窃《ひそか》に申し候は……」）信綱から申し渡された火急の指示をつたえ、もし熊谷三郎兵衛が立ち戻るようなことがあればただちに捕らえて差し出すようにと命じ、「(門番の)組の者のうち心得たる者二、三人ばかりへ、此儀隠密にて聞《きか》せ申し候て、御門に付け置き、門の出入りに心を付け申すべく候」――腹心の腕利き二、三人に内密に告げ、門の出入りをぬかりなく監視するよう指示した。

今田は、「二宮へ事情をたずね、そのうえでなにかあれば折り返し申し上げます」と告げて、屋敷に入っていった。

彦右衛門がしばらく待っていると、今田が「二宮は、広正の宿所ではや寝ていました。ひそかに呼び出そうと手間どって、戻るのが遅れてしまいました」といいわけしながら戻ってきて、次のように報告した。

今田「……二宮に、事情を話してたずねたところ、『三郎兵衛はここのところ町宿《ちょうしゅく》しておりましたが、上方へ行くということで二十六日に私のところへきて泊まっていました。今朝、朝食を済ませたあと外出したまま、いまだに屋敷へは帰ってきていません。荷物をあずかっているので、明朝になれば帰ってくるでしょう。そうすれば、さっそく捕らえて差し上げます』と答えました」

彦右「そういうことであれば、べつに夜中に騒ぎ立てることはない。信綱殿が今夜仰せ渡されたのも、三郎兵衛が二宮のところにいれば早々捕らえて差し上げよ、ということで、もしいなければ、ことをあらだてず噂などにならないようにせよ、ということであった。こ

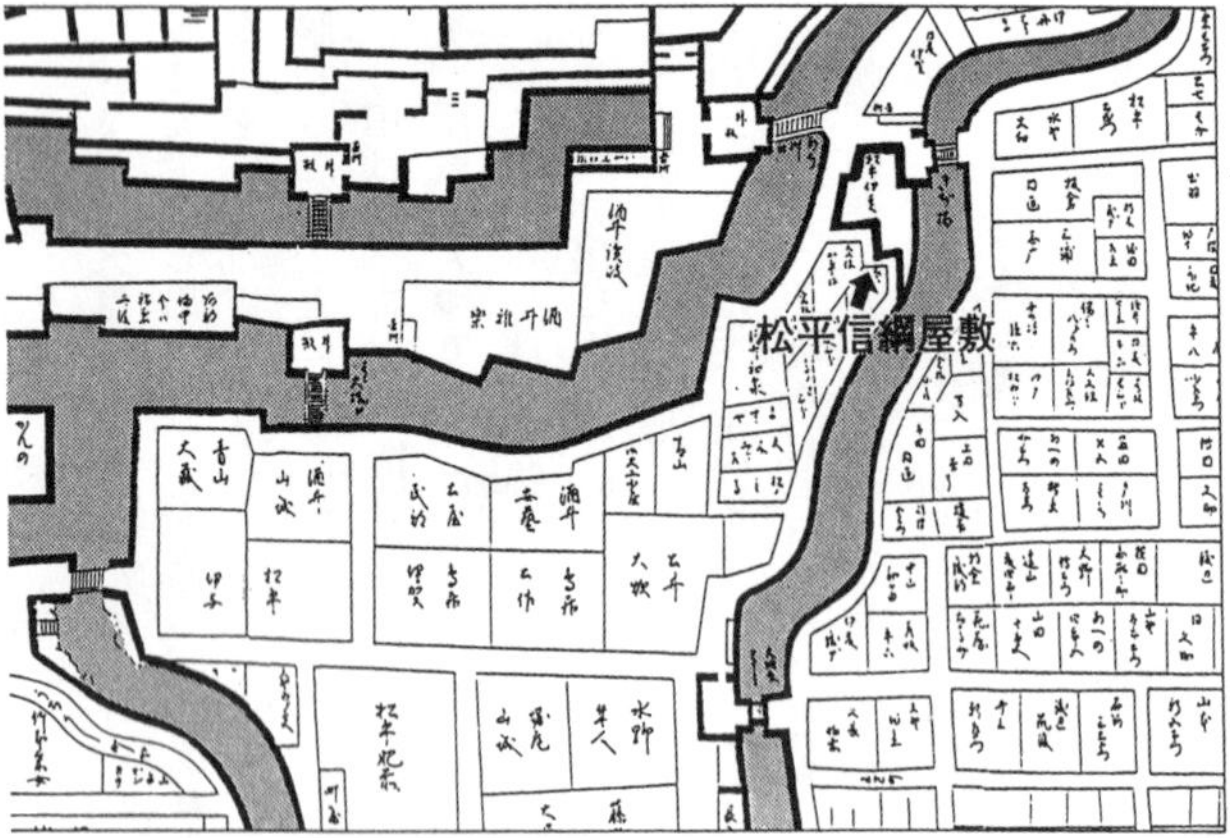

内一帯　『武州豊島郡江戸庄図』東京都立中央図書館東京誌料文庫所蔵

のことが外に漏れないように、いかにもひそかに待っているように」

今田「心得ました。たぶん明朝は帰ってくると存じますので、そのときは即座に捕らえて差し上げます」

徹夜の対応策

このような会話を交わしているうちに、下屋敷に使いした天野が麻布から直接中屋敷へやってきた。椙杜就幸と児玉元恒の返事は、「了承した、天野は中屋敷へ直行せよ。我々もさっそく行きたいが、大勢行くと外に漏れるので遠慮する。もしなにかあれば、知らせよ」とのことであった。

もうすでに時刻は、夜更けというよりも夜明け方になっていた。

彦右衛門は、信綱への報告があまり遅れ

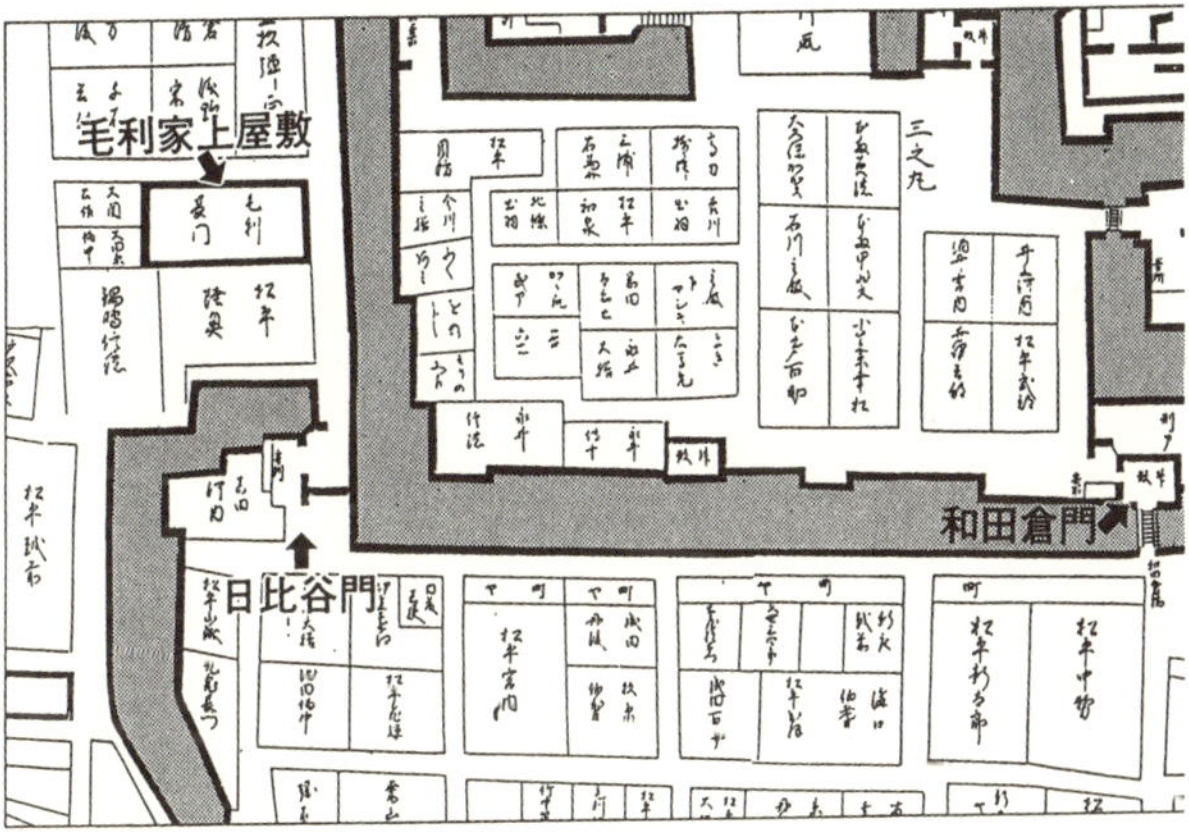

毛利家上屋敷（左頁の日比谷門外）から松平信綱屋敷（右頁）に至る丸の

てもよくないからと、まず信綱邸に行って、以上の経過を報告することにした。

「少しお待ちください。このことをくわしく主人広正に報告してまいります。そのうえで信綱様のところへ参上してください」

今田の報告に、広正は了承した旨を答え、

「ただいままでは、なにも変わったことはない。早々信綱殿へまいり、このことを申すように」

と告げた。

彦右衛門は、さきを急いだが、江戸城の日比谷門はまだあいておらず、平川門外の信綱邸（現在、竹橋会館一帯）へは行けなかった。そこで、まず上屋敷に帰った。

翌朝、夜明けとともに信綱邸へ参上した。信綱に報告した彦右衛門は、また中屋敷へ戻り、三郎兵衛は戻っているかとたずねたが、まだ戻っていなかった。

熊谷三郎兵衛の自刃

七月晦日の五つ半時《はんどき》（午前九時ごろ）、吉川家の家臣森脇又兵衛が、上屋敷の彦右衛門宅にきた。

但馬出石《たじまいずし》藩主小出吉英（大和守）屋敷の後ろの土取場（現在の港区虎ノ門四丁目）で、熊谷三郎兵衛が自害しているのを発見した、という。

彦右「その死骸は、広正殿の家来が最初に発見したのか、それともだれか外の人間も見てから広正殿の家来が確認に行ったのか」

森脇「自害の者がいるというので家来の者が行ってわかりました。私がまいったときには、もう大勢が寄り集まって見物していました」

彦右「そのようすは、どのようなものであったか」

森脇「夜中に自刃したようです。長脇差で腹を切り、その脇差にて喉笛をかき切っていました。長脇差にはだいぶ血糊がついており、ぬいたままかたわらにありました。刀もありました。書物《かきもの》が一つ懐中にあるようです。死骸をよそへ動かすのもどうかと思い、まず番の者をつけ、私が報告に来ました」

彦右衛門は、即刻森脇又兵衛のいうところを口書《くちがき》（供述書）にまとめ、急いで登城して信綱に報告した。信綱は、自害のことにはなにもふれず、三郎兵衛が持っていた挟箱《はさみばこ》二つを自分の屋敷へ急いで持参させるようにと命じた。

彦右衛門が御請《おう》けして城内の玄関を出ると、おりよく、心配した吉川広正が問い合わせのためよこした原勘右衛門がいた。彦右衛門は、かれに中屋敷から挟箱を持参するようにと命じ、自身は信綱の屋敷に行って用人妻木求馬に事情を話し、その場で待つことにした。

しばらくして原が、中屋敷から三郎兵衛の道具として、鑓《やり》一本、挟箱二つ、銀子一包を持参した。挟箱には、すでに原の符《ふ》（封印）が付いていたが、妻木の指示でそのほかに彦右衛門の符も付けて渡した。

彦右衛門が藩邸に帰ると、また妻木より使いがきて、三郎兵衛の所持品は町奉行神尾元勝殿に渡せと命じられたので、持手とともに一人（「持手」は中間、「一人」とは武士を意味する）差し越すよう命じられた。

彦右衛門は、急ぎ原を呼び信綱の屋敷へつかわしたが、妻木は、「御城では殊《こと》の外《ほか》御急ぎであったので、其方より参る者を待つことができず、当方から直接、神尾殿に渡して埒明《らちあ》けた」と告げた。

長門出身の熊谷三郎兵衛は、京都に潜入していたが、里心がつき、江戸にまい戻っていたらしい。その姿を見とがめられ、逃れがたく自害してはてたのだった。彦右衛門が三郎兵衛の自害を報告したとき、信綱がなにもたずねなかったのは、すでに早朝自害者ありとの情報をえた寺社奉行より、役人が派遣され、検死が済んでいたからであった（検死を終えて、そのまま死骸を放置しておくというのは意外だが、それが普通であったのである）。

幕府の特別厳戒体制

翌八月朔日《ついたち》早朝、彦右衛門は、松平信綱の屋敷を訪問したが、信綱は外出していた。出先から直接登城すると聞き、城へ行くと信綱より呼び出された。

信綱「熊谷三郎兵衛の親類の者を残らず書き上げよ。近き親類は両腰を取り上げ、牢に入れよ。拒否したなら、討ちはたしても苦しからず」

彦右「その件はすでに国元に申しつかわしております」

彦右衛門はこう答え、熊谷三郎兵衛の親兄弟のリストを提出した。かれを泊めた二宮三左衛門をも牢に入れていることも報告した。

信綱は、「御念を入れられ候」と賞し、親兄弟のみならず諸親類まで書き立てよと命じた。彦右衛門は麻布下屋敷に行き、吉川広正をも交えて相談して、あるていどの手ごころを加えた枠内で三郎兵衛の親類を書き上げたリストを作成し、翌日信綱に提出した。

四日、信綱より呼び出された。登城したところ、熊谷三郎兵衛の親（又左衛門夫婦）・兄弟（八左衛門・十助・三蔵）の五人を江戸に差し上げるよう命じられた。そして、その兄弟に男子あれば連行すること、また「妻これあるにて懐妊仕り候はば、念を入れ見届け、男子産れ候はば、其節《そのせつ》申し上ぐ」べきことを命じられている。男子は、お腹の子まで連座の対象になっているのである。

六日、また信綱より呼び出されて、登城した。

松平信綱と由比正雪事件担当の書院番頭《ばんがしら》牧野親成・小姓組番頭久世広之、それに町奉行石谷貞清が列席していた。書院番・小姓組番は将軍の護衛師団であるから、首相と首都警備司令と警視総監が同席したようなものである。この事件にたいする幕府のなみなみならぬ対応がうかがわれる。

国元での徹底捜査命令

「長門牢人宇野九郎右衛門（正雪にしたがって駿府で自害）兄弟松木忠兵衛・宇野又右衛門を江戸に召し寄せよ、右両人に男子あれば同様に差し上げよ。また、熊谷六郎左衛門と申す牢人も、正雪と駿府に参った者（同じく自害）であるが、名字からして三郎兵衛の親類であろう。其方にてわかることもあればたずねてみよ」

申し渡しをうけた彦右衛門は、

「か様《よう》なる末々《すえずえ》の者共（加担者）、家頼《けらい》（家来）より罷《まか》り出る儀も存ぜず候。穿鑿《せんさく》致し、其上にて趣《おもむき》申し上ぐべき……」

と恐懼して、調査のうえ報告すべきことを言上した。これではまるで、長門国は反乱牢人

の巣窟の観がある。すると、信綱は、

「其方へは少しも不審なる儀、疑ひこれなく候間、左様《さよう》相心得候て、様子相尋ね、何の道《いずれみち》にも相替《あいかわ》る趣《おもむき》これあるにおいては、申し上ぐべき……」

と申し渡した。萩藩には類をおよぼさないから、変わったことがあればすぐ、気がねなく正確な情報を上げよ、ということであろう。好運というべきか、予想もしないことであったが、率先して代替わりの誓紙を提出した効果が、はからずもこのあたりにうかがえる。

無実の連座

はたして熊谷六郎左衛門は、長門出身の牢人で萩の町人熊谷紹味《じょうみ》という者の末子であった。翌日、彦右衛門が、六郎左衛門の親類のリストを信綱に持参すると、その書付の五人をさっそく江戸に差し上げるよう命じられた。彦右衛門は、即日この旨を国元に申しつかわした。

国元では、連日のように飛来する由比正雪関係の知らせに神経をとがらせていた。萩藩の国元の目付の日記である『波多野日記』によれば、八月十日に江戸より正雪事件の報がきたのにつづき、十八日には、宇野の件が到来、その近親が波多野にあずけられている。そして二十三日、熊谷紹味夫婦・子供・孫の五人、熊谷又左衛門子供二人、宇野又右衛門父子、松木忠兵衛父子の計十一人が、見物人衆視のうちに萩を出て、江戸に連行されてきた。さきに江戸に送られた熊谷三郎兵衛の親兄弟等とあわせて十六人もの無実の親類縁者が連座の対象になったのである。

九月十三日の信綱の言によれば、伯父・従兄弟までは別状なし、宿を貸した二宮はいま少し詮議あり、とのことであった。

そばづえ二宮三左衛門

しかし、その後幕府から二宮の処遇についてはなんの沙汰もなく、中屋敷の牢に入れられたままこの年は暮れた。翌年、正月二十三日、主人の吉川広正より町奉行神尾元勝と石谷貞清へあてて、二宮のことをよろしくたのむとの書状を出し、その旨彦右衛門も町奉行へ申し入れたが、なお沙汰がなかった。

この年六月四日になって、老中阿部忠秋から、諸家留守居役一同にたいし、「家来に預《あず》け人《にん》があるか」と問われた。「預け人」とは、罪を問われて幕府からあずけられた者で、大名クラスの者が多く、中には改易《かいえき》された大名の重臣などもいる。萩藩には、かつて改易された出羽山形藩最上家の家老氏家左近がいた。

これを利用しない手はないと考えた彦右衛門は、内々に「二宮三左衛門儀《ぎ》、ただいま牢に入れていますが、預け人としては言上しませんでした」というようなかたちで、二宮についての信綱の注意を喚起した。信綱のそのときの回答は、「正雪一党の者は、牧野親成と久世広之の担当であるから、それにはおよばない」というすげないものであった。しかし、結果的には、このねらいは功を奏した。

その四日後、町奉行神尾元勝から呼び出された彦右衛門は、二宮の赦免を知らされたのである。ただし、正式な申し渡しは信綱からなされるはずで、それまでは口外しないように、とのことであった。

喜んだ彦右衛門は、元勝の厚意を感謝するとともに、家老らへこの旨を知らせ、指示どおり正式な申し渡しまではけっして口外しないことを申し合わせた。

それにしても二宮は、ただ知人を宿に泊めたというだけで、自分の身がどうなるかもわからないまま十ヵ月以上も牢に入れられていたのである。

幕藩権力の重み

正雪事件そのものは、ひと月ほどで幕となったが、この事件にたいする彦右衛門の対応は機敏であった。とくに、金井半兵衛や熊谷三郎兵衛の捜索を命じられた七月二十九日から八月一日までの三日間はほとんど寝ていない。まさに二十四時間戦う留守居役の面目躍如といったところである。そして、その態度は幕府への恭順の姿勢に貫かれている。信綱の指示にはすばやく対応し、時にはさきまわりをして正雪一味の関係者の捕縛を、国元に命じている。

また、注目すべきは、幕府の捜査網である。藩もおどろくほどに共謀者を特定し、捜査の手をのばしている。おそらく、江戸中にスパイを放ち、密告を奨励してこのような情報を入手したのであろう。

　とくに密告の奨励の効果はいちじるしく、翌承応元年（一六五二）九月の戸次《へつぎ》庄左衛門ら四人の牢人たちの謀反計画のときもいかんなく発揮されている。

　このときは幕府普請奉行城《じょう》朝茂の家来長嶋刑部左衛門という者が松平信綱に密告し、即座に町奉行配下の与力・同心たちに捕らえられている。しかも事件後、計画を打ち明けられていた備後福山藩士で軍学者の石橋源右衛門は、幕府に知らせなかったというだけの理由で、戸次やその弟・子供らとともに、浅草で磔の刑に処せられている。

　ただし、牢人の、幕府への反乱計画という未曽有の事件であるにもかかわらず、幕府権力自体は江戸藩邸または藩領にはまったく入っていない。すべて、留守居役という藩の一機構を通じて指示を出し、藩側の警察機構を通じてことを処理しているのである。ここに、藩あるいは江戸藩邸の権力体としての自立性を見出すことができる。

　しかし、幕藩両権力は、互いに補完関係にあったと見ることもできる。反逆者は、まさに幕藩の両権力によって捜査され追い詰められたのである。金井らは、全国どこに逃げようと、捜査の手がのび、自害せざるをえなかった。成立期の幕藩制国家は、まさに幕府と藩が補完関係にある、高度に集中化された、重層的な軍事・警察国家であったのである。

　いっぽう、承応事件を最後に牢人たちの反抗は姿を消し、かれらは別の道を模索しはじめる。

3　長門国目付の派遣

国目付派遣の史的側面

家光の死の少し前（慶安四年〈一六五一〉正月五日）、萩藩でも当主秀就を亡くしていたことはすでに述べたとおりである。この年二月二十日、数えで十三歳の千代熊に跡目相続が認められた。

どうやら改易・転封はまぬがれることができたが、藩家臣団には動揺もあった。彦右衛門に殉死が許されなかったのも、藩内にあつれきの種をかかえて、これ以後の幕府との折衝が重要であったからである。

この年の暮れ、萩藩に幕府より国目付《くにめつけ》が派遣されることになる。

国目付とは、幼少の者が跡目相続した大藩に、幕府から派遣される監察官のことである。これは、使番や書院番士を務める旗本二名によって構成される臨時の役職である。研究史的には幕府の藩への監察の側面が強調される国目付であるが、はたしてそのようなものなのであろうか。まずその国目付の任命にいたった経緯を見てみよう。

この年八月二十六日、家老椙杜就幸と彦右衛門は、松平信綱を訪問した。御用を済ませたついでに、就幸が次のような話を持ち出した。

「幼少なる千代熊に両国下され候儀、ありがたき仕合《しあわせ》に存じ奉り候。此上《このうえ》は、国のため家中《かちゅう》のためにござ候条、長門国へ御目付下され候《そうら》へかしとねがひ奉《たてまつ》り候」

——領国（藩）のため、家臣のために、国目付を派遣していただきたい。

というのである。

信綱は、「その儀、尤もに思う」と答えた。

九月八日、老中松平乗寿《のりなが》から切紙が来て、家来ひとり御城へ出頭せよとの指示があった。彦右衛門が登城し、坊主衆に乗寿殿へつたえてもらうようたのんだ。すると、「少し待て」と告げられ、この後、「家老二人ほど罷《まか》り出で候へ」と坊主衆をもってつたえられた。

そこで、児玉元恒と椙杜就幸に知らせたが、こないうちに、「家老衆が参らなければ、貴殿だけで罷り出でよ」と命じられた。なにか、重要な申し渡しがあるにちがいない……。

幕府より国目付派遣の決定

彦右衛門が出頭すると、松平信綱・阿部忠秋・松平乗寿の三老中より、次のような仰せ渡しがあった。

「大猷院《だいゆういん》（家光）様御代に直《すな》ヲなる御仕置《おしおき》により、国中別条なき通りは聞召《きこしめ》され候へども、千代熊殿儀、幼少の儀に候間、国のため、御家頼《ごけらい》（来）のために、長門国へ御目付を遣はさるべき旨候間、其《その》心得 仕《つかまつ》り候へ」

——前代にはよく国を治めて、領内に別状ないことは知っているが、千代熊はまだ幼少であるから、藩のため家来のために長門国に目付を派遣する。

というのである。

彦右「この儀は、この方より御訴訟をも申し上げたいと存じておりましたが、千代熊儀は幼少であり、家老の者共は御公儀の考えをはかりがたく存じ、兎角《とこう》しているうちに、このような仰せ、千代熊にはかたじけなき仕合《しあわせ》にてありがたく存じます」

忠秋「その方の申すように、この儀はそなたより御訴訟申し上げてでも御目付を命じてもらうべきところ、かように仰せ出されし段、残所《のこるところ》なき御仕合である」

このようなやりとりの後、退出した彦右衛門に、その日奏者《そうじゃ》の当番であった松平勝隆は、次の間まで出てきて、「千代熊殿御仕合、残所なき儀にて然《しか》るべし」と祝いのことばをかけ、彦右衛門も、「千代熊家の安堵《あんど》、此上もござなく候」と答えた。

城を退出した彦右衛門は、麻布下屋敷に急いだ。途中で登城中の児玉元恒らと会い、路上でことの始終を報告、そのまままいっしょに屋敷に帰り、龍昌院と千代熊に報告した。そして、風邪をわずらっていた千代熊の名代として、一門の岩国領主吉川広正が御礼のため登城した。

この一連の経過で注目すべきなのは、萩藩は、国目付派遣を「ねがい奉り」、「御訴訟」しないうちに、幕府から仰せ付けられたということである。

すでに述べたように、江戸城石垣普請をかって出たときも、その願いは「御訴訟」であった。つまり、公式に願書を上げて願うのが「御訴訟」であり、「ねがい奉」るのは願いの程度が一段低いのである。未経験の国目付派遣という事態に直面した萩藩の、躊躇する微妙な気持ちがよくわかる。

しかし、彦右衛門と松平勝隆のやりとりはけっして茶番ではない。「訴訟」もないのに国目付派遣が決定されるのは、特別待遇であったのである。しかも、「ねがい」とはいえ、萩藩側から持ち出した話である。国目付が藩への監察であるというだけの議論は、考え直さなければならないだろう。

第一回国目付

国目付派遣がきまった一ヵ月ほど後の慶安四年十月四日、彦右衛門が信綱に呼び出されて登城したところ、信綱は、使番《つかいばん》斎藤利政と小姓組《こしょうぐみ》番士山田重種の両名が長門国目付にきまったことをつたえた。

彦右衛門は、その日のうちに老中と新任の国目付に使者をつかわし、御礼を申し入れた。十一日には、千代熊が国目付両名を訪問し、「寒中と申し、御太儀《おたいぎ》」——お寒い中をご苦労さまですと、太刀馬代金一枚・小袖五を進物として贈った。

十一月六日には、両名を藩邸に招き、振舞《ふるまい》の膳にて饗応した。

十一月二十八日、国目付両名から、老中が家老の出頭を命じている旨をつたえられ、毛利就方・椙杜就幸・児玉元恒の三家老が登城した。

千代熊の伯父越前家一族の松平光長と松平直政も、この日は定例の拝謁のために登城していた。この両人は、拝謁後老中より呼びとめられ、萩藩の三家老とともに、黒印状《こくいんじょう》（将軍の黒印を押した文書、時期をかぎった命令に使用される）を渡さるべき旨を申し渡された。

光長らは、「千代熊ためには有り難き仕合《しあわせ》……」と御礼を言上した。また、国元家老あての老中連署奉書《れんしょほうしょ》（老中が将軍の命を奉じて出す文書）が国目付に渡された。これには両名が国目付に任命されたことが明記されており、委任状のような役割をはたす（国目付が奉書を萩に持参し、家老に見せれば、それを持ってきた人物がいかなる役目を帯びているかがしめされる）。千代熊は登城し、黒印状が出たことに御礼を言上した。

いよいよ十二月五日の江戸出発にあたっては、銘酒諸白《もろはく》二樽と菱喰《ひしくい》の鶴一羽ずつをお祝いとして贈った。道中、家臣を付けようと申し出たが、これは無用と断られた。

国目付の長門までの道中には、使者を立てて、三島—沼津の間と、荒井—城須賀の間、そして桑名—四日市の間の三度、御菓子・肴二種に手紙をそえて贈っている。

国目付両名は、十二月二十日に萩到着、翌年正月十二日、その報告が幕府にとどいた。

国目付の仕事

萩での国目付の動きの重要な事項をあげれば、まず、藩の領地と家臣団の把握を行っていることである。

家臣団の把握は、分限帳《ぶげんちょう》（知行取りの名簿）・無給帳《むきゅうちょう》（切米取りの名簿）を提出させてこれにあたり、領地については石高の総計を提出させている。また、城を見分し、城下を見回り、四月十日よりは周防・長門両国の国廻り《くにまわ》（領内巡見）を行っている。これは十五日間の日程で、民情の把握に努め、二十五日に萩へ帰着、幕府へも報告があった。

六月二十六日には、萩城の天守閣にものぼった。

萩藩では、国目付の屋敷を新築し、家臣や町人に落ち度のないようきびしく命ずるなど、国元での接待にはとくに気を配った。江戸からも肴を二度ずつ、手紙をそえて贈った。

また、この国目付のはたらきにたいしては、萩藩より合力米（国目付に給付する米）が給されている。

この件で彦右衛門は、六月十二日、信綱に相談に行ったが、「此儀は、さして御公儀より御差図《おさしず》これなき儀に候らへば……」――幕府が指図することではないからと、国目付を派遣された他家の例を参考にするようにと指示された。そこで、大番頭《おおばんがしら》田中吉官《たなかよしすけ》に相談を持ちかけ、たとえば、斎藤利政の場合、知行二千三百五石であるから在任期間半年分の四ツ物成《ものなり》（年貢四〇パーセント）四百六十一石を給することにした。

そして、七月晦日、両名は無事半年の任務を終えて、江戸に帰着。その途次でも萩藩から二度進物をつかわしている。

国目付江戸帰着につき、千代熊は、酒井忠勝・松平信綱・阿部忠秋のもとへ御礼言上におもむき、国目付両名には御囃子《おはやし》の名手を集めて振舞の宴席を設けた。

三度におよぶ派遣

以上が、第一回国目付派遣の大略であるが、国目付は、これで終わりではなかった。すでにこの承応《じょうおう》元年（慶安五年〈一六五二〉は九月十八日に改元された）九月二十九日には、二度目の国目付として、使番石川貴成と書院番士石丸定次の派遣決定が、信綱より彦右衛門へつたえられている。

二度目の国目付は、翌二年二月下旬に江戸を別々に出発し、三月下旬に萩到着、やはり国廻り等を行って、九月二十七日に江戸に帰着した。萩藩側の対応も、一度目と同じである。

そして、承応三年四月三日、三度目の国目付として使番能勢頼隆と小姓組番士水野元吉の派遣が老中阿部忠秋よりつたえられる。かれらは、五月二十五日に江戸を出発し、六月十九日に萩到着、翌四年正月二十六日江戸に帰着した。萩藩の対応が、前二度のときと同じであるのはいうまでもない。これで、計三度にわたった長門への国目付がようやく終了した。

国目付の性格

旗本が藩領に立ち入る以上、国目付は幕府の藩政への公然たる介入であり、そこに藩への監察の任務を見出すことは自然である。しかし、そもそものために派遣されたのだときめつけてもよいのだろうか。

それならば、なぜ、国目付派遣が藩側から願われるのか、あるいは国目付にたいして藩主が御礼をしたり合力米を進呈したりするのか――このような疑問にたいして、国目付監察説は十分な解答をすることができない。

なぜ、国目付を藩側から願うのであろうか。これは、彦右衛門らが「国のため家中のため」といっていることがヒントになる。

これまで見てきたように、毛利家にかぎらずこの時期の藩は、かならずしも一枚岩ではなかった。領国に藩主不在のまま数年を過ごす間に、一門や家老の反主流派が藩内に政争を巻きおこすことも考えられ、そのような不祥事をまねいては藩自体の存立をあやうくするもととなる。これをさけるためには、なにか藩を超越した権威が必要となるが、そうした国主の代理をなしうる存在は幕府をおいてほかにない。幕府から派遣された国目付こそ、幕府を背景に、藩内の対立抗争を未然に防ぎうる権威であった。そのため、藩当局は国目付派遣を願ったのである。

また、国目付は、ほぼ一年に一回派遣され、長門に滞在する期間は半年である。そして、この時期の国目付は、人は替わるにせよ毎年のように派遣されるのである。三度目に国目付が江戸に帰ったのは、承応四年正月二十六日であった。その三年後の万治《まんじ》元年（一六五八）六月二十一日には、元服して綱広を名乗っていた新国主千代熊が初入国する。そうしてみると、国目付は、幼少のため国元に帰って政治をとることができない国主の代理であったと考えることができるのではないか。

国主の代理効果

国主も、初めて入国するときには、国廻《くにまわ》りを行うことが通例である。綱広の初入国のとき、彦右衛門は、松平信綱に、

「初めての入国なので、領内を巡見し、国境なども見たい。これは幕府にうかがわなければならないことでしょうか」

とたずねたところ、

「此段《このだん》、御暇遣《おひまつか》はされ候儀は、国中見届け、仕置《しおき》申し付け候様にとの儀に候間、別《わけ》て御伺ひに及ばず候。心静かに御国廻り候て然るべく……」

——綱広殿に帰国が許されたのは、領内を見とどけ政治を行うためであって、国廻りなどはうかがうにはおよばない。

と回答をうけている（『覚書』二十七）。

国入りは、「国中見届け仕置申し付け」るために許されるものなのであって、大名として

の義務である「預けられた国」をきちんと治めることが要求されていたのである。国廻りなどは、そのためのもっとも重要な手段であり、「伺い」にはおよばず、むしろ率先して行わなければならない政務であった。

したがって、国主が、その代理をはたす旗本にたいして御礼をいい、合力米を進呈するのも、自己の代理をしているものにたいする行動であるとすれば理解できる。

しかも、国主の代理として幕府から派遣されている以上、国目付在国中の不祥事は、少なくとも幼少の国主に責任が問われることはないであろう。すなわち、藩は、自己の権力機構を一時凍結されたことによって、きたるべき新国主入国までの存続を確実に保障されていたのである。

また、国主の縁戚の有力大名が、なんら公的な役職にないにもかかわらず、国目付と並んで重要な位置にいることにも意味がある。これは、その権威と藩側の信頼によって、形としては露骨な幕府の介入である国目付を側面から援助し、場合によっては逆にその行動を規制することによって、無事にその任務を終わらせるためのものだった。

このような縁戚の有力大名の動きも、土佐藩の元和《げんな》改革が山内氏の縁戚の松平定勝や稲葉正成に指導された（高木昭作「幕藩制政治史序説」）ことなどを考えあわせると、当然のことであった。

元服の「名」と「名乗字」

さて、少し話はもどるが、承応二年（一六五三）十二月十日のこと、彦右衛門は、老中松平信綱邸に使者につかわされた。千代熊の元服をひかえて、名《な》と名乗字《なのりじ》を上申に行ったのである。

「名」というのは官途《かんと》で、秀就は長門守であった。千代熊はそれを継がず、毛利元就などの伝統ある「大膳大夫《だいぜんだいぶ》」をつけたい、「名乗字」すなわち実名の一字は、毛利家の祖大江広元の例を持ち出して「広」を使いたいと希望した。もう一字は、家綱からもらう「綱」にきまっている。徳川氏の前の苗字松平の称号を許されたり、実名の一字を拝領することは、国主に認められる恩典であった。

信綱は、

「今程、大膳大夫差相《さしあい》これなく候間、然るべく候。広といふ御家の字にて候へば、是《これ》も尤もに候」

と答え、残る老中にもそのようにつたえることを告げた。「差相《さしあい》これなく」というのは、老中などの幕府の重職に、同じ名（官途）のものがいないということである。もしいると、まぎらわしいため希望にそえない。吉川広正は、美濃守であったが、稲葉正則（美濃守）が老中になったため、内蔵助《くらのすけ》に名を変更している。

晴れがましい元服の儀式

ついで彦右衛門は、さりげなく「明日は、上杉殿（綱勝、出羽米沢藩）、細川殿（綱利、肥後熊本藩）、千代熊の三人が元服いたしますが……」と本音を切り出し、

「一二三前後の次第《しだい》ござあるべく候、この次第之儀、家老共気遣ひに存じ奉り候」

――出仕の順番を家老たちが心配している、と言上した。

「そのようなことは上様が仰せ出されることで、下から要求（「御理《おことわり》」）することではない」

と、信綱はたしなめたが、彦右衛門は重ねて次のように言上した。

彦右「これは、他の方に申し上げるわけではございません。信綱殿は、千代熊を御取り立てくださる方ですから、万事容赦を願って内意を得たいと思ってのことです。互いの親は、上杉弾正（定勝）殿、長門守ともに少将に任じられております。しかし、御目見えのときは、長門守が先に召し出されております。これは、どなたもご存じのことです」

信綱は、少し心を動かされ、たずねた。

信綱「長門守殿の侍従《じじゆう》成りはいつごろか」

侍従（従四位下）は、老中・京都所司代のほか越前家などの家門、準国主や国主の嫡子などが任じられる官位である。国主は参議（宰相）にすすむ前田家を別格として、中将（従四位上）か少将（従四位下）、一般の大名は従五位下の諸大夫《しょだいぶ》（長門守など）で、よほど功績があるか長生きをしてはじめて無官の従四位下（これを「四品《しほん》」という）になれた（長門

もちいた)。

守、大膳大夫などは諸大夫であるが、これは「名」であるから、侍従になっても、そのまま
彦右「慶長《けいちょう》四年(一五九九)、五歳のときに仰せ付けられました」

これを聞いたあと、信綱は話を変え、

「明日御前において仰せ上げられる官位の御礼の規式《きしき》は、殊《こと》の外《ほか》晴れがましき儀である。千代熊殿もその御心得をしておくように」

といって、彦右衛門を奥に通し、書院の間において当日の所作の手本をしめした。

彦右衛門は、藩邸に帰ってから、千代熊に夜中までかかっておぼえさせた。

翌十一日四つ時分(午前十時ごろ)、老中の指示で叔父の松平直政が同道して登城し、進上物として御太刀(銘来国光)・御馬代銀三百枚・小袖二十を進上、御前において「御字」(綱の字)を与えられ(これは折紙に綱の字と家綱の花押のある文書で与えられる)、貞宗の銘のある脇差を拝領、酒井忠清が奏者を務め、従四位下侍従に任じられ、とどこおりなく儀式は終了した。

こうして千代熊は、松平大膳大夫綱広、または松平長門侍従と呼ばれることになる。

出仕の順番は、彦右衛門らが望んだとおり、毛利、上杉、細川の順番であった。信綱の手本をおぼえた千代熊の当日の御礼の所作は、他からの賞賛をあびたという。

次ページの表を見るとわかるが、毛利、上杉、細川の順番は、石高の順ではない。家の伝

本国持

家　名	領　国	城　地	石　高	極　官
前　田＊	加賀・能登・越中	金　沢	1205000	宰　相
島　津＊	薩摩・大隅	鹿児島	605000	中　将
毛　利＊	長門・周防	萩	369000	少　将
池　田＊	因幡・伯耆	鳥　取	320000	少　将
蜂須賀＊	阿波・淡路	徳　島	257000	少　将
黒　田＊	筑　前	福　岡	433000	少　将
浅　野＊	安　芸	広　島	376000	少　将
池　田＊	備　前	岡　山	320000	少　将
山　内＊	土　佐	高　知	202000	少　将
宗	対　馬	府　中	10格	少　将

大身国持

家　名	領　国	城　地	石　高	極　官
伊　達＊	陸奥△	仙　台	620000	中　将
細　川	肥後△	熊　本	540000	中　将
鍋　島＊	肥前△	佐　賀	357000	少　将
藤　堂	伊勢△	津	270000	少　将
有　馬	筑後△	久留米	210000	少　将
佐　竹	出羽△	秋　田	205000	少　将
上　杉	出羽△	米　沢	150000	少　将
柳　沢＊	大和△	郡　山	151000	侍　従
松　平	越前△	福　井	300000	中　将
松　平	出雲△	松　江	186000	少　将

準国主

家　名	領　国	城　地	石　高	極　官
伊　達	伊予△	宇和島	100000	少　将
立　花	筑後△	柳　川	119000	侍　従
丹　羽	陸奥△	二本松	107000	侍　従

1）江戸時代中期の家格の固定した時期を想定。有馬はもと準国主、柳沢は「新家」。2）＊は松平の称号をゆるされた家、△は一国一円ではないことを示す。3）宗は表高10万石の格式。島津は琉球を除く。4）立花、丹羽は五位のうちは柳之間詰め、四品に叙せられ大広間詰めとなる。5）長府毛利家は綱元の代まで準国主で、将軍の一字を拝領していたとの説がある。

国主・準国主一覧

統や豊臣時代の地位と実績が加味され、さらに彦右衛門ら留守居役の努力があって、この時期に大名の家格がきまってくるのである。

綱広の結婚と初入国

明暦《めいれき》四年（七月二十四日、万治と改元、一六五八）四月、綱広は、越前家松平忠昌の二女千姫と結婚した。毛利家は、越前家一族との縁戚関係をさらに深め、幕府内での地位をより強化したことになる。

結婚を期に、幕府は綱広の当事者能力を最終的に認めたのであろう、すでに述べたように、二ヵ月後の六月二十一日、御暇が許された。

七月二十九日、江戸をたった綱広は、八月十五日に京都到着、姉の婚家である鷹司家を訪問した後、十八日に大坂から乗船、九月朔日三田尻着船、吉日を待って四日に萩城に着いた。

秀就死後七年をへて、国元に新藩主を迎えた萩藩の、新たな歴史がはじまったのである。

4　本藩・支藩関係の安定

禁裡垣築地の普請役

慶安《けいあん》二年（一六四九）の江戸城廻りの普請役以後、幕府は大規模な普請をひかえたので、おのずと支藩との対立も鎮静化していった。ところが、明暦《めいれき》三年（一六五七）、さる承応《じょうおう》二年（一六五三）六月に炎上した内裏《だいり》の垣築地《かきついじ》（築垣《ついがき》）の普請役が、諸大名に課されることになって再燃した。

今回は、大名が人夫を出すのではなく、日傭《ひよう》の人足で行った普請費用を大名に分担させ、一万石につき三百十五匁ずつ銀で上納するという方式がとられた。萩藩へは約二千両、その書付《かきつけ》は、大沢基将がうけとり、使者にて藩邸につかわされた。大沢家は、吉良家とならぶ高《こう》家《け》の家柄で、基将はすでに見たように、奉公人の返還をめぐって彦右衛門の説得をうけたことがあった。そんな縁で、毛利家とは親しい間柄となっていた。

すでに留守居役を退いていた彦右衛門であるが、このときはまだ江戸に滞在しており、かれが大沢基将への使者を務めた。

彦右衛門は、通常の御《お》請《う》けをしたあと、「是《これ》は内証《ないしょう》の儀《ぎ》にてござ候《そうろう》……」と切り出した。毛利家の場合、このような役儀のときには、少し苦しい事情がある……という例の話である。

彦右衛門は、長府の毛利綱元と徳山の毛利就隆（正保《しょうほう》三年〈一六四六〉より下松から徳山に住居を移していた）の件を話し、前回このようなときには、信綱殿より内々に両人に指示してもらうことになっていることを打ち明けた。

支藩の暗流

をした。

基将は、「尤もでございます」と答え、「参考にもなるかと思うので……」と次のような話をした。

——去々年禁中御嘉例（後西《ごさい》天皇の即位）のとき、公方様（将軍）へ御礼として五万石以上の大名は、御太刀馬代を差し上げました。そのとき、御老中列席の場で、稲葉正則殿と永井尚征殿が、「毛利綱元は知行五万石以上なので、即位の御礼の御太刀馬代を差し上げるべきではないでしょうか」と申し上げました。その場ではだれも答えず、重ねて両人が酒井忠勝殿に問うたところ請けあわれず、酒井忠清殿に水を向けると、忠清は、「これは、問題がございます。御両所が達《たっ》して御理《おことわり》するいわれはございますまい。だれも請けあう衆はありますまい。この儀ばかりのために、ここに御詰めでしたら、早々御帰りください」と答えました。

彦右衛門はこの話を聞き、おおいに喜んで「入魂《じっこん》浅からず」——御厚意かたじけない、と感謝した。だが、稲葉正則と永井尚征が綱元のために奔走していることも明らかである。

彦右衛門は、ついで信綱に相談することにし、使者の家老児玉元恒に、彦右衛門が付きそって参上した。

彦右衛門らは、信綱に、前回の普請の際の約束をたてに、こんどかの両人が普請役を務めることを承引なくば、公儀に言上する覚悟であるが、そのようなめんどうなこともいかがかと考えるので、信綱殿のほうから内々にかれらに指示してくれるように、と談判した。公儀言上のことは、亡き殿秀就の末期の意思を代弁するものでもあったろうか。

御家の内実

信綱は、「此両家の儀は、御軍役・御普請役の時、此出入り兎角《とかく》一度は出申《いでもう》す儀に候」——やはり、そんなことになるのだな、と嘆息したあと、

「しかし、今回の普請の出銀は、そのような沙汰はさしおいて、綱広殿の納戸《なんど》銀《ぎん》（大名の手元にある銀）で賄《まかな》い、家臣への賦課はいっさいないようにせよ。拙者などは、いままで普請役をなんども務めたが、いっさい家臣にその費用を分担させたことはない」

と見当はずれなことをいいだした。それなら、なにもこのようなめんどうな問題はおこらないだろうというのである。

一般に譜代大名は、外様大名などに比べて相対的に家臣が少ない。その分だけ収入に余裕があるわけで、こんなことをいってもしかたのないことである。

それに、この話のもとが、萩藩ではかの両家を手はじめに、総家中の割符《わっぷ》にして負担させようと考えているのであるから、それこそよけいなお世話であり、乏しい藩財政の窮迫も進行することになる。

松平信綱の「智恵」

ただし、信綱の本音は、このような紛争につきあうのはやめにしたいというものであったと思われる。じつは、このような話のそらし方が、「智恵伊豆」と称されたかれ一流の「智恵」であった。実際、この紛争が幕府の評定所などに提出されるとなると、両支藩にそれぞれ後ろだてになる有力者がいる以上、幕府内部の対立をもおこしかねない。それは、幼い将軍家綱をかかえた信綱としてはさけたいことであった。

いっぽう、このようにいわれてしまった以上、萩藩側としてはなんともいえない。やぶへびであるが、信綱の指図にしたがわざるをえなかった。しかし、彦右衛門は、

「綱元の所へ御公儀より直接触れた（通達した）というようなことはございませんでしょうか」

と切り出した。綱元にも出銀を課し、綱広にも御朱印の石高で出銀を課せば、二重取りになるというのである。信綱は、

「このような問題が生ずるであろうということはよくわかっていたので、こんどの出銀も綱元方に直接賦課するようなことはしていない。こんごもそのようなことはないので、左様心得えよ」

と答えた。萩藩としても、貴重な言質をとったわけである（『覚書』三十三）。

毛利就隆の言動

防長両国が秀就の嫡子千代熊に与えられたとき、秀就の女婿である高田藩主松平光長とその叔父松平直政（越前家支流出雲松江藩主）は、毛利就隆（徳山藩）と本藩の関係修復の好機と考え、仲介を申し出た。

両人は、一門の吉川広正を使者に立て、就隆に、千代熊が若年（十三歳）にて家を継いだことを告げ、

「此時御出《おいで》ありて、御城への同道、御老中への案内者をもなされ候はでは相叶《あいかな》はざる儀に候……」

——こういうときお出ましになって、御城へ同行し、御老中への紹介などなされなくてはいけません。

とさとした。叔父として幼い千代熊に心をそえ、盛り立てるべきことを要請したのである。

しかし、そのとき就隆は、「かたじけない仰せでありますが、千代熊成人の後、自分の存念を直接申し上げる（「御直に一埋申し達し」）までは出入りできません」と答え、その仲介を断った。

さて、明暦四年（一六五八）四月、元服して綱広と名乗っていた千代熊の祝言の際、就隆

が、前もっての申し入れもなく、ふらっと藩邸を訪問して（「不図《ふと》御出候」）、太刀馬代を進上する旨を申し入れた。

綱広は、申し入れもなく来訪したのは、「我が儘なる御仕合《おしあわせ》」と考え、会うのを躊躇した。しかし、松平直政に使者をつかわして相談したところ、せっかく来訪したのだから会ってはどうかとすすめられ、対面して綱広は盃をすすめた。

のち綱広は、就隆の屋敷に招待されて訪問し、関係も修復されたかと思われたが、綱広側から申し入れた祝儀の振舞へは多忙を理由にくることなく、また元の状態に戻ってしまった（『覚書』十七）。

毛利就隆息女の縁談

その後、就隆が、息女を譜代大名和泉岸和田藩主岡部宣勝の次男高成とめあわせるという噂が流れた。しかも婿養子ということらしい。

本藩では色めきたち、家老の堅田就政を使者にし、彦右衛門をそえて内々に松平信綱に嘆願に行った。万治《まんじ》三年（一六六〇）正月十三日のことである。

すなわち、彦右衛門らは、就隆が、「旗本の歴々」を養子にし、これを後ろだてに自然と綱広の手前を引き退き、軍役や普請役などを命じるときも他の家臣とはちがうということを主張するため、この縁職（縁談）を結ぶのだと考えたのである。

一般に、このような名門の譜代大名の次男・三男は、父の所領の内から分知され、旗本として独立することが多かった。事実、この高成ものちには五千石を分知され旗本となり、寄《よ》合《あい》（無役の大身旗本の格式）に列している。そのような身分の者を養子にされたとなると、本藩からも手が出しにくい。彦右衛門らが、この縁談を阻止したいと考えたのも無理はない。

信綱は、

「縁職のことはさておき、いったい秋藩としてはどうしてほしいのか。普請役や一揆がおこったときの動員などに、綱広殿の手にしたがうようにしてほしいのか、それともいまのままでよいのか」

とたずね、次のように説明した。

――幕府の分限帳に、綱元殿や就隆殿も記載してもらいたがっているが、これは付けていない。諸事の触《ふれ》なども、両家は直接幕府から受けたがっているが、これも直接には触れず、綱広殿に申し渡すようにしている。これでよければ、とりあえずは問題ない。もしいま、普請役やそのほか万事綱広の手にしたがわせることを定めておこうというなら、幕府へ訴え、裁定を受けねばならない（「只今御理仰せ上げられ、御公儀の沙汰に及ばるべき儀に候」）。しかし、これがどのような結論になるかは、私としては保証しかねる。

婿養子は阻止

このようにいわれると、彦右衛門らとしては、ただ「婿養子ということであれば阻止してほしい」と答えざるをえない。しかも、その婿養子という話も、じつは双方の家臣たちがそのように噂しているというだけで、確証があるわけではなかった。いっぽう、信綱がこの本藩と支藩の紛争に深入りをさけたかったことは、ここでも同じである。

この年正月晦日、城中で老中が一座に居合わせたとき、月番の阿部忠秋が、

「毛利就隆殿の息女と岡部高成の縁辺につき、両者からそれぞれ安藤正珍《まさよし》（鎗奉行《やりぶぎょう》）と大久保教勝（大番頭《おおばんがしら》）を仲介にして許可を願っているが、この件を上様にうかがってもよいであろうか」

とたずねた。大久保教勝の室は岡部宣勝の妹で、高成には伯父にあたる。

「これが、縁辺ひととおりのことならかまいませんが、もし本藩の綱広殿の御朱印の内の知行を譲ることになる婿養子ということであれば、問題があります」

信綱は、そう申し立て、就隆がこの縁職を主家である綱広に申し入れておらず、婿養子ならば綱広から「御理《おことわり》」が提出されるであろうことを告げた。これを聞いた忠秋は、

「さように問題のある縁辺であれば、上様にうかがうのは少し延引いたそう」

と答えた。彦右衛門らの思惑は成功したのである。

三月二十六日、信綱より彦右衛門へ呼び出しがあり、参上したところ、「昨日阿部忠秋殿

より、就隆殿息女と岡部高成の件は、縁辺だけのことに決した旨を告げられた。これでよいな」とのことであった。

彦右衛門は、「縁辺ばかりのことなら問題はないと思いますが、これほどまで御念を入れていただいたことですから、帰って綱広へも話し、そのうえでお答え申し上げます」と答え、藩邸に帰り、綱広に報告し、松平直政らと相談のうえで信綱に感謝の意を表した（『覚書』十八）。

長府毛利家の変化

承応二年、秀元の跡を相続した光広が病死し、その長男綱元（右京大夫）の跡目が認められた。このときは、本藩の縁戚である松平直政が城に召し出されて仰せ渡され、その後本多忠義と永井尚征が召し出されて仰せ渡された。

光広のとき、本藩の頭越しに命じて反発を受けたが、今回は、その反省をふまえた申し渡しであった（『覚書』十）。陸奥白河藩主本多忠義は光広の舅で、綱元には祖父にあたる。

同じ年、これにともなって、秀元の二男元知に、長府領の内豊浦郡清末一万石の地が分与され、藩主綱広の斡旋で支藩として認められた。秀元の流が、長府藩と清末藩のふたつの支藩を認められたわけである。

元知は、正保二年（一六四五）に家綱に拝謁して側近く召し使われ、慶安元年（一六四八）には家綱の小姓に列している。このような将軍との親密さが、すんなりと支藩の格式を認められた理由であろう。

このころから、本藩と長府藩の関係がしだいに変化していく。長府毛利家は、普請役負担などについてはまだ問題が残っていたが、宗家に接近していく。しかし、それまで宗家との関係が良好であった岩国領主吉川家は、清末藩が認められたにもかかわらず、自家が依然として支藩として認められていないことからしだいに疎遠となっていく。

元禄《げんろく》七年（一六九四）二月、三代藩主吉就が二十七歳の若さで没し、その弟の吉広が急遽養子となって四代藩主となるが、宝永《ほうえい》四年（一七〇七）十月には吉広も没し、宗家の嫡流が絶える。このため、長府藩から吉元が迎えられ、五代藩主となることになった。ここに、宗家と長府毛利家の関係は完全に解決し、長府藩は宗家にもっとも近い支藩となる。

長府藩は、吉元の弟元矩《もとのり》が十七歳未満で死去したため一時断絶するが、清末藩を一時廃して匡広が入り長府藩を再興、その子政苗《まさなえ》が一万石を分与されて清末藩を再興した。

徳山藩の改易と再興

徳山藩三代藩主元次は、血縁からいえば宗家と近いにもかかわらず、いっさい相談なく長府藩から出た吉元が本藩を継いだので、内心穏やかではなかった。その不満のため、正徳《しょうとく》五年（一七一五）の夏、都濃《つの》郡久米《くめ》村の百姓の徳山領侵入に端を発した事件がこじれ、本支両

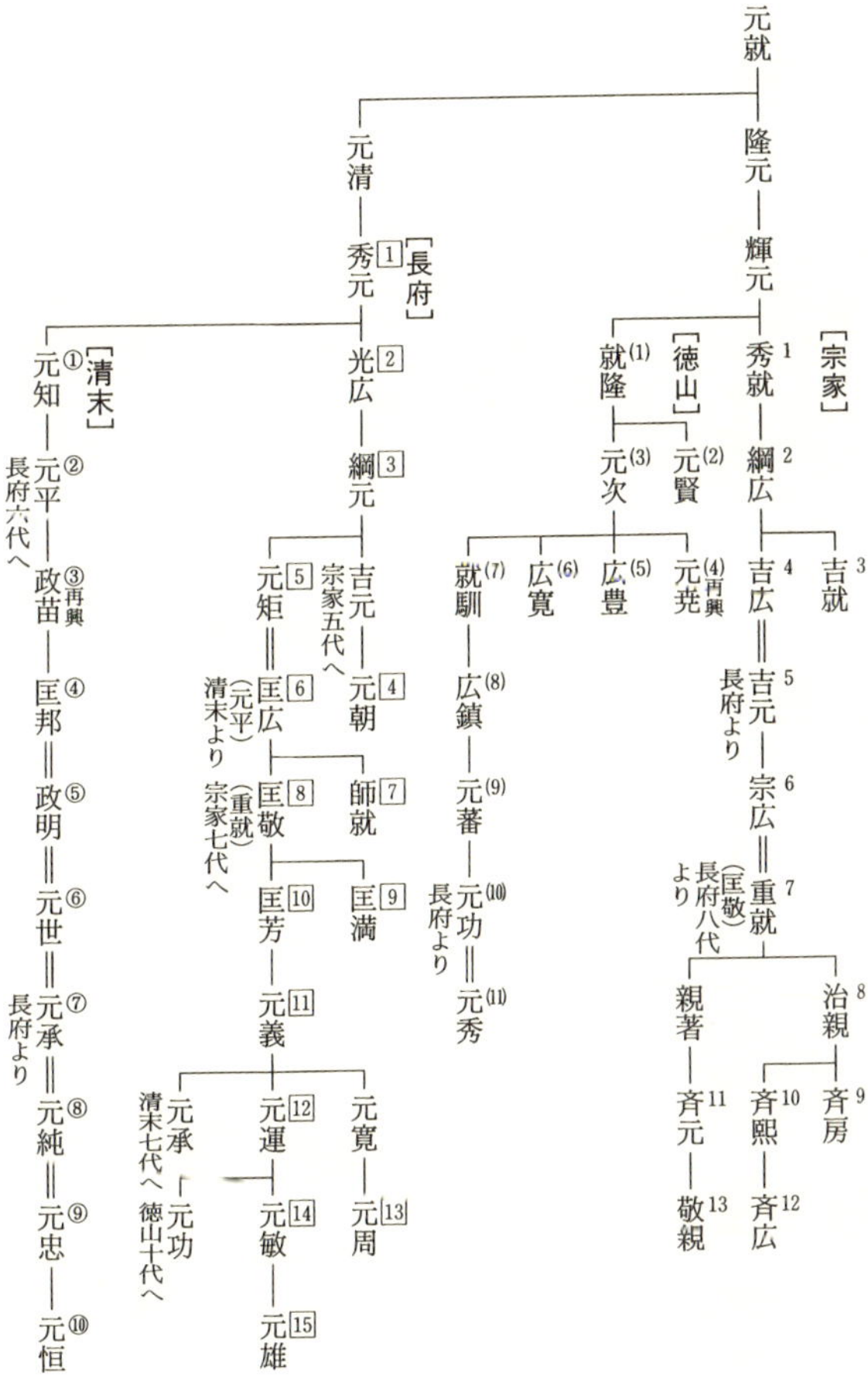

毛利家本・支藩略系図（数字は各家の代数、＝は養子を示す）

藩の領境をめぐっての争論に発展していく。

元次の態度に怒った吉元は、幕府に元次の隠居を願い出た。ところが、幕府は吉元の思惑《と》をこえ、本藩に反抗した元次の態度を不遜とし、元次を出羽国新庄藩にあずけ、徳山藩を取り潰《つぶ》し所領を本藩に返却させるというきびしい処分を申し渡した。

おどろいた吉元は、元次の長子元尭《もとたか》に藩の再興を許されるよう嘆願し、徳山藩の遺臣の幕府への嘆願もあって、享保《きょうほう》四年（一七一九）五月、ようやく再興が許された。ここに、やっと安定的な宗支関係が成立したのである。

エピローグ――彦右衛門の引退――

留守居役の引き継ぎ

寛永十年（一六三三）から承応《じようおう》元年（一六五二）までほぼ二十年間におよんで留守居役を務めた彦右衛門も、すでに六十歳をこえていた。

秀就が没したあと、綱広の就封も認められ、国目付の派遣もきまった。

承応元年を最後にかれは留守居役を退き、萩藩の新留守居役として飯田平右衛門就重が新たに活動することになる。『公儀所日乗』の副題も、『福間牒』から『飯田牒』となっている。『福間牒』の最終冊である『公儀所日乗』第三十二冊の承応元年十一月十九日条には、次のような形で平右衛門が登場する。

「飯田平右衛門、松平伊豆守殿（信綱）・松平和泉守殿（乗寿）に初めて御目見《おめみ》えのため、同道致し参り候。御太刀・小馬代指し上げ、何も首尾よく御目見え相調《あいととのい》候事《そうろうこと》」

翌年から留守居役就任のきまっていた平右衛門を連れ、彦右衛門が老中のところを訪問しているのである。二十年前の彦右衛門自身の姿を、思いおこさせるような光景である。

ついで二十一日、彦右衛門は、平右衛門を連れ、寺社奉行安藤重長と松平勝隆を訪問し、御太刀・小馬代を進上、首尾よく御目見えがかなった。

十二月二十三日、彦右衛門は、新たに江戸屋敷の責任者となる家老毛利就頼と平右衛門を同道して、町奉行神尾元勝と石谷貞清を訪問、両名ともはじめて町奉行と会し、御太刀・小馬代を進上した。これらも、引継ぎのための訪問であった。

翌年の正月から六月までの日記は、残されていない。引継ぎの混乱から、記録が散逸したのであろうか。

『飯田牒』第一冊は、七月三日にはじまる。彦右衛門の書いた日記と、まったく同様の体裁である。そして、七月六日からは、まず一行とって日付と天候が記載されるようになる。また、老中奉書《ろうじゅうほうしょ》や幕閣からの切紙《きりがみ》などはその全文を記録し、萩藩の幕府への口上《こうじょう》も全文を入れるなど、新人として今後の役務にそなえ、記述が非常に詳細なことも特色である。

たよりにされる彦右衛門

しかし、彦右衛門も、平右衛門の役務上の顧問としてなお活動している。この年七月二十五日条を見ると、旗本桑島吉宗より彦右衛門に書状がきて、江戸城内の紅葉山の普請につき緑青御用《ろくしょうごよう》の旨を知らされている。

彦右衛門は、現役の留守居役である平右衛門にそのことを知らせた。そこで、平右衛門は幕府へ緑青五百斤（三百キログラム）進上を願い、首尾よく受理されて老中から奉書が出され、この日桑島への御礼を処置している。また、十月二十七日には、証人奉行三人より彦右衛門へ受理の切紙がきている。

翌承応三年は、『公儀所日乗』の最終冊であり、『飯田牒』は四冊で終わる。この年は正月より四月までが欠けており、五月・六月の二ヵ月分しか残っていない。平右衛門の役務はなお続いているので、なんらかの理由で散逸したものであろう。「毛利家文庫」には、このあと万治《まんじ》二年（一六五九）から、留守居役の手によって幕府の法令や処理した一件記録などを控えた『公儀事諸控』という膨大な史料がある。

『飯田牒』の最後の冊でも、彦右衛門は、平右衛門とともに活躍している。

承応三年五月二日には、新たに証人（人質）として参勤した毛利一郎兵衛が将軍に謁見するため、交代する福原左近とともに登城したが、彦右衛門と平右衛門の両名がかれらにしたがって登城している。

二十八日には、松平信綱の用人妻木求馬・小島助右衛門より彦右衛門へ書状が到来、家老ひとりの出頭を命じていた。彦右衛門は、これを椙杜就幸に渡し、自分はさきに登城して用務にそなえている。

辛労たりとも勤むべし

この年、三回目の国目付が、六月十九日に下向した。六月晦日には、国元の家老より国目付の持参した老中奉書への御請けがきたので、彦右衛門が使者として登城している。

この時期は、留守居役の引継ぎもかねて二人体制で役務を行っていた。ただし、彦右衛門は、すでに上屋敷を出て麻布の下屋敷に居住している。

彦右衛門は、この年より万治元年（一六五八）の綱広の初入国まで、非役で江戸に在住した。それまでの功績を評価され、彦右衛門一代限り寄組格を与えられている。

寄組は、一門に次ぐ最上級の身分で、特定の家に固定されていたから、大出世である。だが、重要な件ではいまだに第一線で働いている。すでに述べた明暦《めいれき》三年（一六五七）の禁裡《きんり》築垣《ついがき》普請のときの松平信綱との交渉は、この非役の時期のことである。

万治元年六月、彦右衛門は、綱広の初入国の御供を務め、翌年二月、百石を加増された。この年、綱広は、参府の年にあたっていた。かれは、老体で非役でもあることから江戸の御供は免除されるはずであった。しかし、初入国後最初の参府であることから、

「当御在府、闕《かか》れがたき御用あるに依て、辛労《しんろう》たるといへども御供これを勤むべき……」

と綱広から直接命じられ（『福間氏譜録』）、御供にしたがった。

彦右衛門の隠居生活

この後、寛文《かんぶん》元年（一六六一）の参府にも御供をし、同三年になってようやく江戸御供を免除された（七十二歳）。その後三ヵ年の諸役をも免除されている。

同七年閏二月八日、「老極」によって隠居を許された。すでに七十六歳になっている。堪《かん》忍料《にんりょう》つまり隠居の生活費として二十人扶持が、息子へ譲った福間家の知行（家禄）とは別に与えられた。

このとき、嫡子政経（五郎右衛門）を寄組に召し加えるとの内意があったが、一徹な彦右衛門は、

「若輩の者相当の御役にこれなく、殊《こと》に江戸御役等これを勤めざるにおいては御用にも立ちがたく、是非に及ばず。却つて御為に宜しからず存じ奉る……」

と固辞し、政経はまず大組に加えられた。しかし、この年五月二十二日、政経は大組番士をたばねる大組番頭《おおぐみばんがしら》役を拝命している。これには、綱広の抜擢があった。以後、福間家の当主は、代々、大組の番頭役を拝命している。ただ、彦右衛門は、息子に自分の後を継いで、「江戸御役」すなわち留守居役になってほしかったようである。

隠居の後は、萩城に登城するとき、上意によって記録所中ノ口まで乗輿《じょうよ》を許され、城中にては杖《つえ》の使用を許されたが、上をはばかってついに輿《こし》に乗らず、杖も使わなかった。見かねた綱広は、殿中にては彦右衛門に陣僧衆を介者としてそえることを命じた……。

この時期、彦右衛門は、萩城の記録所において、老中連署奉書や大名方等からの書状の年号不審のものなどの整理を行っている。また、『覚書』や『秀就公御代之記録物』全十一冊の執筆なども、当時のメモなどをもとにこの時期に行ったのであろう。まさに藩の利益を守

るために幕府や他藩との交渉に一生を捧げた、老武士の晩年にふさわしい姿であった。
そして、延宝五年（一六七七）正月二日、この世を去った。享年八十六歳であった。

原本あとがき

観光地としても有名な萩や長府という城下町は、私の故郷である津山（岡山県）とおなじ中国地方で、いずれも「小京都」と呼ばれるようになんとなく雰囲気も似ており、歩いていて気のやすまる静かな町である。しかも、津山松平家は、毛利秀就の長女をめとった松平光長の流れをくむ越前松平家の嫡流にあたる。御家騒動で一時廃絶され、のちに光長の養子宣富が津山に十万石を与えられて再興されたのである。

そういう縁で、というのでもないのだが、史料編纂所に勤めはじめるとすぐに、山口県下史料の悉皆《しっかい》調査に参加することになった。以後十年ちかく、毎年のように山口県を訪れ、長府、下関、岩国、萩、山口、防府と博物館や文書館、旧藩士のお宅や寺社をまわっている。

そんな中で出会ったのが、山口県文書館に所蔵されている萩藩江戸お留守居役福間彦右衛門の日記『公儀所日乗』であった。

近世初期の政治・外交史をおもな専門とする私にとって、これは第一級の政治史史料である。一部は、前著『寛永時代』（吉川弘文館〈日本歴史叢書〉）で利用した。しかし、前著は、近世初期の政治史と、それに強く影響を与えた当時の東アジア情勢の分析という、いわばハードの側面をとりあつかった本である。

しかし、この史料の最大の特質は、日常の紛争の解決策や幕閣・旗本・大名の間の人的なつながり、政治組織のメカニズムなどが手にとるようにわかるというところにある。したがって本書は、根まわしとか裏工作といういわば近世初期政治のソフトの側面をあつかった新しいタイプの「政治社会史」だといえよう。

また、彦右衛門の活躍の場となった江戸藩邸であるが、ようやく近年になって江戸町方研究の進展にともなって研究がなされはじめた。しかし、史料的制約もあって、この時期の江戸藩邸をあつかったものはほとんどない。当時の江戸の生活史という意味でも、本書で紹介した彦右衛門の記録は貴重であった。

ところで、もと萩藩下屋敷の上にたつ防衛庁には移転計画があり、陸上自衛隊市ケ谷駐屯地に統合庁舎が建設される計画だという。

市ケ谷駐屯地はもと尾張藩邸であり、学識者のあいだで本格的な調査を望む声があがっている。防衛庁の地も、本書で見たように絵図や文献史料の豊富な藩邸があった。発掘調査がおこなわれれば、さらに豊かな江戸時代像が描かれるであろう。ただ法律で義務づけられているからというのではなく、学術研究の進歩のため、国の機関に率先してそのような性格の調査をしてもらいたいものである。

末尾となったが、史料調査にあたっては、山口県文書館の吉本一雄氏をはじめとする専門研究員のかたがた、同館元副館長で現在山口県庁の企画課におられる広田暢久氏、防府市の毛利博物館館長臼杵華臣氏、萩市郷土博物館の近藤隆彦氏ら多くのかたにたいへんお世話になった。記して感謝の意にかえたい。

一九九一年五月　再校をおえて

山本博文

学術文庫版あとがき

本書を執筆する契機になったのは、原本あとがきにあるように、山口県文書館において萩藩江戸お留守居役福間彦右衛門の日記を閲覧し、その充実した内容に惹かれたからであったが、もうひとつ重要な契機があった。

それは、読売新聞社図書編集部の編集者だった深水稜二氏から何か本を執筆してほしいと依頼されたことである。それまで筆者は、やや一般向けの研究書と純然たる学術論文集を一冊ずつ出版していた。しかしそれらは比較的小部数のもので、一般読者向けの単著を出した経験はなかった。それが、読売新聞社という大マスコミから、ある程度の部数を想定した著書を出版してほしいというのである。

深水氏とは、読売新聞社の『ジュニア版日本の歴史』を分担執筆した時からの縁である。深水氏は、その編集を通して、筆者が一般向けの著書が書けると踏んだようである。しかし、まだ若かった著者は、概説的な本はあまり書きたくなかったし、たとえ書いたとしても、大したものが書けるとも思えなかった。

そこで、山口県文書館で見つけた『公儀所日乗』という史料を中心にまとめてみたいと話したところ、一般向けの本と言っても、それは記述が普通の人にも読めるということで、内容は研究書的なものを求めているのだからと、筆者の構想に賛意を表してくれた。

そこで、筆者は、山口県文書館で撮影してきた史料を、メモを取りながら毎日少しずつ読み、いくつかのラフな目次を作っていった。ある時期からは、目次の改訂とあわせて、書きやすい節ごとに文章も執筆していった。

彦右衛門の日記の内容は多岐にわたっていたから、一本の筋を通すのが難しい。論文になりそうな記述はいくらでもあったが、章ごとに別のテーマを扱ったのではおもしろくない。そこで、彦右衛門の一生と萩藩における本藩・支藩の対立ということでストーリィを作り、研究史上重要な論点がある時にはその都度考察を加えるという形で初稿を完成させた。

しかし、初稿は、まだ一般の人向けの記述にはなっていなかった。最も大きな問題は、史料の原文を書き下し文にしてつなぎあわせただけだったので、その部分が非常に読みにくいことにあった。そこで、全文を現代語訳にしてみたが、それでは、原本の雰囲気が伝わらず、もったいないという意見がつけられた。そこで、書き下し文に直し、必要な部分には現代語訳をつけた。これで、ようやく形がついた。

しかし、百戦錬磨の編集者である深水氏は、それでもなかなか最終的な合格点をくれない。筆者も疲れたこともあって、半年ほど放置した時期もあった。そして、大きな書き直しだけでも三回を数え、部分的な書き直しを含めると第九稿になったころ、ようやく深水氏にも納得するものができた。

今、学術文庫に収めるにあたって読み返して見ると、それでも現在の筆者のスタイルからすれば読みにくい部分がある。段落も少ない。しかしそれは、筆者が発見したことを、できるだけ読者に伝えようという気持ちの表れであり、読者に真剣に読んでいただけるなら、十分に理解できるものだと思う。

一例をあげると、幕府による長門国目付の派遣の項などがそれにあたる。従来、国目付と言えば、幕府による藩への内政干渉であり、藩統制のためのものであるという理解が一般的であった。しかし、彦右衛門の日記を読んでいくと、国目付は本来、藩から「訴訟」して派遣を願うものであって、必ずしも幕府の強権発動ではない。そうだとすれば、国目付の性格と幕藩関係について研究論文に近い考察を加えなければならない。結論は、国目付が、藩主幼少という藩の危機に際して、幕府から藩主の代理として派遣されるものだというものである。このような視点からの国目付の理解は、幕藩関係の本質にかかわるものであり、この見解は、その後の筆者の説の基本となった。

また、史料に出てくる用語にもこだわった。たとえば、「訴訟」ということばである。これは、彦右衛門の日記を読む限りでは「訴え」ではなく、幕府への嘆願をさすものであった。そうだとすると、幕府の法令にある「国持大名の訴訟」を老中が担当するという文章は、老中が国持大名の訴えを審理するのではなく、国持大名の願いを受け付けることをさすことになる。史料用語の解釈は、辞書的な解釈では誤解を生むことがあり、多くの史料を読むことによってその用例を集め、正確な解釈をする必要があるのである。

こうして、ようやく本書の完成稿ができあがった。筆者にしてみれば、論文数本分に匹敵する労力が必要だったたし、内容の上でも十分にそれだけのものを備えていると自負している。当時、筆者はノンフィクションの作品をよく読んでいたこともあって、本の帯には「歴史ノンフィクション」というキャッチコピーを入れた。

本書が出版され、新聞や雑誌にいくつかの好意的な書評が掲載されたころ、先輩の中には、「簡単に読めるから、よくない」と言った意見をしてくれる人もいた。簡単に理解できるということと、内容が薄いこととは別であって、むしろよほど深く理解していなければ平易な文章は書けないものである。しかし、研究者の中には、難解な表現を駆使する方が高級だという観念があったのである。

幸い、本書は、歴史書としては「ベストセラー」となり、出版の翌年には第四十回日本エッセイストクラブ賞もいただくことになった。そのころには、弱輩の身で一般向けに売れる本を書いたことに対する批判もなくなったと思う。また、このことによって、筆者は、自分のスタイルにそれなりの自信を持つことができるようになった。

本書が評判になったことによる最も重要な成果は、ＮＨＫ総合テレビでドラマ化されることによって、福間彦右衛門の御子孫の方が明らかになったことである。これは、萩市江向の徳隣寺で彦右衛門の墓が見つかり、寺の御住職から御子孫である福間雄一氏の住所を知ることができたことによる。

その後、筆者は、同僚とともに福間氏を訪ね、所蔵史料のすべてを写真に撮影した。この学術文庫版では、その「福間家文書」によって、「第六章　御家のために」の中に「福間彦右衛門の日常」と題する節を増補している。『公儀所日乗』や山口県文書館所蔵史料ではどうしてもわからなかった彦右衛門の妻子のことや、藩主秀就との手紙の往復などが、「福間家文書」によって明らかになり、本書の完成度を高めることができたことは嬉しいことであった。

その後、福間氏は、「福間家文書」を山口県文書館に寄贈され、文書は彦右衛門の故郷に戻って永久に散逸することなく保管されることになった。他に類を見ない、江戸時代初期の江戸留守居役の史料が、確かな史料保存機関に収められたことは喜ばしいことであり、福間氏の行為は高く評価されるべきだと思う。残念ながら福間氏は、昨年、お亡くなりになった。御冥福を心からお祈り申し上げたい。

本書の原本が刊行されたのは、一九九一年のことである。ちょうどバブルの崩壊直前のことであり、東京の地価は高騰していた。本書で、江戸の屋敷地の地価にこだわっているのも、そのような事情もあった。しかし、バブル崩壊の後、東京の地価は暴落し、さらに原本のあとがきに書いた防衛庁・防衛施設庁の移転も現実のものとなった。尾張藩上屋敷のあった市ケ谷駐屯地や萩藩の屋敷があった六本木の土地は発掘調査が行われた。萩藩屋敷跡は、調査を担当されている方からお誘いがあって筆者も一度見学に行くことができた。残念ながら、当時の藩邸に詰めた大名や武士の生活が浮かびあがるほどの埋蔵文化財はそれほど発掘されなかったようである。

この地には、大規模なマンションが建つという。時の流れの速さと、時が流れることによる変化の大きさにとまどうばかりである。その近所で長府毛利藩の藩邸であった土地はテレビ朝日の敷地であるが、現在は六本木ヒルズとして大規模な再開発が行われた。以前は裏庭のようだった庭園は整備されてきれいになったが、「赤穂義士終焉の地」と書かれた石碑は、撤去されてどこかへ行ってしまっている。このような文化財は、残した方がいいように思うのだが……。

本書執筆の後、筆者は、続けて江戸時代初期の「歴史ノンフィクション」シリーズを三冊、読売新聞社から出版した。第一作は、肥後熊本藩の細川忠興・忠利父子の往復書簡を分析した『江戸城の宮廷政治』である。これは、筆者が公務として行っている『大日本史料細川家史料』編纂の副産物である。本書は、たまたまではあるが、当時日本新党が選挙で躍進し、党首であった細川護熙氏が総理大臣になったということもあり、話題になった。そして第三作は、関ヶ原の戦いで敵中突破した薩摩の英雄島津義弘を描いた『島津義弘の賭け』である。これは、卒業論文以来研究してきたテーマであるから、筆者としては満足感も深い。

この三部作は、出版した順は時代的には逆であるが、この三冊の本を通して読んでいただくと、豊臣秀吉の時代から江戸幕府三代将軍徳川家光までの政治史と幕藩関係、さらには個々の人間関係や武士の思想や観念や行動様式がリアルに理解できるはずである。それは、素材とした史料が、超一級史料であることによる。

東京大学史料編纂所に所蔵される島津家文書は、国宝に指定されるほどに貴重な史料群であるが、中でも天正末年から慶長期にかけての史料は充実していて、当主義久、その弟義弘、義弘の子で義久の女婿である家久の往復書簡や秀吉の朱印状、五奉行石田三成からの書状が多数残っている。これは、島津氏の権力が三方に分かれていたという特殊事情によって残されたもので、それだけにそれぞれの人物の動向が詳しくわかる。

熊本藩の史料では、慶長期から寛永期の終わりごろまで、細川忠興と忠利の親子が、交互に江戸と国元にあって情報交換をしていた。その往復書簡や幕閣、他大名あての書状が、一万通近くも残されている。そのため、その手紙を読むことによって江戸の情勢が手にとるようにわかる。

彦右衛門の日記は、幕府や他藩の交渉の窓口となった江戸お留守居役の手になるものだから、手紙以上に人の動きや当時の政治慣行がわかる。江戸時代初期で、これほどの内容を持った日記は、他に類例を見ない。

このように、それぞれの貴重な史料群の、さらに最も充実している時期を選んで描いたのだから、よいものができないはずはない。おそらくこのような仕事は、筆者としても、今後よほど良質の史料に出合わない限り、もうできないのではないかとも思う。よい時期に、よい史料にめぐりあった幸運に感謝するしかない。

末尾となりましたが、本書の原本執筆にあたって懇切な指導をしていただいた読売新聞社の深水穣二氏、深水氏とともに丹念に編集にあたっていただいた同社の古市正興氏、学術文庫に収めることを勧めていただいた講談社学術文庫出版部の稲吉稔氏に深く感謝致します。

二〇〇三年八月一五日

山本博文

図版・図表一覧

本文中の挿図をおよそ史料類、写真、系図、図表類に分け、それぞれ掲載順に示した。上の数字はページ。

史料類・所蔵者

29 『公儀所日乗』 毛利家文庫 山口県文書館
115 毛利長門守上屋敷 『江戸図屏風』左隻3扇 国立歴史民俗博物館
115 毛利長門守上屋敷 『武州豊島郡江戸庄図』 東京都立中央図書館東京誌料文庫
123 松平長門守麻布下屋敷 『正保年間江戸絵図』 東京都立中央図書館東京誌料文庫
131 毛利家上屋敷の変遷『御府内沿革図書・日比谷門外』 東京都立中央図書館東京誌料文庫
134 毛利家麻布下屋敷全図 『江戸麻布御屋敷土地割差図』 毛利家文庫 山口県文書館
137 萩藩三屋敷の位置関係図 『正保年間江戸絵図』 東京都立中央図書館東京誌料文庫
140 武家長屋 綱町三井倶楽部
176 寛永通宝 鋳銭司郷土館／山口市教育委員会
212 南北町奉行所『寛永図』『武州豊島郡江戸庄図』 東京都立中央図書館東京誌料文庫
214 萩藩下屋敷、御殿部分図 『江戸麻布御屋敷土地割差図』 毛利家文庫 山口県文書館
271 『正保長門国大絵図』 毛利家文庫 山口県文書館
271 『正保周防国大絵図』 毛利家文庫 山口県文書館
299 徳川家康起請文 毛利博物館
309 江戸幕府老中連署奉書、別紙金井半兵衛人相書 明治大学刑事博物館
312 日比谷門、丸の内・松平信綱屋敷 『武州豊島郡江戸庄図』 東京都立中央図書館東京誌料文庫

系図

図表類

主要引用史料一覧

『公儀所日乗』全三十六冊（山口県文書館「毛利家文庫」）
『福間彦右衛門尉覚書』全三冊（同右）
『譜録　福間舎人政明』（同右）
『福間舎人家蔵』（同右）
『毛利氏四代実録考証論断』（同右）
『御隠密の事』（同右、『秀就公御代之記録物』所収）
『万被仰出同窺』（同右、『秀就公御代之記録物』所収）
『萩津和野人沙汰』（同右、『秀就公御代之記録物』所収）
『甲斐守様末期御状之控』（同右、『秀就公御代之記録物』所収）
『古記録』全十冊（同右）
『秘府明和抄書』（同右）
『秀元公御養子之事』（同右）
『波多野日記』（同右）
『留守居役心得』（同右）
『役人帳』（同右）
『江戸屋敷御箇条類』（同右）
『邸』『邸続』（同右）
『御隣大関屋敷御買添一巻』（同右）

『若林御屋敷御求之事』(同右)
『江戸麻布御屋敷土地割之図』(同右)
『清水邸の記』(『東京市史稿　遊園編』所収)
『御薬請取帳』(防府毛利博物館所蔵)
『御膳帳』(同右)
『大小便帳』(同右)
『大日本古文書　毛利家文書』一～四(東京大学史料編纂所編)
「慶安四年　益田修理亮覚書」(『毛利家文書補遺』三、東京大学史料編纂所写真帳)
「御借銀出来申候覚」(『毛利家文書補遺』四)
『山口県史料　近世編法制』上・下(山口県文書館編)
『萩藩閥閲録』全六冊(山口県文書館編)
『徳山市史史料』(徳山市役所)
『池田光政日記』(藤井駿・水野恭一郎・谷口澄夫編、国書刊行会)
『大日本近世史料　細川家史料』一～十二(東京大学史料編纂所編)
『瀧口御屋敷御旧記書抜』(熊本大学付属図書館寄託「永青文庫」)
『鹿児島県史料　旧記雑録後編』一～六(鹿児島県歴史資料センター黎明館編)
『平戸オランダ商館の日記』一～四(永積洋子訳、岩波書店)
『長崎オランダ商館の日記』一～三(村上直次郎訳、岩波書店)
『藩法集　鳥取藩』(藩法研究会編、創文社)
『藩法集　徳島藩』(同右)
『諸家秘要集』(服藤弘司『大名留守居の研究』所収)

『福島大夫殿御事』（『改訂史籍集覧』十五所収）
『落穂集』（大道寺友山著、『改訂史籍集覧』十所収）
『沢庵和尚書簡集』（辻善之助校註、岩波文庫）
『政談』（荻生徂徠著、辻達也校註、岩波文庫）
『森山孝盛日記』（内閣文庫所蔵）
『福間文書』（福間雄一氏旧蔵、現在、山口県文書館所蔵）

主要参考文献一覧

公爵毛利家蔵版『毛利十一代史』全四十二冊（一九〇七年）
山口県『山口県文化史』（一九六三年、マツノ書店復刻増補版）
萩市史編纂委員会『萩市史』第一巻（一九八三年）
時山弥八『増補改正もりのしげり』（赤間関書房、一九六九年）
氏家幹人『江戸藩邸物語』（中公新書、一九八八年）
笠谷和比古「大名留守居組合の制度史的考察」『史林』六五巻五号（一九八二年）
同「近世武家屋敷駈込慣行」『史料館研究紀要』一二号（一九八〇年）
金子憲之「徳山藩の成立と宗支関係」『山口県地方史研究』四四号（一九八〇年）
川村博忠『国絵図』（吉川弘文館、一九九〇年）
進士慶幹『由比正雪』（吉川弘文館、一九六一年）
田中誠二「萩藩の本・支関係をめぐって」『山口県地方史研究』六一号（一九八九年）
同「毛利秀元論」『山口県地方史研究』六二号（一九九〇年）
長谷川成一「長門国目付について」㈠㈡『山口県地方史研究』三六・三七号（一九七六・七七年）
服藤弘司『大名留守居の研究』（創文社、一九八四年）
平松義郎『近世刑事訴訟法の研究』（創文社、一九六〇年）
松平秀治「大名分家の基礎的考察」『研究紀要』（徳川林政史研究所、昭和四七年度）
松本良太「元禄・享保期における武家奉公人の循環と雇用規制」（一九八七年度東京大学修士論文）
宮崎克則「近世初期の大名権力と『走り者』返還」『九州文化史研究所紀要』三五号（一九九〇年）

宮崎勝美「江戸の武家屋敷地」『日本都市史入門Ⅰ』（東京大学出版会、一九八九年）
吉田伸之「日本近世都市下層社会の存立構造」『歴史学研究』五三四号（一九八四年）

本書の原本は、一九九一年、読売新聞社より刊行されました。

山本博文（やまもと　ひろふみ）

1957年生まれ。東京大学文学部国史学科卒業，同大大学院人文科学研究科修士課程修了。東京大学史料編纂所教授を務め、2020年没。文学博士。専攻は，近世日本の政治・外交史。著書に『寛永時代』『幕藩制国家の成立と近世の国制』『殉死の構造』『鎖国と海禁の時代』『長崎聞役日記』『島津義弘の賭け』『「葉隠」の武士道』『切腹』『武士の世間』『対馬藩江戸家老』などがある。

講談社学術文庫

定価はカバーに表示してあります。

江戸《えど》お留守居役《るすいやく》の日記《にっき》

山本博文《やまもとひろふみ》

2003年10月10日　第1刷発行
2020年7月7日　第12刷発行

発行者　渡瀬昌彦
発行所　株式会社講談社
東京都文京区音羽 2-12-21 〒112-8001
電話　編集（03）5395-3512
販売（03）5395-4415
業務（03）5395-3615
装　幀　蟹江征治
印　刷　豊国印刷株式会社
製　本　株式会社国宝社

ISBN4-06-159620-9

「講談社学術文庫」の刊行に当たって

これは、学術をポケットに入れることをモットーとして生まれた文庫である。学術は少年の心を養い、成年の心を満たす。その学術がポケットにはいる形で、万人のものになることは、生涯教育をうたう現代の理想である。

こうした考え方は、学術を巨大な城のように見る世間の常識に反するかもしれない。また、一部の人たちからは、学術の権威をおとすものと非難されるかもしれない。しかし、それはいずれも学術の新しい在り方を解しないものといわざるをえない。

学術は、まず魔術への挑戦から始まった。やがて、いわゆる常識をつぎつぎに改めていった。学術の権威は、幾百年、幾千年にわたる、苦しい戦いの成果である。こうしてきずきあげられた城が、一見して近づきがたいものにうつるのは、そのためである。しかし、学術の権威を、その形の上だけで判断してはならない。その生成のあとをかえりみれば、その根は常に人々の生活の中にあった。学術が大きな力たりうるのはそのためであって、生活をはなれた学術は、どこにもない。

開かれた社会といわれる現代にとって、これはまったく自明である。生活と学術との間に、もし距離があるとすれば、何をおいてもこれを埋めねばならない。もしこの距離が形の上の迷信からきているとすれば、その迷信をうち破らねばならぬ。

学術文庫は、内外の迷信を打破し、学術のために新しい天地をひらく意図をもって生まれた。文庫という小さい形と、学術という壮大な城とが、完全に両立するためには、なおいくらかの時を必要とするであろう。しかし、学術をポケットにした社会が、人間の生活にとってより豊かな社会であることは、たしかである。そうした社会の実現のために、文庫の世界に新しいジャンルを加えることができれば幸いである。

一九七六年六月

野間省一